国家出版基金项目
NATIONAL PUBLICATION FOUNDATION

"十四五"时期国家重点出版物出版专项规划项目

突发公共卫生事件应急物流丛书

应急物流系统及资源配置

王英辉　等著

中国财富出版社有限公司

图书在版编目（CIP）数据

应急物流系统及资源配置／王英辉等著 . －－北京：中国财富出版社有限公司，2024. 11. －－（突发公共卫生事件应急物流丛书）. －－ISBN 978 - 7 - 5047 - 8211 - 3

Ⅰ. F252. 1

中国国家版本馆 CIP 数据核字第 2024E69Z06 号

| 策划编辑 | 赵雅馨 | 责任编辑 | 赵雅馨 | 版权编辑 | 李 洋 |
| 责任印制 | 尚立业 | 责任校对 | 杨小静 | 责任发行 | 敬 东 |

出版发行	中国财富出版社有限公司		
社　　址	北京市丰台区南四环西路 188 号 5 区 20 楼	邮政编码	100070
电　　话	010 - 52227588 转 2098（发行部）	010 - 52227588 转 321（总编室）
	010 - 52227566（24 小时读者服务）	010 - 52227588 转 305（质检部）
网　　址	http://www.cfpress.com.cn	排　版	宝蕾元
经　　销	新华书店	印　刷	宝蕾元仁浩（天津）印刷有限公司
书　　号	ISBN 978 - 7 - 5047 - 8211 - 3/F·3756		
开　　本	710mm×1000mm　1/16	版　次	2024 年 11 月第 1 版
印　　张	20.75	印　次	2024 年 11 月第 1 次印刷
字　　数	259 千字	定　价	90.00 元

学术顾问委员会

编　委　会

前　言

　　三年新冠疫情是较大的突发公共卫生事件，反思三年应对疫情的过程，我们既有经验也有教训。其中，如何在突发公共卫生事件发生时，结合防疫需求快速启动应急物流系统实现应急资源的高效配置成为应对突发公共卫生事件的关键。在这次应对疫情的过程中，我国迅速成立了应对突发公共卫生事件的组织机构，建立了疫苗生产体系，设置从中央到地方的应急系统，并在抗疫物资的生产组织、设施安排、材料供给等方面都探索了与突发公共卫生事件需求相匹配的资源配置机制和应急物流系统建设与运行，在应对突发公共卫生事件的效果上也取得了不小的成就。但是，我们也发现，在突发公共卫生事件发生后，应急物流系统和应急资源配置方面还存在一些问题。

　　首先，突发公共卫生事件应急物流系统还没有实现城乡统一，信息实时共享，组织协同。由于缺乏基于应急事件需求不确定的准确预测，应急资源配置和应急物流在安排上缺乏地区间、城乡间、中央与地方间的动态协同。

　　其次，突发公共卫生事件应急物流系统尚未能够结合数字技术及人工智能等先进的信息技术手段实现信息共享和建立反馈跟踪机制。在解决突发公共卫生事件发生后的医疗需求、生活需求及防疫需求时，信息共享效率差，信息处理效率低，导致应急物流及应急物资的配置出现延误和短缺，降低了抗疫效率，影响了抗疫效果，甚至造成疫情发生后的哄抢及应急物资的配置不均衡。

最后，应急物流系统未能在突发公共卫生事件发生的第一时间建立起供应链系统。将防疫物资需求与日常物资需求进行混合运输，导致系统的运行效率降低。防疫物资供应链系统的非专用化导致物资的生产和配给出现迟滞和障碍。

因此，基于以上问题的考虑，本书结合数字技术及人工智能技术，并利用优化理论重新设置了出现重大突发公共卫生事件后的应急物流系统和资源配置模式。本书探索了在出现重大突发公共卫生事件后的城乡协调统一应对疫情，实现资源配置及物流系统的一体化运行，让城乡居民在抗疫过程中获得同样的福利待遇和医疗救治。同时，考虑到公共卫生事件发生后不同区域需求的差异性，本书探索了区域协调和资源均衡配置的可能性。通过现代信息技术防止重大突发公共卫生事件发生时的信息不对称，实现资源配置要求与命令的统一。

全书分为八章，由王英辉教授负责整体的章节设计及写作内容安排，石家庄铁道大学科研团队的师生按照分工完成了相应内容：第一章，徐裴、王英辉；第二章，王肖红（河北诺亚人力资源发展集团有限公司）；第三章，陈雪（河北太行食品有限公司）；第四章，葛勇（石家庄邮电职业技术学院）；第五章，武晓霞（中铁特货物流股份有限公司）；第六章，王英辉等；第七章，赵晨曦；第八章，杨雨策（上海铁路局）、王英辉。第八章由王英辉设计内容，刘思含根据杨雨策的毕业论文进行了改编。刘思含、杜丽梅、李雲霄、姜纯硕、袁达等同学参与了第六章相关内容的写作。赵晨曦、郤兵辉（河北交投物流有限公司）在全书成书过程中作出了较大贡献。

在最后的统稿和文字编辑工作上，2023 级物流工程与管理专业的杜丽梅、姜纯硕，管理科学与工程专业的李雲霄等同学做了大量工作，向你们的辛苦付出表示感谢。

王英辉

2024 年 3 月

目　录

第一章　导论

第一节 突发公共卫生事件下应急物流系统需求

一、应急物流系统的特性和功能需求

（一）应急物流系统的特性

应急物流的研究始于 1984 年，是由外国学者研究并提出的。我国对于应急物流的研究起步较晚，主要是在"非典"暴发后，部分物流功能失灵，给灾区物资运送带来了极大的困难，造成了一些不良后果后，才开始对应急物流进行了系统性研究。我国对应急物流内涵最早的解释是：以提供突发自然灾害、突发公共卫生事件等突发事件所需应急物资为目的，以追求时间效益最大化和灾害损失最小化为目标的特种物流活动。我们通常认为应急物流往往具有突发性、紧迫性、需求不确定性、弱经济性等特点。应急物流系统是指，为了完成突发性的物流需求，由各个物流元素、物流环节、物流实体组成的相互联系、相互协调、相互作用的有机整体。应急物流系统的特点直接受应急物流特点的影响，具体表现在以下几个方面。

1. 多方协同性

一般物流活动中的参与者较少，往往由生产者、物流企业和顾客这三方组成。而在突发公共卫生事件发生时，参与者涵盖了社会各方，除了以上三方外，还包括了政府、军队、医院、非营利性组织等，且往往由政府统一指挥领导。由于参与者变多，物流活动的方向和路线会随之变化，所组成的应急物流系统也就随之变得十分复杂。但是考虑到应急物流的紧迫性，则要求应急物流系统是一个高效且快速响应的系统，并且能以最短的时间将物资送达各方。这就要求该物流系统各参与方在应急物流活动整体发展运行的过程中互相协调配合，形成拉动效应，促使应急物流活动高效运行，达到"1 + 1 > 2"的效果。

2. 需求的随机性

突发公共卫生事件的发生具有很高的不可预知性，其发生的时间、地点、范围和破坏程度等都是随机的。因此，对于所需物资的类型和需求量等，我们并不能得到一个准确的预测来进行储存。此外，突发公共卫生事件是一个动态变化的过程，会伴随着许多随机事件的产生，同时物流需求也是一个动态变化的过程，其随机程度会更高。

3. 服务对象的特殊性

应急物流的服务对象与普通物流的服务对象有很大的区别，普通物流的服务对象一般是企业、民众、政府等，而应急物流的服务对象一般是受灾群众，该物流服务的提供者和被提供者之间缺乏沟通，信息的传递容易受到阻碍。比如，在新冠疫情中，有些受灾群众带有传染性，并不能直接与配送人员接触，具有一定的特殊性。

4. 开放性和可扩展性

应急物流系统的开放性是指任何人或组织都可以成为整个系统网络的一部分，同时，同一个人或组织既可以成为供给方，又可以成为需求方，也可以成为物流服务的提供者。应急物流系统的可扩展性是指在突发事件发生的整个过程中，物流系统会随之扩大或缩小，比如，原本不属于这个系统的人或组织会进入，原本属于这个系统的人或组织会转变身份或者退出系统。物流需求的物资也会进行改变，物流运输路线也会延长或者更改。

5. 部分基础功能失效化

突发公共卫生事件往往会对社会功能带来一定的破坏性。比如，为了控制新冠疫情的发展，需要对一些道路进行封堵，对人员的流动进行严格控制，这就导致物流系统的运输和配送等功能受到限制。另外，突发公共卫生事件的发生，会使生产商的生产过程受到影响，导致某些物资难以供应，甚至会造成整个供应链的运行混乱。

(二) 应急物流系统的功能需求

应急物流系统的功能需求受各方面因素共同影响，包括应急物流系统的特性和突发公共卫生事件的性质等。也正因为受这些因素影响，应急物流系统的功能需求比一般物流系统的功能需求要更加全面和高级。

1. 物流决策智慧化

突发公共卫生事件发生时，因为需要物流系统中的多方参与，且物流需求动态随机，使整个物流系统比较复杂，在这时关于物流的决策就更加困难。但更加重要的是，如果作出错误的物流决策会使宝贵的时间流逝，更有可能使物流系统内各个部分运作混乱，造成严重的不良后果。因此，此时作出的物流决策需要尽可能考虑全面，避免错误的物流决策。决策系统可以借助大数据和信息反馈，对于所接收的信息进行筛选、分类，并根据一些要求评价，确定优先级后进行分析处理，并对多种决策进行验证，最后决策出最终方案。

2. 反应机制和运作流程的高效化

应急物流系统的反应机制和运作流程的高效化是指，当突发公共卫生事件发生时，需要物流系统网络中的指挥者或决策者快速作出决策，执行者根据物流决策快速响应，减少不必要的手续或者环节。整个过程需要充分利用各种资源，各个部门要职责分明，相互配合，使物流网络快速畅通。突发公共卫生事件的突发性和应急物流系统需求的随机性要求应急物流系统的各个部分要及时响应，物流系统的运作要高效迅速，以节省救援时间。因此，要求应急物流系统反应机制和运作流程高效化是必不可少的。

3. 应对问题手段多样化

应对问题手段多样化是指当物流系统中某些设施功能失灵或者某个环节效率低下时，需要有其他方法及时代替这一部分，使物流系统能够顺畅运作。突发公共卫生事件可能会导致某些设施功能失灵或者某个物流活动的参与者无法正常进行物流活动等，这样就导致物流系统不能及时运行。但是，我们又要求物流系统能够快速运作并提供物资。因此，我们不仅要有一种应对方案，还要准备多种方案应对不同情况的发生，保持物流系统的运行速度。

4. 设备智能化、智慧化

设备智能化、智慧化对突发公共卫生事件下的应急物流系统起到的作用更加明显和有效。设备的智能化和智慧化不仅能够有效提高应急物流系统的效率，还可以在某些特定情况下完成人力所不能完成的事情。比如，新冠疫情的发生导致配送服务遭受重重限制，我们可以有效运用一些智能化设备进行配送，来避免人员接触，提高配送效率，保障人身安全。

二、应急物流系统的设计原则

（一）时间效率重于经济效益

突发公共卫生事件的发生往往是社会性的，影响的不仅是某一个人或者某一个组织。从宏观的角度来看，它可能影响的是一个国家甚至是全球，并且其影响范围也往往与它的严重程度相关。如果处理不当，可能会导致社会混乱和人心浮动，造成更多的危机暴发。突发公共卫生事件的暴发虽然突然，但是它的影响程度是一个发展的过程，会呈现出一个指数增长到高峰期后缓慢降低的情况。如果能够尽可能快速地干预突发公共卫生事件，则会使其影响程度尽可能减少。

（二）防御和应急相结合

应急物流系统的多样化功能需求要求应急物流系统的设计应将防御和应急相结合。建立应急物流数据库和信息系统，收集每次突发公共卫生事件发生过程中的物流信息数据，以物资数据、储存数据、运输数据为主。以数据为导向建立物流应急预案，根据物流应急预案加强应对各种突发情况的演习工作。在拥有充分的防御措施下，我们在突发公共卫生事件发生时可以根据物流应急预案，采取应急措施，同时再反馈信息到数据库中，不断进行数据的收集和预案的完善。

（三）与区域特色相结合

应急物流系统的开放性和可扩展性要求应急物流系统的设计需要与区域特色相结合。各区域的地理环境、产业结构、人口因素等方面会对应急物流系统产生影响，因此考虑各区域特色来设计应急物流系统可以有效提高应急物流系统的效率。应急物流系统既可以依托每个地区原有的配送中心和储存中心进行建设，又可以根据地域特点和应急物资的要求建立新的配送中心和储存中心。储存物资的种类也可以多区域联合协作，各区域结合本地的产业和区域特色分别储存不同的物资。

（四）精简流程和统一指挥

精简流程和统一指挥是保证应急物流系统反应机制和运作流程高效化的关键。突发公共卫生事件发生时，一般以政府为领导，各个企业、组织、军队、医院等根据指挥相互协作。但是，多方参与可能会产生职责的交叉重复。对于物流作业来说，又可能会产生两份相同的订单，造成物资和人员的浪费，最终导致时间上的浪费。因此，可以开放物流信息系统的权限，加强审核，使各方都可以及时获取信息，减少信息壁垒，也方便进行统一指挥，利于精简流程。

（五）信息反馈的及时、即时

应急物流系统中的物流信息系统是一个很重要的部分，信息传输的效率和信息的正确性直接影响了应急物流系统的运作效率。在设计物流信息系统时，需要充分利用地理信息系统、全球定位系统、射频技术等，有效地提高物流信息的传输效率，及时、即时地进行信息流动和反馈，快速作出物流决策，加快信息流的传输效率，保障应急物流系统能够根据信息及时作出应对。

三、应急物流系统的结构

应急物流系统主要分为四个层次，分别是环境层、决策层、执行层、数据层。应急物流系统的结构如图 1 - 1 所示。

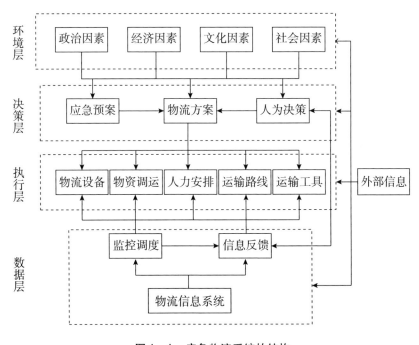

图 1 - 1　应急物流系统的结构

（一）应急物流系统的环境层

应急物流系统的环境层，主要是在宏观环境下，政治因素、经济因素、文化因素及社会因素对应急物流系统的限制。政治因素包括规定的法律保障、支持性或限制性的政策及突发公共卫生事件下由政府从整体出发所作出的临时性决策。法律规定了每个个体应该承担的权利和义务，是应急物流系统运行的前提条件。一些支持性政策对应急物流的经济效益具有支持性的作用，推动应急物流系统的运行。一些临时性决策可能会对应急物流产生阻碍或支持，比如新冠疫情初期，对武汉采取封城的安全性举措，对物流的运输和配送产生了一定的影响。经济因素是应急物流系统运行的基础。文化因素和社会因素也都是影响应急物流系统的重要因素。

（二）应急物流系统的决策层

应急物流系统的决策层是在突发公共卫生事件发生时，快速作出的决策和反应。通常需要对物资的调用、物流运载工具、运输路线、物流设备、物流人员等进行安排和决策。应急物流系统的决策层在整个物流系统中起着决定性作用。这一层级的运作，不仅是基于预先制定的应急预案作出的自动化决策，更融合了高度灵活的人为判断与调整，以确保决策能够紧密贴合实际情况，快速适应事态发展。在决策过程中，决策层需全面考量并精心安排多个关键环节。针对应急物资的调用，决策层需根据疫情严重程度、受灾区域的具体需求以及现有库存情况，迅速确定调用哪些种类的物资、数量多少以及优先级顺序。这一步骤要求极高的信息整合与分析能力，以确保物资能够精准投放到最需要的地方。物流运载工具的选择也是决策层需要重点关注的方面。根据物资的特性（如易腐、易燃、需冷藏等）以及运输距离、路况等因素，决策层需合理调配不同类型的运输工具，如飞机、火车、汽车甚至无人机等，以确保物资能够安全、快速地送达目的地。最重要的是规划运输路线，决策层需综合考虑交通状况、安全因素、时间效率等多方面因素，规划最优的运输路线。在突发公共卫生事件中，大多数的情况下需要绕过疫情严重区域或采取特殊防护措施，以确保运输人员与物资的安全。决策层同样负责物流设备的配置与物流人员的调度。先进的物流设备能够提高装卸效率、减少破损率，专业、高效的物流团队则是保障整个物流系统顺畅运行的关键。因此，决策层需根据实际需求，合理调配物流设备，并安排经验丰富的物流人员参与运输任务。

（三）应急物流系统的执行层

应急物流系统的执行层是根据从环境层、决策层、数据层得到的数据指令，来进行物流作业。执行层是应急物流系统的主体。同时，执行层运作的整个过程需要进行实时监控，接到信息反馈后需要及时进行调整和调度。最终的处理效果和新需求应及时反馈给决策层和数据层，再进行循环往复运行，形成一个闭环。

（四）应急物流系统的数据层

应急物流系统的数据层包括从应急物流系统的环境层获得的信息和决策层、执行层反馈的信息。通过对这些信息进行筛选、分类和分析后可得到一些有效的数据，并再反馈给决策层和执行层，辅助其作出决策和分配调度，保障应急物流系统的运行。这些数据里所记录的储存物资数据、物流设施设备数据、运输路线数据、人员数据等都是应急物流系统中的主要数据。

四、应急物流系统的快速反应机制

应急物流系统需要快速的反应机制进行调节和控制，以此来实现应急物流系统的准确、高效运行，将物资快速地送至目的地，同时也期望获得一定的经济效益。

（一）应急物流系统的快速反应机制评估

突发公共卫生事件发生时，首先需要对所接收的信息进行处理，从而得到基础数据，包括突发公共卫生事件的严重程度、受灾情况、所需物资数量、现存物资数量、设施设备情况、道路情况及相关政策等，筛选出准确有用的信息后，再对不确定的信息进行确认和再跟踪，并删除错误信息，把这些信息汇总成有用的数据，反馈给各参与方，这就是应急物流系统的快速反应机制评估。评估过程极其复杂，流程烦琐，可以采用5G、人工智能等各种先进的技术辅助。

（二）制定调整战略

制定调整战略是在突发公共卫生事件发生前所做的防御工作，根据以往所发生的事件进行汇总，并结合当前社会经济的发展情况和区域特色，制订出区域性的物流应急方案，各区域之间相互联系，相互协作。当突发公共卫生事件发生时，制定调整战略可以为初期的物流行动提供一个大致的方向，快速作出反应。

（三）确定调整方案

在突发公共卫生事件初期，根据调整战略，并结合评估后的数据，可得出初级的调整方案，保证能够快速应对突发公共卫生事件，节约时间。另外，可以根据不同时期的事件发展和出现的特殊情况，再结合反馈的信息，对方案进行调整以适应当前情况，达到最好的防御效果。

（四）方案实施

方案实施是对选定的方案进行各部门组织和个体分工协作。为了减少资源浪费，每个个体都需要职责分明、快速应对，避免出现职责重复或者职责空缺的情况。这就需要每个个体在日常工作中的训练和配合。方案实施是应急物流系统最主要的部分，只有根据指令有效地实施作业，才能使应急物流系统畅通，并发现运作过程中出现的问题。

（五）监控和微调

方案实施的过程中需要进行严密监控，不仅要对实施情况进行监控，还需要监控当前事件的发展程度和产生的变化，并对监控获得的信息及时反馈。微调是指在方案执行过程中出现了某些情况，如果是个体可以处理的情况，在对总体没有影响的前提下，个体具有一定细微调整的权限，同时上报此信息，避免在信息流动过程中浪费时间。

（六）信息反馈

快速反应机制中的信息反馈存在于整个反应机制运行的过程中，信息的及时反馈能够帮助对最初决策进行调整，作出最新决策，及时传达和修正，保障应急物流系统的正确运行，同时积累经验。

第二节　突发公共卫生事件下资源配置对应急物流系统的要求

一、突发公共卫生事件对应急物流系统的要求

《中华人民共和国突发事件应对法》中将突发事件定义为：突然发生，造成或者可能造成严重社会危害，需要采取应急处置措施予以应对的自然灾害、事故灾难、公共卫生事件和社会安全事件。《突发公共卫生事件应急条例》中将突发公共卫生事件表述为：突然发生，造成或者可能造成社会公众健康严重损害的重大传染病疫情、群体性不明原因疾病、重大食物和职业中毒以及其他严重影响公众健康的事件。

突发公共卫生事件，作为突发事件的一个重要子集，不仅具有了突发事件的突发性、紧急性、不确定性等共同特征，还独具传播性和差异性的显著性质。这些独特的性质使突发公共卫生事件在影响范围、传播速度及应对措施上展现出更为复杂和多变的特点，从而对应急物流系统提出了更为严格和具体的要求。基于此，本节将从对信息、时间、物资、交通和承载力的要求等方面进行分析。

（一）对信息的要求

物联网、云计算、大数据、人工智能、5G 等信息技术的应用提高了应急物流系统的效率。实现信息共享、全程追踪和逆向追溯对突

发公共卫生事件也更为重要，这要求物流信息必须及时、准确、集成和适应。

1. 及时性

突发公共卫生事件处于一个动态变化的过程，及时的信息会减少不确定性，及时掌握事态发展会提高决策的准确性。

2. 准确性

错误的信息会影响决策的准确性，降低应急物流系统的运行效率。信息的传递需要经过一遍遍筛选和判断，才能作出最准确和有效的决策，同时能够帮助应急物流系统顺利运行。

3. 集成性

突发公共卫生事件的应急物流处理是一个不确定需求下的复杂问题。应急物流的每个环节都有信息的输入，并产生新的信息向下一个环节输入，所以信息量十分庞大。因此，其中的信息需要集成、联系和共享，避免出现差错，提高信息的准确性和全面性。

4. 适应性

信息的适应性主要是从两个方面来要求。一是适应不同的地点、环境、对象和方法；二是适应突发公共卫生事件发生过程中高概率的突发情况。应急物流信息的适应性是实现信息共享的基础。

（二）对时间的要求

突发公共卫生事件的发展过程分为潜伏期、暴发期、高潮期、缓解期和消退期这几个阶段。突发公共卫生事件的传播呈指数级上涨，在早期如果能对突发公共卫生事件进行有效控制，就可以有效减少损失，降低突发公共卫生事件的危害。因此，突发公共卫生事件对应急物流系统的时间方面有高度要求。

1. 决策时间

在保证决策方向正确的前提下，应急物流系统应尽量缩短物流决策的时间，包括物资的调配、运输和配送等，用较短的时间将救援物资送到受灾人群中，并保证一定的经济效益。

2. 调运时间

应急物资调运往往是复杂的，需要多部门联合协同，信息共享，提升应急物资储备的网格化、信息化、智能化和自动化水平，减少调运时间，提高应急物资调运能力。

3. 运输配送时间

基于突发公共卫生事件的传播性和危害性，国家可能会采取封控措施来减少传播风险。以新冠疫情为例，受影响地区的居民被要求在家隔离，物资由物流企业运送到相应的节点；还通过在受影响地区的交界处设立跨区域检疫点来实施旅行限制；在不同受影响地区运送物资的车辆也必须接受跨地区检疫检查，增加了车辆的行驶时间和及时交付物资的难度。因此，要在这种限制下尽量减少运输和配送时间。

（三）对物资的要求

首先，要求应急物资必须是安全且符合防疫要求的。采购或调运、包装、出库、运输、配送中的每一个环节都要有人员接触，进行层层消毒处理。其次，要求医疗类物资必须处于完好且能够有效使用的状态。最后，突发公共卫生事件下的医疗废弃物回收要做好专业保管和销毁。

（四）对交通的要求

在交通管制方面，为了防止突发公共卫生事件的大规模传播，各级政府有权力采取一些交通管制措施，如限制人员流动、封闭道路等。在交通调度方面，为应对紧急救援，可能需要交通工具的调度和人员的调度。在运输保障方面，当地政府可以采取措施保障应急物资运输的通畅，如开启专门通道和免检手续。

（五）对承载力的要求

处理突发公共卫生事件一般由政府主导、军队、医院和公职部门等进行配合。在这种情况下，可调用的运输工具和物流作业人员相对较少，需要有专业的物流公司和物流作业人员协同配合，确定运载物资的优先级，合理进行应急物资的调配。

二、应急资源配置与应急物流系统的适应性

应急资源配置效率在突发公共卫生事件中显得尤为重要。应急物流系统的科学性直接决定了应急资源的配置效率，其设计需充分考虑应急资源配置的需求，以实现资源的高效、精准调配。以下从应急物流系统对应急资源配置的影响出发，探讨应急物流系统如何根据应急资源配置的要求进行适应性设置，并考虑不同文化、制度和目标下的动态系统设计。

（一）应急物流系统对应急资源配置的影响

应急资源配置效率的高低，直接决定了在突发事件中救援行动的

有效性和及时性。其在很大程度上受到应急物流系统科学性的深刻影响。

1. 需求分析精准性和布局合理性

对应急物流系统的规划，需要保证两个要素——需求分析精准性和布局合理性。这对后续应急资源配置效率的提升起着至关重要的作用。

在规划初期，应急物流系统首先需要进行详尽而精确的需求分析。这一过程不仅依赖于丰富的历史数据积累，还需要结合专家的专业评估与科学的预测模型。通过对历史灾害案例的回顾与分析，系统能够识别出常见的应急资源需求模式及其变化规律。同时，专家的深度参与为系统提供了对潜在风险因素的敏锐洞察，帮助系统预测未来可能发生的灾害类型、规模及影响范围。预测模型则进一步增强了需求分析的准确性。这些模型能够综合考虑多种变量，如气候变化、地质条件、人口分布等，对未来应急资源需求进行量化预测。通过精准的需求分析，应急物流系统能够提前规划并储备足够的应急资源种类、数量及分布，以确保在突发事件发生时能够迅速满足实际需求，减少因资源短缺或过剩而带来的负面影响。

应急物流系统中各节点设施的合理布局需要充分考虑地理位置、交通条件、人口密度等多种因素，以确定最佳的物资储备点、转运中心及配送路线。首先是地理位置的选择，需要确保物资储备点位于交通便利、易于接近且能够覆盖广泛区域的位置。在灾害发生时，救援队伍能够迅速到达物资储备点并调集所需资源。同时，转运中心的设置也需要考虑到其与物资储备点和灾区之间的连接性，以确保物资能够顺畅流转。其次是交通条件的评估。系统需要了解各地区的道路状况、交通拥堵情况及可能的交通中断风险，并据此制定出灵活的配送路线，从而应对不同的灾害场景和交通状况，确保物资能够安全、快速地送达灾区。另外，人口密度的考虑则有助于系统更精准地匹配资源需求与供给。通过了解灾区的人口分布和潜在需求点，系统能够合理安排配送路线和配送量，避免资源的浪费和短缺。

2. 技术的深度融入与智能化工具的集成

技术的深度融入与智能化工具的集成不仅增强了系统的响应速度与处理能力，还极大地提升了应急资源配置的精准度与效率。

构建一套高效、可靠的信息化平台是应急物流系统的核心。这一平台除了数据的简单堆积，而且需要实现数据采集、传输、处理及共享的全程自动化与智能化。通过集成先进的物联网（IoT）技术，平台能够实时追踪应急资源（如救援物资、医疗设备、人员等）的当前状态，包括库存量、位置信息、损坏情况等。同时，利用云计算和边缘计算技术，平台能够确保海量数据的快速传输与高效处理，为决策者提供即时的数据洞察。平台支持跨部门、跨区域的信息共享与协同工作。在突发事件发生时，各级政府、救援机构、医疗机构等可以通过平台迅速交换信息，实现资源的精准对接与高效调配。这种高度透明的信息共享机制，极大地减少了信息不对称带来的决策延误和资源浪费。

另外，将大数据分析、人工智能算法等前沿技术集成到应急物流系统，能够进一步提升应急资源配置的智能化水平。智能化工具能够基于实时数据和丰富的历史经验，运用复杂的算法模型进行深度分析，为决策者提供科学、精准的决策支持。例如，大数据分析技术可以帮助系统识别出应急资源需求的变化趋势和潜在风险点，为资源的配置提供前瞻性指导。人工智能算法能够自动评估不同资源配置方案的可行性、成本效益比等关键因素，快速筛选出最优方案供决策者参考。此外，这些工具还能够实现自动调度与路径优化，减少人为干预带来的误差与延误，确保应急资源能够以最快速度、最低成本送达灾区。

3. 快速响应机制和动态调整优化

应急物流系统快速响应机制为应对突发事件提供了强有力的支撑，同时也是应急资源配置高效性的保障。这一机制不仅涵盖了高效的预警系统，能够提前捕捉到潜在危机信号，为后续的应急行动争取宝贵时间，还包含了详尽且灵活的应急预案，确保在面对不同类型和规模的灾害时，都能迅速启动相应的应对措施。此外，人员调配的迅速性和物资储备的充足性也是快速响应机制不可或缺的一部分。通过预先规划好的人员分工和物资布局，系统能够在第一时间调集专业救援队伍和关键物资，迅速投入救援工作中，有效减少灾害带来的损失，并为灾区民众提供急需的生活保障和心理慰藉。

在应对突发公共卫生事件的过程中，应急物流系统会根据实际情况进行动态调整与优化。通过实时数据采集与分析技术，系统能够实时评估资源配置的效率和效果，并根据评估结果自动调整资源配置方案。这种动态调整与优化能力有助于减少资源浪费和运输成本，提高资源配置的整体效率。

（二）应急物流系统的适应性设置

应急物流系统在设计时，必须考虑应急资源配置的要求进行适应性设置，以确保在突发事件，如疫情期间，能够迅速、准确地调配资源，满足救援和恢复工作的需求。以下是根据应急资源配置要求适应性设置应急物流系统的详细探讨，同时结合疫情期间各种物流系统的优劣进行分析，并考虑不同文化、制度和目标下的动态系统设计。

1. 明确应急物流系统的目标和范围

应急物流系统应明确其目标和范围，包括应急资源的种类（如医疗设备、药品、食品等）、储备量、运输方式（公路、铁路、航空等）及配送网络等。这要求系统在设计之初就具备高度的灵活性和可扩展性，以应对不同规模和类型的突发事件。

2. 适应性策略

物资储备策略，包括多元化储备、动态调整、政企联动。多元化储备即结合地区特点和历史数据，评估并储备多样化的应急物资，确保在突发事件中能够迅速调用。动态调整即根据疫情等突发事件的发展情况，动态调整储备物资的种类和数量，避免资源浪费和短缺。政企联动即建立政府与企业之间的联动机制，利用企业的商业库存作为应急储备的一部分，提高整体储备效率。

运输网络优化策略，包括多式联运、路线优化、应急通道。多式联运即结合公路、铁路、航空等多种运输方式，更前沿的包括高铁、无人机、无人运输车，构建多式联运的应急物流网络，提高运输效率和可靠性。路线优化是利用大数据和人工智能技术，对运输路线进行实时优化，确保物资以最快的速度到达目的地。应急通道即在疫情期间，设立应急物资运输绿色通道，减少物流环节的阻碍和延误。

信息平台建设策略，包括信息集成、信息共享、智能决策。信息集成即建立统一的应急物流信息平台，实现物资储备、调度、配送等环节的实时监控和数据分析。信息共享即加强政府、企业、社会组织之间的信息共享，提高供应链的透明度，确保信息的准确性和及时性。智能决策即通过数据分析，为决策者提供科学、准确的决策依据，提高应急响应的效率和准确性。

第三节 从"非典"到新冠疫情的应急物流系统演变

从"非典"到新冠疫情，我国应急物流系统经历了显著的演变与提升。本节将这一过程分为三个关键时期进行分析："非典"之前、"非典"之后至新冠疫情之前、新冠疫情之后。这三个时期清晰地展示了我国应急物流系统在面对挑战时的不断进步与成熟。

一、"非典"之前应急物流系统概况

应急物流起源于军事领域，其重要性在于确保军用物资的高效供给。因此，在常规商业物流框架之上，构建了一个更为高效的物流体系，以满足军事及特殊需求。随着社会的不断进步，应急物流的概念逐步拓展，涵盖了自然灾害、事故灾难、公共卫生事件及社会安全事件等多元化突发事件的应对领域。"非典"之前，我国应急物流系统尚处于初创阶段，学术界对应急物流的关注与研究相对有限，相关研究成果稀缺，且在实际应用中尚未形成系统化、规范化的体系。

（一）基础设施薄弱、信息化水平低

"非典"之前，我国物流基础设施比较薄弱，表现在物流网络、仓储设施、运输工具等方面。另外，当时整个物流行业的信息化水平较低，这些都制约着应急物流系统的响应和发展。

物流网络方面，我国物流网络覆盖的广度和深度均存在明显局限。特别是在经济欠发达地区，物资供应时效性差，效率低下，极大地制约了应急响应的速度与效果。在突发事件如自然灾害、公共卫生事件等紧急情况下，迅速、准确地将救援物资和生活必需品送达受灾区域成了艰巨任务，而有限的物流网络覆盖范围无疑加剧了这一难题。

仓储设施方面，其规模相对较小且分布不均，许多仓库的布局未能充分考虑到应急需求，缺乏科学规划。加之现代化水平低，仓储技术和管理手段落后，难以支撑在突发事件中所需的大规模物资快速集中存储与高效分发作业。尤为关键的是，应急物资储备仓库的缺失，使在紧急情况下，物资的调度与分配变得更加复杂和困难，严重制约了应急响应的及时性。

运输工具作为物流体系中的重要一环，同样面临数量不足、种类单一、质量参差不齐的问题。当时，我国物流行业中的现代化运输工具（如大型货车、集装箱运输车等）占比较低，大部分运输仍依赖于传统的中小型货车，运输效率和承载力有限。特别是针对长途、大批量物资的运输需求，运力往往难以满足，导致物资配送效率低下，甚至可能延误救援时机。此外，运输工具的维护和更新不及时，也增加了运输过程中的安全隐患。

在当时，信息化水平的滞后更是我国物流行业在突发事件应对中的一大短板。根据 2003 年中国物流信息中心发布的一份调查显示，虽然非直接针对应急物流，但可反映当时物流行业的整体信息化水平，大约74%的大中型企业建立了信息管理系统，但这一比例在整个物流行业中可能更低，且主要集中在内部资源整合和管理上，应用在基础信息化层面，高层次的应用如促进流程改造和优化、支持决策等不多见，更是缺乏应急响应的信息化支持。物流信息系统的建设不完善，缺乏统一的标准和平台，导致各环节信息无法有效对接，形成了多个信息孤岛。在紧急情况下，这种信息不畅的现象尤为严重，不仅影响了应急决策的及时性和准确性，也削弱了不同部门、企业之间的协同作战能力。

（二）政府响应模式

"非典"之前的时期，我国缺乏专门针对应急物流的法律法规和政策指导，使应急物流活动的组织和管理缺乏明确的法律依据和标准。在应急物流的组织架构、职责划分、资源调配等方面缺乏完善的制度保障，导致突发事件发生时，容易出现混乱和效率低下的问题。

在中华人民共和国成立初期至改革开放前，面对突发事件，我国采用的是以单项应对为主的模式，在一元化领导体系下，设立了地震局、水利部、林业部等专业防灾减灾机构，一些机构下方设置若干二级机构或成立了一些救援队伍，形成了分散管理、各自为营的局面。尽管政府对自然灾害的防范与应对给予高度重视，但机构间职能与权限的模糊界定，以及应急响应中的党政双重领导，使应急过程往往依赖自上而下的计划指令，缺乏灵活性与主动性。

改革开放初期至"非典"之前，我国应急管理体系主要呈现为分散协调与临时响应的模式。这一时期，政府应急资源分散，主要侧重于应对单一灾种，综合性的应急管理机制尚不健全。各部门虽多，但在应对突发事件时往往各自为政，缺乏有效的协同合作。为了加强政府部门间的应急联动，1999 年中国建立了统一的社会应急联动中心，实现了救援指挥调度的统一化。2002 年，广西南宁市社会应急联动系统正式运行，此时具有了"应急资源整合"的理念，为应急响应的迅速与高效提供了有力支持。然而，尽管这些努力在一定程度上提升了应急响应的能力，但在重特大事件发生时，仍需成立临时性协调机构来统筹应对，跨部门协调的复杂性和低效性依然显著。这种分散协调、临时响应的应急管理模式，在"非典"之前一直占据主导地位。尽管在此过程中，应急物流系统的某些理念如"应急资源整合"已初步显现，但尚未形成专门的组织架构和成熟的运作模式。因此，在面对大规模的突发公共卫生事件时，应急物流体系的不足也暴露无遗，为后续的改革与发展提供了重要的启示与方向。

二、从"非典"至新冠疫情之前应急物流系统的发展变化

从"非典"至新冠疫情之前，我国的应急物流系统经历了从初步发展到逐步成熟的关键阶段。这一时期的标志性事件是"非典"的暴发，它不仅对公共卫生体系构成了严峻挑战，也极大地推动了应急物流系统的建设与完善。

（一）基础设施完善和信息化水平提升

自 2003 年以来，我国物流基础设施设备的发展取得了显著成就，也促进了应急物流系统的完善和发展。

为了满足应急物资的大规模储存需求，各地政府和企业纷纷投资建设应急物资储备仓库。据国家发展改革委公布的数据，截至 2019 年年底，全国共建成各类应急物资储备仓库超过 5000 个，总仓储面积超过 1 亿平方米。这些仓库不仅具备较高的自动化水平，还配备了先进的温控、防潮、防火等安全设施，确保了应急物资的安全储存与高效管理。

在运输网络方面，中国政府加大了对公路、铁路、航空等运输基础设施的投资力度。据统计，从 2003 年至 2019 年，全国高速公路里程从 2.98 万公里增加到 14.96 万公里，全国公路总里程不断增加，特别是农村公路和高速公路建设取得显著进展。且公路技术等级和路面状况进一步提升，等级公路里程占比提高，特别是二级及以上高等级公路里程显著增加。公路桥梁和隧道总量继续增加，为公路运输提供了更加便捷和安全的通道。铁路营业里程从 7.3 万公里增加到 13.9 万公里。这些基础设施的完善，为应急物资的快速运输提供了有力支撑。内河航道通航里程不断增加，等级航道占比提高，内河航道枢纽数量增加，通航功能得到提升，为内河运输提供了更好的条件。

在配送体系方面，政府和企业共同推动了"最后一公里"问题的解决。通过建设社区配送站、智能快递柜等基础设施，实现了应急物资从仓库到最终用户的快速传递。截至 2019 年年底，全国智能快递柜数量已超过 40 万组，覆盖城市超过 300 个。

为了实现物流信息的实时传递与高效协调，政府和企业共同建设了多个应急物流信息共享平台。这些平台通过整合各方资源，实现了物流数据的互联互通和共享利用。据国家信息中心发布的数据，截至 2019 年年底，全国已建成应急物流信息共享平台超过 100 个，注册用户数量超过百万。

（二）政府、企业、社会组织等各方协同合作

在应对突发事件时，政府、企业、社会组织等各方力量紧密合作，形成了强大的应急物流保障体系，通过建立信息共享机制、协同作战机制等方式，实现了资源的共享与优化配置。物流企业开始积极组建应急物流团队，专门负责应对突发事件中的物流保障工作。这些团队不仅具备丰富的物流运营经验，还具备较强的组织协调能力与应急响应能力。针对应急物流的特殊需求，物流企业积极开发了一系列应急物流解决方案。这些方案涵盖了从物资采购、仓储管理、运输配送到末端服务等各个环节，为应急物流提供了全方位支持与保障。

（三）响应模式发展

自"非典"之后至 2018 年年初，我国应急管理体系从单一应对转化为全面综合协调。政府加速构建更为健全、高效的应急管理机制。2006 年，国务院应急管理办公室（后并入应急管理部并调整职能）成立。该机构作为应急管理的中枢，承担着值守应急、信息整合与综合协调的关键职责，有效提升了国家应对各类突发事件的能力与效率。

与此同时，我国还不断强化各类专项应急管理机构与协调机制，确保在自然灾害、事故灾难、公共卫生事件及社会安全事件等领域形成快速响应与高效处置的能力。此外，县级以上政府及国务院相关部门也普遍建立了应急管理领导与办事机构，实现了应急管理工作的上下联动与左右协同。

在这一综合协调应急管理模式下，我国成功应对了汶川特大地震、玉树地震、甘肃舟曲特大泥石流、王家岭矿难、雅安地震等一系列重大突发事件，充分展现了我国应急管理体系的韧性与实力。然而，实践也暴露出应急主体间协调不足、职责划分不清、运行机制不畅等结构性问题，亟须通过顶层设计的优化与模式的重构来进一步完善。2010 年后，我国持续深化应急管理体制改革，加强法律法规建设，推动应急预案体系完善，强化科技支撑与信息化建设。

此时我们发现，虽然这些面对突发事件的应急管理模式有效提升了应急响应能力，进一步推动了应急物流体系的整体效能，然而，无论是在应急管理体系还是应急预案体系中，都缺乏对应急物流系统的强调和建设，我国此时对于应急物流系统的重视度依旧不够。

三、新冠疫情之后应急物流系统的发展

（一）应急物流系统进一步完善

政府促进构建了更加高效、畅通的应急物流网络。通过优化物流节点布局、提升物流通道能力等措施，应急物流网络的覆盖率和响应速度显著提升。例如，疫情期间，国家紧急开通了多条绿色通道，确保防疫物资和生活必需品能够优先、快速通行。另外，政府加大了

对应急物资储备的投入，建立了更为完善的储备体系。全国范围内的应急物资储备中心数量较疫情前有所增长，覆盖了更多的地理区域和物资种类。这些储备中心不仅提高了应急物资的储备量，还优化了储备结构，确保关键时期能够迅速调拨。国家还推动建立了统一的应急物流信息平台，实现了物资需求、物流资源、运输信息等数据的实时共享和高效对接。这一平台不仅提高了应急物资调度的精准性和时效性，还减少了信息孤岛和重复劳动。

（二）智能化技术应用进一步扩大

在应急物流中，人工智能技术得到了广泛应用。通过智能算法和数据分析，物流企业能够更准确地预测物资需求、优化配送路径、减少物流成本。例如，菜鸟网络利用人工智能技术实现了智能分仓和库存预测，有效提高了库存周转率和订单满足率。据公开资料显示，菜鸟智能分仓系统的应用使订单处理时间缩短了30%以上。

大数据技术在应急物流中也发挥了重要作用。通过对海量数据的收集和分析，物流企业能够实时掌握物资供需情况、运输车辆位置等信息，为决策提供有力支持。同时，大数据技术还助力物流企业实现了精准营销和个性化服务。例如，京东物流利用大数据技术分析用户购买行为，为用户提供更加精准的商品推荐和配送服务。

无人机在应急物流中的应用日益广泛。在偏远地区或交通受阻的情况下，无人机能够迅速将物资送达目的地。

（三）社会化协同机制

政府作为主导者，制定了全面的防疫政策与应急物资调配方案，同时积极搭建跨部门、跨领域的协作平台，确保政策信息的透明流通与资源的有效整合。政府通过简化审批流程、提供财政补贴、协调交通管制等措施，为应急物流的畅通无阻开辟了绿色通道，展现了强大的组织动员能力。企业，特别是快递公司、电商平台等关键行业的企业，迅速调整业务模式，积极响应政府号召，利用自身在供应链管理、物流网络覆盖、信息技术应用等方面的优势，与政府部门紧密合作，共同构建起一张覆盖全国的应急物流网络。多家知名快递公司和电商平台携手推出抗疫物资免费寄递服务，不仅减轻了前线医护人员和志愿者的物资负担，还极大地提升了物资配送的时效性和精准度。此外，社会组织、公益机构、志愿者群体等社会力量通过募捐物资、组织运输、志愿服务等多种形式，为疫情防控提供了有力支持。这些组织往往能够迅速感知社会需求，灵活调动资源，弥补政府在微观层面的服务空白，形成与政府、企业相辅相成的良好互动。

（四）宏观政策支持

新冠疫情期间，政府洞察到应急物流体系在国家安全与社会稳定中的核心作用，迅速响应并部署了一系列旨在加强应急物流系统的政策与战略规划。2022年发布的《"十四五"现代流通体系建设规划》中"加强高效应急物流体系建设"部分，提出了增强应急物流社会动员能力、完善物流企业平急转换机制、强化跨区域跨领域应急物流协调组织、加强应急时期运输绿色通道和物资中转调运站建设等具体措施。

在构建应急物流系统的过程中，政府还积极推动建立多主体紧密协同配合的联动响应机制。这一机制涵盖了政府、企业、军队及基层社区组织等各方力量，通过科学制定并不断完善面对不同突发公共事件的预案，确保在紧急情况下能够迅速启动并有效应对。同时，为提升应急物流的分级响应与保障能力，政府统筹利用国家储备资源和网络，确保在关键时刻能够迅速调集所需物资。此外，还充分发挥行业协会与骨干企业的组织协调能力和专业化优势，为应急物流体系的建设与运行提供有力支撑。

四、应急物流系统存在的问题和后续发展

回溯这三个阶段我国应急物流系统的发展历程，我国的应急物流系统在基础设施、信息化水平、智能化技术的应用、宏观政策、组织应对模式上有了长足的进步，但是，同样，我们也发现了应急物流系统中存在的一些问题和不足，这些问题也亟待去研究和解决。

（一）存在信息壁垒

在应急物流系统中，最重要的就是信息流的传递。但是，在抗击疫情的初期，也就是遏制疫情最关键的时期，信息的传递受到重重限制，应急物流的相关信息也不够透明。在疫情初期，许多地区实行封闭政策，大到整个市区，小到乡镇，中间还有层层关卡。但是，没有相关平台可以及时了解到这些封闭信息，层层关卡的设置也为需求信息的发出和供给信息的流入造成了困难。此外，政府、军队、社会企业和公益组织之间缺乏一体化的信息共享平台。应急物资的需求、运输和分配的信息互不相通，不仅会造成极大的物资浪费，也会给物流系统的运行加大难度。

（二）应急物流系统管理能力不足

疫情防御物资的管理涉及整个供应链，从供应方到物流企业再到需求方，都需要对物资进行管理、分类、分发和信息反馈等，因此需要具有一定专业能力的管理组织和人员。但是在现实情况中，往往是政府工作者、基层工作者、医疗人员甚至保安承担了大部分的职责。这样会造成不专业和混乱的情况出现，也就是由于缺乏专业管理组织造成应急物流系统的管理能力不足。

（三）应急资源配置和结构布局缺乏合理性

突发公共卫生事件包含多种类事件，如自然灾害、恐怖事件和公共卫生事件等。对于不同的事件，应该储备的应急资源的结构、类型和数量之间存在着很大的差异。虽然我国对于应急物资的储备有了一定的规定，但是这些物资往往不能做到系统化储存，其配置和结构布局在应对各种突发事件时存在不合理之处。

第四节　应急资源分类与配置

一、应急资源的概述

（一）应急资源的概念

应急资源的概念可分为广义和狭义。狭义上是指，在自然灾害、突发公共卫生事件等突发事件下，为了减少人员伤亡和经济损失，对突发事件进行紧急处置过程中所需要的保障性资源，其中，包括涉及的人力、资金、物资、设施、技术、信息等相关资源。而从广义上讲，只要是应对突发事件过程中涉及的所用物资均可称为应急资源。

应急资源包含了应急物资，其覆盖范围包括信息、人才、专业技术、资金和设施等。在应急救援的全过程中，能够用配置、调拨和协同运作来提高应急救援效率的支持条件都可以算作应急资源。这也跟国家现在对于"大应急"这一方向相匹配，协调各个行业、部门和组织，科学合理配置资源，符合国家未来对应急体系建设的需要。

（二）应急资源的特点

1. 储备的区域性和分散性

应急资源由不同的主体分别储存和保管，各级政府、社会组织、企业、家庭和个人等都储备一定的应急资源，另外，由各级政府保存的物资也会根据资源的供应和储备特点等储备在不同的地区，因此应急资源的储备是分散的。根据各地区不同突发事件的发生概率及该地区的生活特点、经济状况和产业结构等因素，应急资源的储备也会不同。储备的应急物资一般具有区域性特点，如在农业较发达的地区，粮食储备会占据更大的比重；在易发生洪水和海啸的地区，会储备较多的船舶、绳索等救援性物资。

2. 需求的不确定性和动态性

应急资源需求的不确定性是指突发事件的种类和严重程度、应急物流需求的不确定性。各个地区往往会根据本区域的特点和经验来进行预测，有些物资的需求一般需要在突发事件后才能进行统计，并且在整个应急过程中需求也会不断变化，所以较难预测应急资源的需求。

3. 琐碎性和广泛性

应急资源主要包含了六大类，每一大类下又有二级划分和三级划分，储备量也各不相同，同时也存在着"日常应需，战时转急"的资源。因此，应急资源具有广泛性和琐碎性的特征。

二、应急资源的分类

（一）应急资源分类的原则

应急资源分类的原则主要是针对应急物资来说的。应急物资的种类繁多、用途不一。对应急资源分类要遵循一定的原则，方便应急物流的开展。

1. 标准统一

根据应急需求和目的，对应急资源按照同一个标准进行分类，以防止交叉重复、资源浪费。

2. 便于区分

相似的物品在用途和用法方面可能存在较大的差别，需要进行区分，以免在救援过程中错用物资。如口罩、防护服等要划分为不同的等级和用途。

3. 方便管理

应急物资的管理是应急物流活动中很重要的一部分，包括对物资的储存、运输和使用等。从管理的角度来看，对应急物资正确分类能够有效降低应急成本，还可以提高应急物流效率。

（二）应急资源的分类方式和体系

应急资源大致可分为应急物资、信息、人力、技术、资金和设施六大类。本部分将主要针对应急物资的分类方法和体系作进一步讨论和探究。

应急物资有多种分类方式。按照应急物资的用途进行划分，可以参考国家发展改革委发布的《应急保障重点物资分类目录（2015年)》，将应急物资分为三大类、十六中类和六十五小类物资。按照应急物资的适用范围，又可以分为通用类、专用类和救援类。通用类物资即食物、水和盐等保障日常生活需要的必备物资。专用类物资则是根据不同的突发状况所需要的物资，如突发公共卫生事件所必需的医疗物资等，地震、海啸等自然灾害所需要的探测仪等。救援类物资是指救援艇、救援车和绳索等救助受灾人员所需要的设备。按照应急物资的重要程度，从重到轻可划分为特级、严重、紧急和一般这四个等级。

现阶段应急物资的分类方法还存在着不完善的地方。其中，众多的分类方法中，由国家发展改革委发布的分类方法最为权威，应用也最为广泛。

（三）物流应急资源的分类

传统的物流资源是指人、财、物、时间和信息。企业的物流资源可分为仓储资源、人力资源、信息资源、管理资源和运力资源。本书结合传统的物流资源分类和《应急保障重点物资分类目录（2015年)》，对物流应急资源进行分类，如表 1 - 1 所示。

表 1 - 1　　　　　　　　物流应急资源分类

应急资源类别	主要作业或物资功能	重点应急资源名称
人力资源	指挥管理人才	物流经理、高级物流师等物流高层管理人才
	专业作业人才	仓库管理人才、物流专员、司机、采购经理等
物质资源	陆地运输物资	大、中、小型客车；平板运输车；越野车；沙漠车；摩托雪橇；全地形运输车；水陆两栖运输车；危化品运输车等
	铁路运输物资	客运列车；货运列车；专业作业列车；电气机车；内燃机车等
	水上运输物资	大、中、小型客船；滚装客船；应急驳船；应急拖轮；气垫船；冲锋舟；救生船；橡皮艇；沼泽水橇；汽车轮渡等
	空中运输物资	客运飞机；货运飞机；专用作业飞机；直升机；空投器材与吊挂装置等
	仓储仓库	普通仓库、冷链仓库、自动化仓库、危险品仓库
	仓储包装设备	填充设备、罐装设备、封口设备、裹包设备、贴标设备、清洗设备、干燥设备、杀菌设备等
	仓储基础设备	货架、堆高车、搬运车、出入境输送设备、分拣设备、提升机、搬运机器人

续　表

应急资源类别	主要作业或物资功能	重点应急资源名称
物质资源	仓储集装单元设备	集装箱、托盘、周转箱等
	装卸搬运设备	起重设备、连续运输设备、装卸搬运车辆、专用装卸搬运设备等
信息资源	外部信息	需求信息、供给信息等
	内部信息	仓储信息、运输信息、加工信息、包装信息、装卸信息等
技术资源	系统技术	物流信息获取技术、物流信息传输技术、物流信息处理技术、物流信息控制技术等
	应用技术	自动化分拣与传输设备、AGV、集装箱自动装卸设备、WMS、TMS、配送优化系统、GPS、GIS、RFID等
	安全技术	密码技术、防火墙技术、病毒防治技术、身份识别技术、访问控制技术、备份与恢复技术、数据库安全技术

三、应急资源配置

（一）应急资源配置的原则

应急资源配置，作为一项高度复杂且至关重要的任务，其过程不仅涉及众多变量与不确定性，还需在紧迫的时间框架内精准执行，以确保资源能够迅速、有效地到达需求点。这一过程要求严格遵循以下原则，从而确保资源分配的合理性与高效性。

1. 综合平衡

在突发公共卫生事件的背景下，应急资源配置面临的是一个多维度、多层次的挑战。供需关系的不确定性，时间的紧迫性，以及多出救点、多受灾点、多目标、多约束条件的交织，共同构成了这一复杂问题的核心。综合平衡的核心在于，既要考虑时间维度上的多阶段纵向配置，确保资源在不同阶段间的有序衔接与过渡；又要兼顾物理空间上的多对多物资横向配置，实现资源在受灾区域间的均衡分布与高效流动。这种平衡策略要求决策者具备高度的前瞻性与灵活性，能够实时调整资源配置方案，以应对疫情的动态变化。

2. 分类管理

应急资源的有效配置离不开科学的分类体系，通过对应急资源进行全面、细致的分类，可以清晰地界定各类资源的性质、用途及重要性，为后续的资源需求分级与配置提供坚实的基础。在分类管理的基础上，进一步对应急资源需求进行分级，能够更加精准地识别出哪些资源是当前急需的，哪些资源可以稍后补充，从而为资源配置提供明确的优先级排序。这种分类与分级相结合的管理方式，有助于优化资源配置结构，提高资源利用效率。

3. 统一调配

突发公共卫生事件的应对需要政府、企业、社会组织及公众等多方力量的共同参与和协作。为了实现高效协同，应急资源配置必须实行统一调配。这包括物资协同，即确保各类应急物资能够按照统一的标准和流程进行调配；管理协同，即建立跨部门、跨区域的应急管理机制，实现信息共享与决策同步；人员协同，即合理调配救援人员与志愿者队伍，确保他们能够在最短时间内到达受灾现场并提供有效援助；资金协同，即确保应急资金能够迅速到位并得到有效利用。通过统一调配，可以最大限度地发挥各方力量的优势，形成合力，共同应对突发公共卫生事件的挑战。

（二）应急资源需求的分级

在突发公共卫生事件发生时，资源往往有限，而需求却可能非常庞大。通过对应急资源需求进行分级，可以明确哪些资源是最急需、最重要的，从而确保这些资源能够首先被分配到最需要的地方。这种优先供给机制能够显著提高应急响应的效率和效果，减少因资源分配不当而导致的损失。分级制度有助于避免资源的盲目投放和浪费。在明确资源需求优先级的基础上，可以合理规划资源的采购、储备、运输和使用等环节，确保资源在整个应急响应过程中得到有效利用。这种优化配置不仅能够提高资源的利用效率，还能减少不必要的成本支出。应急资源需求分级应做到以下几个方面。

需求识别与评估。首先需要对突发事件中各类应急资源的需求进行识别和评估。这包括了解突发事件的性质、规模、影响范围以及可能需要的资源类型和数量。通过综合分析各种因素，确定各类资源的需求优先级。

资源分类与分级。根据资源的使用范围、紧急程度、用途、需求诱因等因素，将应急资源进行分类。在分类的基础上，结合突发事件对应急资源需求的具体情况和资源本身的特性，对实际需要的各类应急资源进行分级管理。可以采用模糊聚类分析、模糊综合评价法、神经网络分类法等科学方法进行分级。

制定分级标准。制定明确的分级标准是关键。分级标准应综合考虑资源的重要性、运送时间的紧迫程度、物资的缺少程度等因素。例如，在救援工作中起关键作用、运送时间紧迫且缺少程度高的资源应被列为高级别资源，并优先调度。

动态调整与评估。由于突发事件具有非例行性和动态变化性，因此应急资源需求的分级也应根据实际情况进行动态调整。在应急响应过程中，应定期评估资源需求的变化情况，及时调整分级标准和资源配置方案，以确保应急响应的灵活性和有效性。

（三）突发公共卫生事件对应急资源配置的要求

1. 快速响应

在突发公共卫生事件的初期，时间就是生命，就是减少损失的关键。因此，应急资源配置的首要要求便是快速响应。这意味着必须建立一套高效、灵敏的应急响应机制，确保在事件发生的第一时间能够迅速启动应急预案，并立即启动资源调配流程。快速响应不仅要求信息传递的迅速准确，更要求决策过程的简捷高效，以便在最短时间内将必要的医疗物资、救援力量等关键资源送达灾区，有效控制疫情扩散，减轻其对公众健康和社会经济的冲击。

2. 灵活多样

突发公共卫生事件的发展具有极大的不确定性和动态性，其规模、性质及影响范围都可能随着时间推移而发生变化。这就要求应急资源配置必须具备高度的灵活性和多样性。一方面，要根据疫情的实际情况，灵活调整资源配置的策略和方案，确保资源能够精准对接需求；另一方面，要充分考虑不同区域、不同群体之间的差异性，采取多样化的资源配置方式，如建立分级响应机制、实施差异化援助策略等，以满足多元化的应急需求。此外，还需保持资源的可替代性和可扩展性，以应对可能出现的资源短缺或需求突变情况。

3. 高效利用

在突发公共卫生事件中，应急资源的稀缺性尤为突出，每一份资源都显得尤为珍贵。因此，高效利用应急资源成为资源配置的重要目标。这要求我们在资源配置过程中，必须遵循科学合理的原则，对资源进行精细化的管理和分配。一方面，要优化资源配置流程，减少不必要的环节和浪费，提高资源配置的效率；另一方面，要加强对应急物资的监管和评估，确保资源能够真正用于疫情防控的关键环节，避免重复投入和无效使用。同时，还要注重控制应急物流的成本，通过优化物流网络、提高运输效率等方式，降低物流成本，提高资源利用的经济效益和社会效益。在高效利用资源的同时，也要注重资源的可持续性和循环利用，为未来的应急准备留下更多的余地。

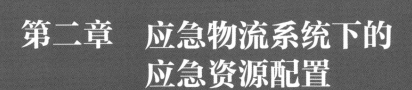

第二章　应急物流系统下的
　　　　应急资源配置

第一节　应急物流系统与应急资源配置的关系

一、应急资源配置的研究现状及评析

（一）应急资源配置研究现状

应急资源是各类事故发生后的支撑要素，在应急物流系统中起着至关重要的作用。应急资源配置涉及多应急点、多约束、多目标、多运输工具和途径等方面，同时具有资源成本不确定性、信息动态变化性和资源共享性。应急资源的恰当分配是提升救灾质量的基础，是实现紧急救援的重要环节。不同的事故情况需要的应急资源存在差异，如何合理高效地把应急资源分配到紧急需求地点是非常关键的。

较早研究应急资源配置的学者有 Fiedrich F.，Gehbauer F. 和 Rickers U.（2000），他们在地震灾害中研究应急资源配置，通过引入动态优化模型，计算与响应不同任务的资源性能和效率，从而实现最佳分配。Aktaş E. 等（2007）在医疗管理系统领域中研究资源配置效率对决策支持系统的影响，并在该研究中提出了一种面向管理的决策支持模型，以帮助卫生系统管理者提高其系统效率。Dou Liangtan、Sun Ying 和 She Lian（2012）基于系统工程协同理论，从人、组织、物资、信息、技术和策略等方面分析了影响应急资源配置效率提升的关键因素，通过采用并改进 QSIM（定性模拟方法），对内部作用机制进行研究，提高应急资源协同配置系统的效率。李志锦（2022）基于协同理论建立医院应急物资配置体系，形成医院人力资源、医疗资源、后勤资源和空间资源等应急资源子系统有效互动、良性循环的配置体系，有效实现应急资源的统筹管理和有序调配。柴干和杨晓光（2007）在高速公路应急救援领域研究应急资源的分配问题，并考虑到交通事故中资源需求的随机性，以救援时间和资源成本为目标，引入随机变量进行约束，建立相应的随机规划模型，提高交通事故中应急资源的分配效率。Sung I. 和 Lee T.（2016）在大规模伤亡事件导致紧急医疗服务需求激增的背景下，根据优先顺序分配紧急医疗资源以最大限度地提高救生能力，并应用列生成方法来有效处理大量可行的救护车时间表，提高紧急医疗服务的救援效率。Shabnam Rezapour 等（2018）研究了突发灾难发生后的初期向受影响地点和伤亡群体分配应急部队的问题，以最大限度地增加幸存者数量，研究结果表明，应急部队应按照伤亡人数的比例分布在各个地点。陈刚和付江月（2018）为了兼顾分配的效率与公平，利用人的嫉妒心理，构建了总加权嫉妒值最小化目标。张杏雯和倪静（2020）引入公平理论，针对受灾点应急物资分配失公的问题，构建兼顾公平与效率的双目标优化模型。王妍妍和孙佰清（2019）针对应急资源配置碎片化问题，设计了一种区域协同优化配置模型，该模型考虑受影响人群易损性差异，兼顾效率与公平，有效解决了重大突发公共卫生事件下应急资源配置区域协同优化问题。

随着应急物资调配等问题的深入研究和智能优化算法的发展，为了使救灾工作更符合实际情况，国内外很多学者都对多目标应急物资调配问题进行了研究。

文仁强等（2012）构建了多供应点协同供应的多目标优化调度模式来研究重大突发事件下的应急物资调配特点。Hawe G. I. 等（2015）基于代理商的模拟方法，确定了双地点事故的资源配置。张力丹等（2017）以最少的紧急救援费用和最少的不及时救援损失为目标功能，构建优化模型。杜雪灵等（2018）构建了紧急资源调度模型，以最大的公平性和最小的调度总费用为优化目标研究突发事件下的紧急资源调度问题。冯春等（2018）建立了多目标紧急物资发放模型，将效率与目标相结合来研究兼顾紧急物资调配的效率与公平。赵星等（2019）为解决应急资源配置和应急救援路径搜索两个问题，基于多目标路径规划，构建了应急物资调配模型。宋英华等（2020）以系统总运行成本最小、有效物资满足率最大为目标，针对救援过程中应急物资受损问题，考虑物资损毁率对灾民心理影响的上下限及其对物资发放的影响，构建了优化模型。王光崭等（2023）通过阐述资源配置效率指标体系中的数据包络法，依据各航空公司的应急能力状况，建立一套适合航空公司应急资源配置评价的三级评价指标体系。

（二）应急资源配置研究不足

在突发公共卫生事件发生时，需要社会各界迅速开展应急处置工作，而应急物流是应急处置工作的重要内容，是保障救援行动能够有效进行的基础，对于抢救生命、降低损失具有关键作用。应急物资的大规模协调运输可以保障受灾地区群众的基本生活，救援装备的快速供给可以使应急救援工作得到及时实施。目前，相关领域学者对包括应急资源配置在内的整体的应急物流体系研究相对较少，主要体现在以下方面。

（1）整体性研究不足。

现有研究往往侧重于应急资源配置的某个具体环节或要素，如物资的仓储、运输等，对各环节之间的衔接和互动关系研究不够，导致在实际应急处置中，容易出现信息不畅、流程脱节等问题。

（2）缺乏对应急物流中不确定性因素的有效应对策略研究。

突发公共卫生事件的发展具有高度不确定性，包括疫情的规模、传播速度、物资需求的种类和数量等。然而，当前研究对于如何在不确定性环境下进行灵活、动态的应急资源配置决策支持不足。对于突发公共卫生事件引发的交通管制、供应链中断等风险，缺乏有效的风险评估和应对方案。

（3）跨区域应急物流协调机制研究不充分。

在大规模的突发公共卫生事件中，往往需要跨区域调配应急物资。但目前对于跨区域应急物流的协调机制、利益分配、责任划分等方面的研究还不够完善。不同地区之间的政策差异、管理体制差异等对跨区域应急物流的影响尚未得到充分研究。

（4）应急物流信息化平台建设研究滞后。

虽然信息技术在物流领域得到广泛应用，但在应急物流中，信息化平台的建设仍存在诸多问题，如信息共享不充分、数据标准不统一等。关于如何利用大数据、人工智能等新兴技术提升应急物流信息化平台的智能决策能力和快速响应能力的研究还处于初级阶段。

鉴于以上研究内容，本章拟围绕应急物流系统的搭建和应急物流系统下的应急资源配置进行论述和研究，以剖析应急物流系统与应急资源配置的内在关联为起点，逐步深入探讨在高效应急物流系统下应急资源配置所需的能力，并研究动态变化下应急资源配置系统的适应性，最后阐述应急资源配置决策与应急物流系统的相互关系。内容涵盖了从基础的关系解读，到对配置能力、系统适应性及决策影响等多个关键维度的详细探讨，旨在为应急资源配置提供全面且深入的理论分析与指导。

二、应急物流系统的流程设计

应急物流系统（ELS）作为突发公共卫生事件背景下应急救援的重要支撑，其性能直接关系到应急救援任务的完成质量。因此，应急物流系统的构建需遵循一定的原则，其整体构建思路也需具备科学性与前瞻性。

（一）应急物流系统设计原则

应急物流系统可以划分为五大板块：数据板块、分析板块、应用板块、服务板块与用户板块。数据板块包括突发事件信息数据库、物资需求数据库、灾情信息数据库、运输信息数据库、应急资源数据库、预案数据库、仓储信息数据库与物资配置数据库。分析板块则主要对各数据库中所提供的有效数据进行挖掘与分析，协助系统组织中心根据突发事件规模编制应急预案，并对预案进行分级管理。应用板块包括应急物流系统运作的各环节，主要协助系统组织中心协调各板块的工作、运输路线的动态优化、应急物资的调度与监测。服务板块主要包括事发地政府部门、应急物流组织和灾民，通过应急物流系统建立政府与灾民之间的联系。用户板块主要承担整个系统中应急资源的管理与调度，具有管理、动态监控、检索、跟踪、访问、存储、处理、传输、交换、发布等功能。根据用户的性质设置不同的用户管理权限，主要管理者可以访问整个系统相关信息；根据突发事件的不同阶段，用户板块可以发布灾情动态、灾后评估、寻人启事及灾后重建等信息。

应急物流的系统架构和流程设计，直接决定了整体的应急物流运转效率，也左右着整个救灾行动的有效性。因此，对系统的结构与流程设计要充分考虑系统的响应能力、开放性、可移植性与可重构性。

应急物流系统的直接目的是达到应急资源配置的及时性，即以追求最大的应急物流时间效益和最大的配置效率为目标。应急物流系统是一个开放的复杂系统，主要作用是在突发事件发生时，为紧急物资的筹集、运送、分发等物流环节提供准确的信息，力争在尽可能短的时间内，将其送达指定的事发地。应急物流需求在突发事件背景下的随意性和不确定性，决定了其物流体系的设计需要具有开放性和扩张性，随着救援的深入与疫情的缓解，不同时期的需求是不一样的，这就要求应急物流的设计需要分层次。作为应急系统的一个子系统，应急物流系统要从整体上把握其规律，从而设计出性能更完善的系统。

（二）应急物流系统流程设计

应急物流系统整体规模庞大、信息庞杂、主体繁多，是一项极具综合性的体系工程，因此，系统的流程设计需从总体上进行考虑。系统设计及运作流程需考虑多源数据融合、数据可视化、数据挖掘、智能调度等方面的现实需求，以人工智能、云计算、大数据等技术为基础，从应急救援的处理流程、总体架构等方面加以论证，确保应急物流系统各环节紧密衔接，系统内外信息传递通畅。应急物流系统流程如图 2-1 所示。

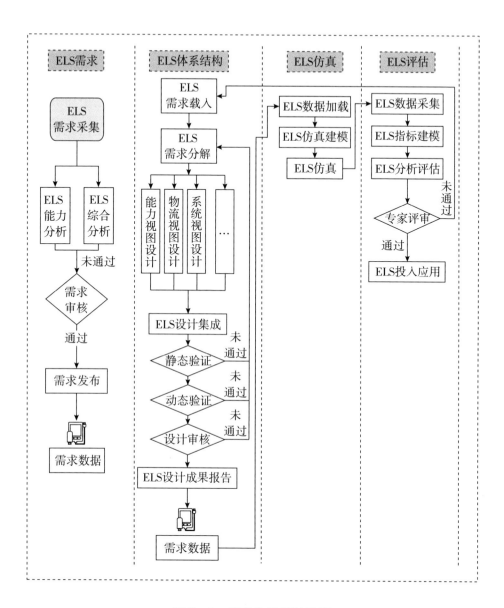

图 2-1　应急物流系统流程

（三）应急物流系统运作流程

本书所研究的应急物流系统需要建立相关的运行机制并制定相应的应对策略，方能使其在各种突发事件面前做好应对工作。

1. 建立应急物流系统运行机制

应急物流系统运行机制是全方位体现时效规则与配置效能的一种机制，该机制主要包括决策机制、约束机制与协调机制三个子机制。决策机制主要对应急物流活动作出决策、决定，如对选择运输路线、运输工具、运输司机等环节作出决策。约束机制是为了控制内部利益驱动与克服外部冲击使其保持高效运行，在追求应急物资运送任务时效性过程中受到各种内部与外部因素的制约，主要依靠相关的应急法律法规来保障。协调机制主要确保应急物流系统内部与应急系统的其他子系统之间信息传导、信息共享与信息融合。与此同时，应借鉴各类突发事件的应急处理方案，以便获得更快捷、更科学的决策信息，从而达到快速、高效和科学的目标，使应急物流任务圆满完成。

2. 构建应急物流系统综合平台

突发事件背景下的应急物流系统并不是孤立存在的，而是与其他系统分工协作、相互配合。因此，为了更好地完成应急物流任务，需建立应急物流系统综合平台。应急物流系统综合平台可集成所有资源，在一定程度上可以提升各级政府部门的应急处置能力。除此之外，将社会捐赠直接与应急物流系统综合平台对接，可以提高应急物资的筹措效率，从而全面提升应急物流系统应对重大突发事件的能力。

3. 编制具有前瞻性的应急物流预案

要想使应急物流系统发挥应有的作用，需要有相关预案来保障。凡事预则立，不预则废，突发事件的性质决定了决策者的应对策略，而决策者快速作出决策的背后，必须有前瞻性的应急物流预案作为支撑。应急物流预案作为应对突发事件的重要组成部分，是救援行动迅速、有序、高效进行的关键所在，也是减少灾区人员伤亡与经济损失的先决条件。预案能否高效应对与化解各种潜在的风险，最终取决于预案的针对性、完备性与前瞻性。因此，建立具有前瞻性的应急物流预案，对应急物流系统高效运行具有重要的指导意义。

三、应急物流系统下的应急资源配置

应急资源配置能力不仅取决于灾害发生区域拥有的核心资源的数量，而且更多地取决于区域协调所需的核心资源能力。随着区域交通大动脉的畅通，都市圈的资源共享能力进一步加强，从而提高了区域资源的协调能力。由于应急物流系统的复杂性，应急资源配置需要遵循一定的原则，将资源共享与信息共享的应急管理模式有机集成在一起，形成以信息化和资源化为特征的纵横交错的应急联动资源配置系统。

（一）应急资源配置的特点

1. 弱经济性

一般资源配置的主要目的是用最少的资源获取最大利润，强调资源配置的经济效益。而应急物流系统中应急资源配置的最大特性就是时间上的紧急性，所以具有弱经济性的特点，即应急物流系统中应急资源配置的首要目的是尽可能减小灾害所造成的损失，保障应急救援物资的及时供应，满足应急救援任务的需要，确保人民群众的生命和财产安全，经济成本是其次考虑的问题，具有社会公益性质。

2. 突发性

应急物流系统的需求通常由突发性的紧急事件引发，如突发公共卫生事件。这种突发性要求应急物流系统能够快速响应，迅速组织资源以满足需求。此时，应急物流系统中的有限应急资源也要快速响应系统调度，进行紧急配置。

3. 动态性

应急资源配置要在应急物流系统中不断调整的环境下进行动态响应，以满足紧急情况的需求。这可能包括资源需求、运输路线、物流节点等方面的变化。应急资源配置需要具备动态响应的能力，以确保在紧急情况下能够高效地组织和分配资源。

4. 复杂性

应急物流系统的资源配置涉及多个应急需求点的分配及应急系统其他单元的协调与配合，如运输子系统、信息子系统等。因此，应急物流系统的资源配置需要在多个系统单元协调运作的情况下进行统筹规划，以实现高效资源配置。

5. 精确性

应急资源配置需要精确地预测和分配资源，以提高应急响应的效果。这要求应急物流系统中的应急资源能够根据系统评估的需求，合理调度和分配资源，并确保资源的高效利用。

（二）应急资源需求层次分析

应急物流系统中应急资源的配置过程是围绕着救援任务开展的，应急物资的功能与数量，需要根据灾害灾情的动态过程，进行动态调整。在突发公共卫生事件发生后的 1~3 天（第一阶段），应急救援的主要任务是在突发公共卫生事件发生区域开展紧急防护和救治措施。此时，所需的物资主要是防护设备、救援设备及医院配置。在事件发生后的 4~10

天（第二阶段），基本上已经掌握了事件特征和相关信息，应急救援的主要任务已转向大量感染人员和非感染人员的紧急安置，包括衣食住行的临时保障，安置点的消毒防护及社会秩序的稳定。此时，所需的物资主要是一些生活类物资。很显然，第一阶段是生命救援的黄金期，物资的需求层次比第二阶段物资的需求层次更高，紧迫性也更强。

在第一阶段中，应急物资可分为非消耗性物资和消耗性物资。其中，非消耗性物资的需求层次从高到低依次为：医疗器械、应急通信设备等。消耗性物资的需求层次从高到低依次为：急救药品、防护物资、普通药品、食物、防疫药品。

（三）应急资源配置流程

当重大突发公共卫生事件发生时，国家相关部门首先会立刻发动地方物资储备库对物资需求区域进行应急物资的供应。然后，同时启动统计系统、配置系统和反馈系统，如图 2 – 2 所示。

统计系统主要是由国家机构对疫情区域的需求物资及其他各类确定性和不确定性信息进行收集、整理、分配。

配置系统主要是指将国家对应急物资的采购、慈善机构对应急物资的捐赠和社会个人及企业对应急物资的捐赠录入应急物流系统。应急物流系统根据不完全信息对应急物资需求点需求优先级及需求量进行预测，根据不同需求量来确定不同物资配置方案，以此增强应急物流系统中应急资源配置的性能。

反馈系统主要是指应急物流系统要对应急需求点应急资源的供应和需求情况信息进行及时反馈，并利用反馈的信息及新的信息对下一阶段的应急物资进行配置，确定物资供应方案，再次采购，以此循环。

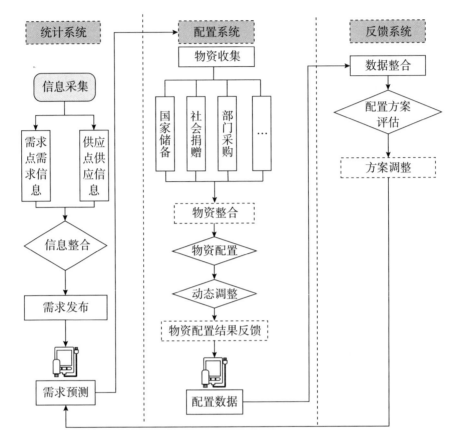

图2-2　应急物流系统下的应急资源配置流程

四、应急物流系统与应急资源配置之间的相互作用

应急物流系统和应急资源配置之间存在着紧密的互动关系。首先，应急物流系统提供了一个有效的渠道，将各种应急资源从供应源头传送到需要的地点。这包括物资、设备、人力资源等。应急物流系统的高效运作可以确保资源能够及时到达紧急情况发生地，从而提供支持和救援。

其次，应急资源配置需要依赖应急物流系统的运作。合理的资源配置是基于对应急情况的分析和判断，需要根据紧急情况的特点和需求，将资源合理地分配给不同的应急部门和机构。而应急物流系统的高效运作能够保障资源的及时供应和分配，确保资源能够迅速投入紧急情况的处理中。

最后，在实践中，应急物流系统和应急资源配置之间需要密切合作和协调。应急物流系统需要提前规划和准备，确保有足够的运输能力和仓储设施来支持资源的流通。同时，应急资源配置需要及时了解物流系统的状况和调度安排，以便更好地协调资源的分配和调配。只有两者紧密配合，才能有效减少损失，并最大限度地保障公众的安全。

综上所述，应急物流系统和应急资源配置紧密相连，相辅相成。良好的应急物流系统能够支持应急资源的有效运输和分配，合理的应急资源配置依赖于稳定高效的应急物流系统。在应对紧急情况时，我们需要重视并加强这两方面的工作，构建一个更加强大和可持续的应急管理体系。

第二节　高效应急物流系统下的应急资源配置能力

一、应急物流系统中应急资源配置的快速反应机制

（一）应急资源配置的结构

应急资源配置可以分为五大板块，分别是数据板块、控制板块、

指挥板块、行动板块、环境板块。其中，处于核心地位的是指挥板块。

1. 数据板块

数据板块中包含系统的各单元数据要素，如应急人员信息库、应急财务信息库、应急物资/运载工具信息库、应急物流预案数据库等。

2. 控制板块

控制板块中包含的系统要素有应急资源配置方案实施、物资运输过程监控调度、方案实施效果评估及应急需求信息反馈。

3. 指挥板块

指挥板块中包含的系统要素为应急联动指挥中心。其在系统中处于核心地位，它是联系军、政、企、民的信息中枢，高效调动社会总体力量，对灾害情况快速作出响应。

4. 行动板块

行动板块中包含的系统要素有应急物资、第四方物流公司、第三方物流公司、医疗团队、社会团体、运输企业、公安部队、消防部队、物流专业人才、个人志愿者等。

5. 环境板块

环境板块中包含的系统要素为应急物资数量、信息智能、应急储备、物流基础、法规制度。

（二）应急资源配置的快速反应机制

整个应急资源的配置在系统约束条件和支撑环境下进行，在突发事件发生后，当地媒体应及时跟踪实时情况并将数据反馈给当地政府。系统在收集相关实时信息后要根据数据板块中的应急人员信息库、应急财务信息库、应急物资/运载工具信息库、应急物流预案数据库中存储的相关信息快速制订应急方案。应急方案中应包括应急物资的包装、储存、运输、配送等实施环节及应急人员和应急款项的调拨。若本地的应急人力、财力、物力不能应对灾害情况，应及时向上一级应急中心请求相应支援，在尽可能短的时间内，集结第四方物流公司、第三方物流公司、运输企业、社会团体、消防部队、公安部队、医疗团队、物流专业人才、个人志愿者等要素流向突发公共卫生事件发生地区。同时，对资源配置方案实施情况进行实时监控，在方案实施完成后，要快速评估资源配置效果，以及根据新得到的应急需求反馈信息及时调整下一步方案。在应急工作的收尾阶段，结合实际情况，组织专家及相关机构对应急方案提出改进建议，及时更新应急物流预案数据库。

二、增强应急物流系统高效运转与配置能力的方法

1. 提高资源利用率

高效运转的应急物流系统能够快速、准确地将资源分配到需要的地方，从而提高资源利用率。这可以减少资源浪费，提高应急物流系统的整体效率。

2. 降低成本

通过合理的资源配置，可以减少浪费，从而降低物流成本。这有助于提高应急物流系统的成本效益，从而更好地应对紧急情况。

3. 提高服务水平

高效运转的应急物流系统可以快速响应紧急情况，提高应急服务

的水平。这可以帮助应急物流系统更好地满足紧急需求，提高公共福利。

4. 增强稳定性

高效的应急物流系统能够更好地应对突发事件，提高系统的稳定性。这可以减少突发事件对经济社会发展的影响，保障人民生命财产安全。

三、双目标应急物流系统和应急资源高能配置模型

如果某地发生重大突发公共卫生事件，会立刻产生紧急需求点，每个需求点需要一定的物资。此时，应急物流系统中也会有若干个物资储备点（供应点），每个储备点有一定数量的物资。我们需要为每个需求点分配物资，同时考虑到运输成本、时间、环境等因素。为了方便数学建模和算例计算，本节在构建模型时作出以下假设。

假设一：在物资供应过程中，需求和供应在一定程度上是已知的，需求可以从疫情开始端的样本中经预测得到，供应可以根据供应点提供的信息得到。

假设二：在满足疫情区域物资需求的条件下才进行供应点的选择，若总供应量小于物资需求量，则默认选择所有物资供应点进行应急物资的供应。

表 2－1　　　　　　　　　模型中的符号和定义

符号	定义
i	应急物流系统中第 i 个供应点
j	物资供应点到物资需求点采用的交通工具的种类，$j \in L$

符号	定义
h	第 h 类应急物资资源，$h \in \{h_1, h_2, h_3\}$
S_{G_i}	启用应急物流系统 G 中的供应点 i 的启用资金
$G_{i,n,j,h}$	供应点 i 到物资需求点 n 用第 j 类运输工具运输第 h 类产品的次数
$I_{i,n,j,h}$	供应点 i 到物资需求点 n 用第 j 类运输工具运输第 h 类产品的单位次数成本
$P_{t,i,n,h}$	t 时刻从第 i 个供应点运往物资需求点 n 第 h 类产品的单位采购价格
$D_{i,n,h,t}$	t 时刻从第 i 个供应点运往物资需求点 n 第 h 类产品的总量
$H(i)$	供应点 i 的物资供应时间
$Q_{(t,G,h)}$	t 时刻应急物流系统 G 中关于第 h 类产品的库存量
$E_{t,j,h}$	t 时刻供应点通过第 j 类交通运输工具把第 h 类资源运送到需求点的总量
$Q_{t,G,h}$	t 时刻应急物流系统 G 中关于第 h 类产品的分发量
$VD_{G,h,t}$	t 时刻应急物流系统 G 中的所有供应点对第 h 类资源的可供应量
$QD_{G,h,t}$	t 时刻应急物流系统 G 中的所有供应点对第 h 类资源的库存量
$Z_{G,t}$	在 t 时刻是否启用应急物流系统 G 中的供应点 i，是为1，否为0
$X_{i,n,j,h}$	供应点 i 向物资需求点 n 运输第 h 类资源是否采用第 j 类交通工具，是为1，否为0

根据以上的假设和表 2－1 中符号和定义，构建双目标应急物流系统和应急资源高能配置模型，如下所示。

$$\text{Min}C = \sum_{G_i} Z_{G_i,t}S_{G_i} + \sum_{i \in G_i} \sum_j G_{i,n,j,h}I_{i,n,j,h}X_{i,n,j,h} + \sum_{i \in G_i} P_{t,i,n,h}D_{i,n,h,t} \tag{2-1}$$

$$\text{Min}T(G_i) = \text{Max} \sum_{j=1}^{L} HG_i X_{i,n,j,h} \tag{2-2}$$

$$Q_{(t,G,h)} = Q_{(t-1,G,h)} + E_{t,j,h} - Q_{t,G,h} \qquad \forall t \qquad (2-3)$$

$$VD_{G,h,t} \leqslant QD_{G,h,t} \qquad \forall t, \quad \forall h, \quad \forall G_i \qquad (2-4)$$

$$Q_{t,G,h} < QD_{G,h,t} \qquad \forall t, \quad \forall h, \quad \forall G_i \qquad (2-5)$$

$$\sum_{G_i} Z_{G_i,t} < 1 \qquad (2-6)$$

$$\sum_{j}^{L} X_{i,n,j,h} \leqslant 1 \qquad (2-7)$$

$$S_{G_i,t}, \quad G_{i,n,j,h}, \quad I_{i,n,j,h}, \quad P_{t,i,n,h} \geqslant 0 \qquad (2-8)$$

式（2-1）为应急物流系统运作成本的目标函数，由系统中供应点的启用成本、运输成本、采购成本组成，主要是指应急物流系统运转的经济性。式（2-2）是系统中应急资源配置响应时间的目标函数。式（2-3）为每一时刻应急物流系统中物资库存量的约束，由上一时段的剩余库存量、这一时段的购进量和分发量构成。式（2-4）是指每一时刻应急物流系统中应急物资的可供应量必须小于等于系统中所有供应点的可用库存量。式（2-5）表示每一时刻系统中的分发量小于系统中所有供应点的可用库存量。式（2-6）和式（2-7）表示系统中的供应点和运输应急物资的运输工具不可重复选择。式（2-8）为非负约束。对于以上建立的双目标模型，本节采用约束法进行求解，根据物资需求紧迫程度给出的时间限制，将双目标模型转化为具有时间约束的单目标模型，将满足供应时限约束的供应点按照供应成本进行选择，并进行应急物资的配置。具体步骤可将式（2-2）转化为式（2-9），其中 T 为时间限制，将满足式（2-9）的供应点按照供应成本进行应急物资的配置。

$$\mathrm{Min}T\ (G_i) = \mathrm{Max} \sum_{j=1}^{L} HG_i X_{i,n,j,h} \leqslant T \qquad (2-9)$$

算法设计如下。

使用贪婪算法进行初步求解：将每个需求点与距离最近的供应点匹配，并计算初始配置方案的成本。

使用线性规划算法进行优化：基于初始解，使用单纯形法、对偶单纯形法等线性规划算法，对目标函数和约束条件进行优化，以得到最优或次优解。

第三节　动态变化下应急资源配置系统的适应性

一、基于需求多样性的应急资源配置系统的适应性

（一）需求多样性对应急资源配置系统的影响

需求多样性对应急资源配置系统带来了诸多挑战。首先，不同灾害事件的特点和影响范围各异，对应急资源的需求也存在差异。例如，洪水需要专业的救援队伍和设备，而重大突发公共卫生事件需要大量医疗救援人员和应急防护物资。其次，不同地区、不同群体的需求也存在差异，城市和农村地区在灾害发生后所需的资源可能有所不同，老年人、儿童等特殊群体的需求也需要考虑。

针对这些挑战，应急资源配置系统需要具备一定的适应性。首先，在系统设计上要充分考虑到各种灾害事件的特点和影响范围，建立起相应的应急资源库，并根据实际情况进行动态调整。其次，在资源调度方面要灵活运用信息技术手段，及时获取各个地区、各个群体

的需求信息，并快速响应。

（二）引入灵活性以适应应急资源配置系统中的应急需求多样性

为了有效应对紧急情况，建立一个灵活性强、能够适应不同需求的应急资源配置系统变得尤为重要。本节通过引入灵活性概念，探讨如何在应急资源配置系统中实现对多样化需求的适应。

灵活性是指一个系统或组织在面对外部环境变化时能够迅速调整和适应的能力。在应急资源配置系统中，灵活性可以体现在多个方面。首先，物资的种类和数量应能够根据不同紧急情况的需求进行调整。其次，物资配送的方式和速度也需要具备灵活性，以满足不同地区和时间的特殊要求。

为了实现对应急资源多样性需求的适应，可通过以下几个方面来引入灵活性概念。

1. 灵活的库存管理

在应急物流系统中，可以采用动态库存管理策略，即根据实际需求和预测情况，及时调整库存量和种类。

2. 多渠道供应链

建立一个多渠道供应链可以增加物资调配的灵活性。通过与不同类型供应商合作，并利用互联网等信息技术手段，该系统可以更快速、更精准地获取所需物资。

3. 智能化决策支持系统

引入智能化决策支持系统可以提高物资配置效率，并更好地适应资源需求多样性。该系统可以通过数据分析和模型预测，为决策者提供科学指导，使其能够更快速地作出决策。

4. 建立信息共享平台

在引入灵活性概念以适应需求多样性的过程中，也会面临一些挑战。例如，信息不对称、合作协调困难等问题。因此，在实施过程中需要建立信息共享平台、加强各方沟通合作等。

（三）基于需求多样性的应急资源配置方法

1. 数据采集与分析

收集突发公共卫生事件中的相关数据、地理环境数据和人口统计数据等，并进行综合分析，通过数据分析，确定不同程度灾害下各种救援物资和设备的需求量及最佳配置方案。

2. 建立动态模型

根据实际情况建立动态模型，考虑重大突发公共卫生事件发生时各种因素（如人口密度、交通状况、物资状况等）对资源配置的影响，通过模型预测和优化算法，实现应急资源快速调配。

3. 多层次资源储备

根据地域特点和重大突发公共卫生事件类型确定多个储备点，并建立多层次的资源储备体系，不同地区的储备点可以根据实际需求进行调配，提高资源利用率。

4. 信息共享与协同

建立应急资源信息共享平台，实现各部门之间的信息共享和协同工作，通过互联网平台、移动通信等技术手段，快速响应实际需求，并进行资源调度和指挥。

5. 实施与评估

对实际应用的应急资源配置方案进行评估和改进，根据实施效果，不断优化配置方案，提高应急资源的响应能力和灵活性。

二、动态需求下的应急资源配置决策模型

（一）基于动态需求信息的灰色组合模型

重大突发公共卫生事件发生后，受疫区域的应急物资可能会供不应求，通过对需求点的不同应急物资需求量进行需求预测，可增强应急资源配置系统的适应性。所以，本节中采用灰色 GM（1，1）模型和灰色增量模型的灰色组合模型来构建应急资源配置决策模型。

灰色 GM（1，1）模型是常用的一种预测模型，但是灰色 GM（1，1）模型中原始序列的累加具有指数增长过快的特点，导致预测值偏高，而灰色增量模型中原始序列数据处理具有指数增长过慢的特点，导致预测值偏低。在本节中，首先考虑需求点需求信息发展的不确定性，将实时更新的需求信息纳入模型中进行改进，通过模型原始数据序列中需求信息的更新，获得部分数据变化趋势，在一定程度上可以将灰色信息向白色信息转化，以增强模型的动态性和精准性。然后，将改进的灰色 GM（1，1）模型和灰色增量模型进行组合，构建灰色组合模型，可以将灰色 GM（1，1）模型和灰色增量模型的预测误差进行一部分抵消，有效提高模型的预测精度。

1. 改进的灰色 GM（1，1）模型

设 $X^{(0)} = （X^{(0)}（1），X^{(0)}（2），\cdots，X^{(0)}（t））$ 为预测模型的

原始数据列，即光滑离散函数序列。其中，$X^{(0)}$（t）为受疫地区 t 时刻的确诊人数，且 t 以天为单位。随着实时信息的不断更新，每次预测都要对原始数据列做等维处理，去掉陈旧数据，添加新数据，进行需求信息的更新，t 的值随时间的变化不断增大。$X^{(1)}$ =（$X^{(1)}$（1），$X^{(1)}$（2），…，$X^{(1)}$（k））为 $X^{(0)}$ 的一阶累加序列，其中：

$$X^{(1)}\ (k) = \sum_{i=1}^{k} X^{(0)}\ (i),\ k=1,\ 2,\ \cdots,\ t \qquad (2-10)$$

$Z^{(1)}$ =（$Z^{(1)}$（2），$Z^{(1)}$（3），…，$Z^{(1)}$（t））为 $X^{(1)}$ 的紧邻均值生成序列，

$$Z^{(1)}\ (k) = \frac{\left[X^{(1)}\ (k)\ + X^{(1)}\ (k+1) \right]}{2},\ k=1,\ 2,\ \cdots,\ t$$

$$(2-11)$$

因此，得到灰色 GM（1，1）模型的基本形式：

$$X^{(0)}\ (k)\ + aZ^{(1)}\ (k) = b,\ k=1,\ 2,\ \cdots,\ t \qquad (2-12)$$

采用一阶变量微分方程对生成序列进行拟合，得到 GM（1，1）模型的白化形式如下：

$$\frac{\mathrm{d}X^{(1)}}{\mathrm{d}t} + aX^{(1)} = b \qquad (2-13)$$

设 a 为发展系数，b 为灰色作用量，设 $\boldsymbol{c} = [a,\ b]^{\mathrm{T}}$，$\boldsymbol{Y}$ 和 $\boldsymbol{B}$ 的值如式（2-14）：

$$\boldsymbol{Y} = \begin{bmatrix} X^{(0)}\ (2) \\ X^{(0)}\ (3) \\ \vdots \\ X^{(0)}\ (t) \end{bmatrix} \quad \boldsymbol{B} = \begin{bmatrix} -Z^{(1)}\ (2) & 1 \\ -Z^{(1)}\ (3) & 1 \\ \vdots & \vdots \\ -Z^{(1)}\ (t) & 1 \end{bmatrix} \qquad (2-14)$$

由式（2-12）可得：

$$Y = Bc \qquad (2-15)$$

用 $b - aZ^{(1)}(k)$ 来替换 $X^{(0)}(k)$ （$k = 2$，3，$\cdots$，t）可得误差序列 $\varepsilon = Y - Bc$，当 F 最小时有：

$$\frac{\partial F}{\partial a} = 2\sum_{k=2}^{t}(X^{(0)}(k) + aZ^{(1)}(k) - b)Z^{(1)}(k) = 0$$
$$(2-16)$$

$$\frac{\partial F}{\partial b} = 2\sum_{k=2}^{t}(X^{(0)}(k) + aZ^{(1)}(k) - b) = 0 \qquad (2-17)$$

联立式（2-16）和式（2-17）求解得：

$$a^* = \frac{\dfrac{1}{t-1}\sum_{k=2}^{t}X^{(0)}(k)\sum_{k=2}^{t}Z^{(1)}(k) - \sum_{k=2}^{t}X^{(0)}(k)Z^{(1)}(k)}{\sum_{k=2}^{t}(Z^{(1)}(k))^2 - \dfrac{1}{t-1}(\sum_{k=2}^{t}Z^{(1)}(k))^2}$$
$$(2-18)$$

$$b^* = \frac{1}{t-1}\left[\sum_{k=2}^{t}X^{(0)}(k) + a\sum_{k=2}^{t}Z^{(1)}(k)\right] \qquad (2-19)$$

式（2-13）的时间响应方程为：

$$\hat{X}_1^{(1)}(t+1) = \left(X^{(1)}(1) - \frac{b^*}{a^*}\right)e^{-at} + \frac{b^*}{a^*} \qquad (2-20)$$

原始数据估计值为：

$$\hat{X}_1^{(0)}(t+1) = \hat{X}_1^{(1)}(t+1) - \hat{X}_1^{(1)}(t) = \left(X^{(0)}(1) - \frac{a^*}{b^*}\right)$$
$$(1 - e^{-a^*})\,e^{-a^*t} \qquad (2-21)$$

可得到预测值的预测列：

$$\hat{X}_1^{(0)} = \{\hat{X}_1^{(0)}(1)，\hat{X}_1^{(0)}(2)，\cdots，\hat{X}_1^{(0)}(t)\} \qquad (2-22)$$

2. 改进的灰色增量模型

设 $X^{(0)} = (X^{(0)}(1), X^{(0)}(2), \cdots, X^{(0)}(t))$ 为预测模型的原始数据列，同上文中原始数据列处理方式相同，随着 t 的增加，每次预测都对原始数据列进行等维处理，去掉陈旧数据，添加新数据，进行需求信息的更新，t 的值随时间的变化不断增大。

$X^{(-1)} = (X^{(-1)}(2), X^{(-1)}(3), \cdots, X^{(-1)}(t))$ 为 $X^{(0)}$ 的一次累减序列，其中：$X^{(-1)}(t) = X^{(0)}(t) - X^{(0)}(t-1)$，$t = 2, 3, \cdots$。将 $X^{(-1)}$ 作为 GM（1，1）模型中新的原始数据列，可得灰色增量模型，由式（2–21）可得一次累减预测值 $X^{(-1)}(t+1)$，则：

$$\hat{X}_2^{(0)}(t+1) = X^{(0)}(1) + \sum_{k=2}^{t+1} X^{(-1)}(k), \quad t = 2, 3, \cdots$$

$$(2-23)$$

灰色增量模型的预测数据列如式（2–24）所示。

$$\hat{X}_2^{(0)} = \{\hat{X}_2^{(0)}(1), \hat{X}_2^{(0)}(2), \cdots, \hat{X}_2^{(0)}(t)\} \qquad (2-24)$$

3. 灰色组合模型

本节中将利用改进的灰色 GM（1，1）模型和改进的灰色增量模型两种方式进行权重组合，从而建立预测模型，组合权数利用最小二乘法来进行确定，灰色组合模型的预测值为 $\hat{Y}^{(0)} = (\hat{Y}^{(0)}(1), \hat{Y}^{(0)}(2), \cdots, \hat{Y}^{(0)}(t))$

其中：

$$\hat{Y}^{(0)}(t) = w_1\hat{X}_1^{(0)}(t) + w_2\hat{X}_2^{(0)}(t), \quad w_1 + w_2 = 1 \qquad (2-25)$$

$$0 \leqslant w_j \leqslant 1, \quad j = 1, 2 \qquad (2-26)$$

预测值的残差：

$$\varepsilon_t = X^{(0)} \ (t) \ - \hat{Y}^0 \ (t) \qquad (2-27)$$

利用最小二乘法求解组合权数估计值：

$$G = \sum_{k=1}^{t} \varepsilon_t^2 = \sum_{k=1}^{t} \left\{ X^{(0)} \ (t) \ - w_1 \hat{X}_1^{(0)} \ (t) \ - w_2 \hat{X}_2^{(0)} \ (t) \right\}^2$$

$$(2-28)$$

利用最小二乘法原理得正规方程组：

$$\frac{\partial G}{\partial w_i} = 2 \ \left[\ - \hat{X}_2^{(0)} \ (t) \ - \hat{X}_i^{(0)} \ (t) \ \right] \sum_{k=1}^{t} \left\{ X^{(0)} \ (t) - \sum_{i=1}^{2} \left[\ w_i \hat{X}_i^{(0)} \ (t) \ \right] \right\} = 0$$

$$(2-29)$$

求解正规方程组，得到组合权数如下：

$$[\ w_1 \quad w_2 \ ] = (\boldsymbol{X}^{\mathrm{T}} \boldsymbol{X})^{-1} \boldsymbol{X}^{\mathrm{T}} \boldsymbol{Y} \qquad (2-30)$$

其中：

$$\boldsymbol{Y} = \begin{bmatrix} X^{(0)} \ (1) \ - X_2^{\hat{(0)}} \ (1) \\ X^{(0)} \ (2) \ - \hat{X}_2^{(0)} \ (2) \\ \vdots \qquad \vdots \\ X^{(0)} \ (t) \ - \hat{X}_2^{(0)} \ (t) \end{bmatrix}, \ \boldsymbol{X} = \begin{bmatrix} - \hat{X}_1^{(0)} \ (1) \ - \hat{X}_2^{(0)} \ (1) \\ - \hat{X}_1^{(0)} \ (2) \ - \hat{X}_2^{(0)} \ (2) \\ \vdots \qquad \vdots \\ - \hat{X}_1^{(0)} \ (t) \ - \hat{X}_2^{(0)} \ (t) \end{bmatrix}$$

$$(2-31)$$

4. 模型检验

本节中原始数据列为 $X^{(0)} = (X^{(0)} \ (1), \ X^{(0)} \ (2), \ \cdots, \ X^{(0)} \ (t))$，预测数据列为 $\hat{Y}^{(0)} = (\hat{Y}^{(0)} \ (1), \ \hat{Y}^{(0)} \ (2), \ \cdots, \ \hat{Y}^{(0)} \ (t))$，残差数据列为 $\varepsilon^{(0)} = (\varepsilon \ (1), \ \varepsilon \ (2), \ \cdots, \ \varepsilon \ (t))$。其中 $\varepsilon \ (t) = \hat{X}^{(0)} \ (t) \ -$ $X^{(0)} \ (t)$。$\bar{x} = \frac{1}{t} \sum_{k=1}^{t} X^{(0)} \ (k)$ 为 $X^{(0)}$ 的均值，$s_1^2 = \frac{1}{t} \sum_{k=1}^{t} (X^{(0)} \ (k) \ -$

$\bar{x})^2$ 为 $X^{(0)}$ 的方差，$\bar{\varepsilon} = \dfrac{1}{t} \sum\limits_{k=1}^{t} \varepsilon(k)$ 为 ε 的均值，$s_2^2 = \dfrac{1}{t} \sum\limits_{k=1}^{t} (\varepsilon(k) -$

$\bar{\varepsilon})^2$ 为残差方差，则 $c = \dfrac{s_2^2}{s_1^2}$ 为均方差比值。对于给定的 $c_0 > 0$，当 $c < c_0$ 时，

称模型为均方差合格型。精度检验等级参照如表 2-2 所示。

表 2-2　　　　　　　　　精度检验等级参照

精度等级	一级	二级	三级	四级
均方差比值	0.35	0.50	0.65	0.80

（二）基于动态需求信息的应急资源配置决策模型

本节在以上灰色组合模型对重大突发公共卫生事件中感染人数预测的基础上，构建动态物资需求预测模型（应急资源配置决策模型）。将重大疫情中的应急物资分为三类。第一类是防护物资，主要包括进行疫情防控的口罩、防护服和护目镜等。第二类是消毒物资，主要包括消毒液、消毒剂等日常用品。第三类是医疗物资，主要包括无创呼吸机、有创呼吸机、心电监护仪等。由于疫情的性质和人员的流动性，每单位时间内的确诊人数是动态变化的，所以本节中设计的应急物资配送中心的应急物资需求也是动态变化的。为防止应急物资需求短缺，在本节中对应急物资配送中心设计安全库存，并根据应急物资缺货率和服务水平系数来设置应急物资需求的提前期。在重大疫情发生的情况下我们追求的是物资供应时间最短，配置能力最强，损失最小，故提前期的成本在模型中暂不考虑，安全库存为预计最大消耗量和平均消耗量的差值。基于此，本节构建的应急物资配送中心的应急资源配置决策模型（见表 2-3）如下。

表 2 - 3　　　　　应急资源配置决策模型的符号和定义

符号	定义
$D_{n,k}(t)$	表示在 t 时刻应急物资系统中物资需求点 n 对应急物资 k 的需求量
$\alpha_{k_{1/2/3}}$	表示疫情区域单位时间内对第一、二、三类应急物资的人均需求量
α_{i,k_2}	表示疫情区域第 i 个节点在单位时间内对第二类消毒物资的需求量
$\hat{Y}^{(0)}(t)$	表示灾区确诊人数
Y	表示需求点的工作人数
$\hat{K}^{(0)}(t)$	表示 t 时刻现有确诊人数
$\hat{R}^{(0)}(t)$	表示 t 时刻预测的治愈人数
$\bar{L}$	表示两次应急物资配送的时间间隔
$Z_{1-\partial}$	表示应急物资缺货率在 ∂ 下的服务水平系数
$Q_{D_{n,k_1}(t)}$	表示应急物资 k_1 的需求标准差
B_k	表示第 k 类应急物资的安全库存量
$A^{k_3}(t-\varphi)$	表示 $t-\varphi$ 时间内第三类医疗物资抵达灾区的数量

$$D_{n,k}(t) =$$

$$\begin{cases} \alpha_{k_1} \times (\hat{Y}^{(0)}(t) + Y) \times \bar{L} + Z_{1-\partial} \times Q_{D_{n,k_1}(t)} \times \sqrt{\hat{L}}, & k_1 \in 第一类防护物资 \\ \sum_{i=1}^{l} \alpha_{i,k_2} + B_{k_2}, & k_2 \in 第二类消毒物资 \\ \alpha_{k_3} \times \hat{K}^{(0)}(t) + B_{k_3} - \sum_{\varphi=1}^{t-1} A^{k_3}(t-\varphi), & k_3 \in 第三类医疗物资 \end{cases}$$

$$Q_{D_{n,k_1}(t)} = \sqrt{\frac{\sum_{h=1}^{t} \left[D_{n,k_1}(h) - \overline{D_{n,k_1}(t)} \right]^2}{t}} \qquad (2-32)$$

$$D_{n,k_1}(\bar{t}) = \frac{1}{t} \sum_{h=1}^{t} D_{n,h_1}(h) \qquad (2-33)$$

$$\hat{K}^{(0)}(t) = \hat{Y}^{(0)}(t) - \hat{R}^{(0)}(t) \qquad (2-34)$$

根据以上构建的应急资源配置决策模型，可更加及时精准地预测出疫情区域内各类物资需求情况。应急物流系统可根据各个物资需求点预测的需求量和各个物资供应点的可供应量，制定物资配置决策方案，增强应急物流系统中应急资源配置的能力和适应性。

三、案例与实证分析

本节选取2022年1月郑州疫情期间的数据进行模型验证与分析。

本节利用2022年国家官网上发布的最新数据对模型的有效性进行再次验证，以证明模型的实用性，选取2022年1月1日到1月5日郑州的疫情数据作为模型的样本数据来预测1月6日到1月15日的疫情数据。其中，实际数据如表2－4所示。

表2－4　　　　　郑州地区每日现有确诊人数

时间	确诊人数（人）	时间	确诊人数（人）
1月1日	19	1月9日	111
1月2日	19	1月10日	122
1月3日	20	1月11日	134
1月4日	21	1月12日	137
1月5日	26	1月13日	141
1月6日	52	1月14日	144
1月7日	61	1月15日	151
1月8日	87		

（一）基于动态需求信息的灰色组合模型验证

首先选取原始数据列的前五个来建立模型：$x_0 = （19，19，20，21，$

26)，将原始数据列代入灰色组合模型中可以得到2022年1月6日至1月15日郑州地区的确诊人数预测值，如表2-5所示。其中，灰色组合模型的权重系数利用郑州样本数据由最小二乘法求得：$\begin{bmatrix} w_1 & w_2 \end{bmatrix}$ = $\begin{bmatrix} 0.0062 & 0.9938 \end{bmatrix}$。预测误差值数据参照如表2-6所示。

表2-5 　　　　　　　郑州地区预测确诊人数数据参照

时间	实际确诊（人）	灰色GM（1，1）模型预测确诊（人）	灰色增量模型预测确诊（人）	灰色组合模型预测确诊（人）
1月6日	52	28	33	33
1月7日	61	66	68	68
1月8日	87	90	77	77
1月9日	111	120	109	109
1月10日	122	143	148	147
1月11日	134	156	132	132
1月12日	137	155	139	139
1月13日	141	149	141	141
1月14日	144	148	141	141
1月15日	151	148	149	149

表2-6 　　　　　　　　　预测误差值数据参照

时间	实际确诊（人）	灰色GM（1，1）模型预测误差值（人）	灰色增量模型预测误差值（人）	灰色组合模型预测误差值（人）
1月6日	52	-24	-19	-19
1月7日	61	5	7	7
1月8日	87	3	-10	-10

续 表

时间	实际确诊（人）	灰色GM（1，1）模型预测误差值（人）	灰色增量模型预测误差值（人）	灰色组合模型预测误差值（人）
1月9日	111	9	-2	-2
1月10日	122	21	26	25
1月11日	134	22	-2	-2
1月12日	137	18	2	2
1月13日	141	8	0	0
1月14日	144	4	-3	-3
1月15日	151	-3	-2	-2

在郑州区域确诊人数预测中，灰色GM（1，1）模型、灰色增量模型，以及改进的灰色组合模型的均方差检验值如表2-7所示，其中，灰色组合模型的均方差检验值低于灰色GM（1，1）模型和灰色增量模型，证明运用改进的灰色组合模型可以有效地提高预测模型的精度。

表2-7 各模型的均方差检验值

模型	灰色GM（1，1）模型	灰色增量模型	灰色组合模型
均方差检验	0.2408	0.2441	0.2374

（二）基于动态需求信息的应急资源配置决策模型

本节以第一类防护物资中的口罩为例，通过确诊人数的不确定性变化来进行需求量预测。在本节算例中，设定疫区相关工作人员5万人，疫区确诊病患和工作人员平均每人每天口罩需求量为10只，两次应急物资的配送时间为 1 天，$Z_{1-\partial}$ 表示应急物资缺货率在 0.05 下的服务水平系数为 1.65。将以上数据代入 $D_{n,k}(t)$ 可预测出相关应急物资的需求量，如表 2-8 所示。随着疫情发展趋势的不断变化（潜伏期—暴发期—平缓期），需要根据实际情况调整模型中的参数值，使应急物资的需求预测更加贴合实际。

表 2-8   应急物资需求量预测

时间	医用外科口罩（只）	时间	医用外科口罩（只）
1 月 6 日	663300	1 月 11 日	866340
1 月 7 日	703260	1 月 12 日	1016100
1 月 8 日	756170	1 月 13 日	1121900
1 月 9 日	799060	1 月 14 日	1271100
1 月 10 日	843420	1 月 15 日	1297400

根据表 2-8 中预测出来的应急物资需求量，就可对物资需求点进行应急物资的配置。

第四节　应急资源配置决策与应急物流系统

一、不同资源状态下应急资源配置原则与方法

在突发事件中，合理有效地调配和利用应急资源至关重要，能够最大限度地提高救援效率和降低损失。本节将从技术方法角度出发，探讨在资源充分和资源不充分两种情况下的应急资源配置原则与方法。

（一）资源充分下的应急资源配置原则与方法

1. 优先满足基本需求

在资源充足时，首要任务是满足灾区人民的基本生活需求。因此，应急资源配置应以保障人民基本生活为核心原则。例如，在灾区救援中，食品、饮用水、医疗设备等应被优先配置。

2. 强化专业化配备

在资源充足的情况下，应加强专业化配备，提高应急救援能力。通过培训和装备更新，提高救援人员的技术水平和装备质量，以便更好地应对各类突发事件。

3. 信息化辅助

在资源充足时，可利用现代信息技术手段，建立起完善的应急资源管理系统，实时掌握各项资源的分布情况和使用状况，并能够迅速调度和协调不同部门之间的资源共享。

（二）资源不充分下的应急资源配置原则与方法

1. 科学优先级排序

在资源有限的情况下，需要根据突发事件造成的影响程度和紧急程度合理进行优先级排序。将重要性高、需求紧迫的任务放在优先处理的位置。

2. 最大限度利用有限资源

在资源紧缺的情况下，应充分利用现有资源，提高资源利用率。例如，合理安排工作时间和人员轮换，确保资源能够持续供给。

3. 灵活调配

在资源不足的情况下，需要通过灵活调配来满足需求。例如，借助临时性资源、外援等方式来弥补短缺，并在危急时刻实施紧急转移。

二、应急物流系统对应急资源配置决策的约束与支撑策略

（一）应急资源配置的约束条件

应急物流系统在运行时会面临诸多方面的条件约束，这些约束条件都是阻碍系统中应急资源配置完成既定目标的障碍源头，分析应急物流系统的约束条件，可以据此优化原有的应急物流系统，对于构建高效协同、快速响应的应急资源配置具有重要意义。

1. 信息的约束

应急物流系统中各组织获取信息时可能存在延时、滞后现象，在事件发生的较短时间内，系统内各单元主体无法获取全面信息，若信息制约因素较多，则可能错过最佳应急资源配置及应急救援时间，导致人、财、物的严重损失。

2. 时间的约束

应急物流系统中应急资源配置的目标是在最短时间内达到最高效的资源配置，以达到配置效益最大化，时间作为一个强有力的制约因素，要求整个应急物流系统中的应急资源配置具备快速响应能力，否则无法发挥其作用。

3. 资源的约束

在应急情况发生时，人、财、物等的应急资源约束会直接导致整

个系统及资源配置快速响应的瘫痪，应急联动指挥中心无法统一调拨灾区所需的应急资源，滞后的补充措施将会降低应急资源的配置效率，增加应急物流的成本。

4. 运输条件的约束

灾害发生过后，来自全国各地的救援物资将会集中涌入受灾地区，此时灾区的交通状况必定是十分混乱的，这就要求当地尽快开辟出一条绿色通道，相关政府部门需要及时疏通运输道路，包括高速路口通道、机场通道、港口通道，提高应急资源配置效率。

（二）应急资源配置的支撑环境

应急物流系统中的应急资源配置运行在一个特定的支撑环境中。应急物流系统发展至今，相关技术设备都在不断更新改进中，其支撑环境的优化推动着资源配置效率的提升。

1. 信息智能共享

在大数据时代，应急资源配置的快速响应离不开信息智能的有力支撑，GPS、GIS、人工智能、RFID、"互联网＋"、物联网等相关技术的应用是应急物流系统中应急资源快速配置的主要推动力。信息智能共享有助于提高应急物流系统中资源配置的响应速度。

2. 应急预案

预先制定详细的应急预案，明确各部门的职责和任务，提高应对突发事件的能力。只有明确分工和责任，才能在面临紧急情况时确保应急物流系统迅速响应需求。

3. 应急储备

建立国家、军队、地方、市场、家庭"五位一体"的应急物资储备体系，各地区要根据各地历史实际灾害情况做好物资储备防范措施，做好应急避险预案。建立应急资源储备库，合理配置资源，确保在紧急情况下能够快速调度和运输。这有助于提高应急物流系统的资源配置效率。

4. 物流基础

在实际救援过程中，采用多式联运、供应链管理等措施，能使应急物流的基础设施整体发挥最大化作用。另外，政府要重视物流基础设施的建设，借鉴发达地区的基建经验，积极引进自动化立体仓库、先进的运输设备等，使"生命救援线"畅通无阻。

5. 合作机制

加强与其他部门和组织的合作，提高协同作战能力，确保应急资源的高效配置。这有助于实现资源共享，提高应急物流系统的整体响应能力。

三、应急资源配置对应急物流系统的效率、公平及目标的要求

（一）应急资源配置对应急物流系统的效率要求

1. 快速响应能力

应急物流系统需要具备快速响应能力，能够在灾害发生后迅速启动，并通过合理规划和调度，快速将各类救援物资送达灾区。

2. 高效运作机制

建立高效运作机制，优化供需匹配过程，减少信息传递时间和决策时间，确保救援物资能够及时、准确地分配到需要的地方。

3. 资源利用率

应急物流系统需要合理配置资源，避免资源浪费和重复投入，提

高资源利用率，确保有限的物资能够最大化地发挥作用。

（二）应急资源配置对应急物流系统的公平要求

1. 信息公开透明

建立健全信息共享机制，及时向社会公布应急资源配置情况，确保信息公开透明，避免不公平现象的发生。

2. 公正分配原则

应急资源配置应坚持公正分配原则，按照灾区需求和优先级进行合理分配，并避免个人和组织之间的特殊权益干预。

3. 参与协商机制

建立多元化的参与协商机制，使各方利益相关者能够参与应急资源配置决策中来，确保决策过程的公平性和民主性。

（三）应急资源配置对应急物流系统的目标要求

1. 安全可靠性

应急物流系统需要具备安全可靠性，在灾害环境下仍能稳定运行，并确保救援物资的安全送达。

2. 预期效果实现

应急资源配置要根据实际需求和预期效果进行合理规划和预测，确保配置目标的实现。

3. 持续改进能力

应急物流系统需要具备持续改进能力，通过不断总结经验教训和技术创新，提高配置效率和响应能力。

第三章　应急供应链与保障资源配置

第一节　应急供应链与传统供应链辨析

一、应急供应链定义及研究现状

（一）供应链概念及特点

随着经济的不断发展，客户需求逐渐趋向多样化、快速化，因此各企业对原有的管理进行升级改造，逐渐引入供应链管理理念。并指出供应链管理的范围不应局限于内部管理，应将供应商、制造商、分销商和最终用户连接在一起，把相互之间发生的物流、资金流和信息流交互，达到一定的稳定且灵活的协作关系。

1. 供应链概念

在 20 世纪 90 年代，"供应链"一词已经开始在美国流行。供应链的概念在不同的角度下有多种定义。在美国，供应链被定义为涉及从供应商的供应商到消费者的消费者，即产品从生产到最终的需求方的全过程。针对供应链的研究，我国的学者也给出了不同的见解，其中，陈国权（1999）认为供应链是指企业对原材料进行生产加工，对成品或者半成品进行运输或者制造，直至产成品到达最终客户的物资流动链条。马士华等（2000）的《供应链管理》一书中指出，"供应链"就是以核心企业为中心，从原材料采购到中间品和成品，通过控制信息流、物流和资金流来实现供应链，最终经过销售过程达到终端消费者的手中等一系列过程。吕贤睿等（2006）认为"供应链借助于网络技术整合管理分布在不同区域的合作伙伴，通过利益共享及其他机制实现成员间责任分担与收益共享"。蓝伯雄等（2005）认为"所谓供应链就是将原材料供应商与最终用户联系起来的价值增值链条，它包括从原材料、零部件逐渐转化为产品，再交最终用户使用的一系列活动"。上述学者从不同的角度、侧重点、范围给出了供应链的不同定义，但都提及供应链的共性，即供应链是基于资金流、信息流和物流，涉及从产品或服务设计、原材料采购到最终产品销售、配送给最终客户的全过程，是一个涉及多个组织和交易的复杂链条和网络。供应链结构模型如图 3-1 所示。

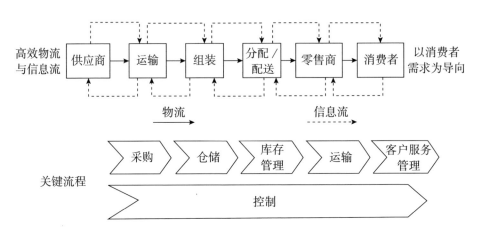

图 3-1　供应链结构模型

2. 供应链特点

（1）系统性。

供应链是由多个组织和个体组成的网络，涉及各种交易和合作关系，系统性是其首要的特点。供应链分为上中下游三个不同环节，上中下游各个节点又可进一步细分，产生子供应链，因此供应链的系统十分庞大且复杂。作为一个系统而言，供应链所涉及的组织和个体之间的联系和协作对整个供应链的运作至关重要。虽然核心企业可主导供应链的运作，从而使供应链朝向对自身有利的方向发展，但是这往往需要通过供应链其他节点的组织的利益作为代价补偿，使供应链链条逐渐脆弱。因此，一个完善的供应链需要建立稳定的伙伴关系，系统性地考虑整个供应链利益，共同应对市场变化和需求波动。

（2）复杂性。

供应链往往由多个企业组成，这些企业可能来自不同的行业，拥有不同的规模和经营模式。此外，供应链还可能跨越多个国家和地区，涉及国际贸易和跨境运输。因此，供应链的结构比单个企业的结构更为复杂。供应链中的组织可以分为原材料供应商、零部件供应商、制造商、分销商和零售商等不同类型。每个企业在供应链中扮演着不同的角色和职责，彼此之间存在着复杂的合作和协调关系，供应链中的企业还面临着市场需求的不确定性和变化。消费者需求的波动、竞争对手的价格战和技术创新的快速发展等因素都会对供应链的运作产生影响。因此，供应链中的各组织建立紧密的合作关系，共享信息和资源，以提高供应链的效率和灵活性。

（3）动态性。

供应链的动态性是指供应链系统在面对市场需求、技术革新及外部环境变化时，供应链管理中的各个节点企业能够灵活调整其结构、流程和资源配置，通过高度的协同性和响应速度，以保持供应链的稳定。动态性体现了供应链系统的适应性和灵活性，是其应对不确定性和复杂性挑战的关键能力。

(二) 应急供应链概念及特点

1. 应急供应链的概念

相较于对供应链的研究，国内外学者对于应急供应链的研究较少。但依托供应链的概念，以及我国近些年发生的重大突发公共卫生事件的救援过程，应急供应链被界定为：为了满足突发事件对紧急物资的需求而产生的供应链。其目的是实现时间效益最大化，灾害损失最小化。它是以政府为主体，与其他政府部门、社会企业和公共组织合作形成的一个能适应多种突发状况并快速作出反应的动态组织。

应急供应链结构模型如图 3 - 2 所示。

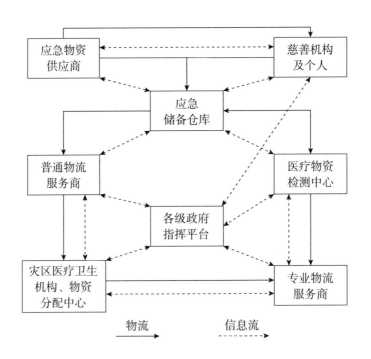

图 3 - 2　应急供应链结构模型

2. 应急供应链的特点

上文已对供应链的特点进行了阐述，但是应急供应链与一般供应链相比，仍然存在较大区别，其具备一些自身特点，现将应急供应链的特点列举如下。

（1）时效性。

应急供应链应具备较强的时效性。当重大突发公共卫生事件发生后，应尽快启动应急预案，应急供应链需尽快被调动起来，对应急资源的需求量、需求种类、运输等情况进行严格的时间把控，将所需物资尽快送达灾民手中。

（2）动态性。

重大突发公共卫生事件往往存在不可预见性，因此需要应急供应链具备动态性，根据实际情况进行快速动态响应。

（3）弱经济性。

突发公共卫生事件往往会造成巨大的社会财产损失，威胁着人们的生命安全。应急供应链以减少灾后人民的生命财产损失为首要目标，因此，应急供应链具有弱经济性。

（4）强制性。

当突发公共卫生事件发生以后，政府为减少其造成的损失，必须采取一些临时的强制性措施，如交通运输工具的强制征用、救灾运输车辆的优先通行等。强制性的特点是保障应急救援效率所要求的。在一个特殊的状态下，突发公共卫生事件影响着较大社会群体的生命财产安全，此时政府尤其需要高效组织、全面统筹全国救援力量，最大限度地提升灾区的应急救援效率。

（三）应急供应链与传统供应链的差异

应急供应链与传统供应链在运作目标、供需模式、结构构成和实施方式方面存在着巨大的差异。

1. 运作目标的差异

传统供应链的运作目标在于实现高效的生产和物流流程，以满足市场需求并提供良好的客户服务，更为关注供应链成本的最小化和获取利益的最大化。应急供应链的运作目标则是在突发事件发生时能够快速响应，具有弱经济性，最大限度地降低灾民损失。传统供应链运作目标如图 3 - 3 所示，应急供应链运作目标如图 3 - 4 所示。

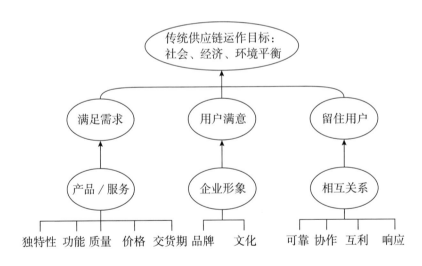

图 3 - 3　传统供应链的运作目标

2. 供需模式的差异

传统供应链的需求和供应均为提前预知或者相对稳定的，一般仅受到市场情况变动的影响。应急供应链由于在突发状况下运作，运作

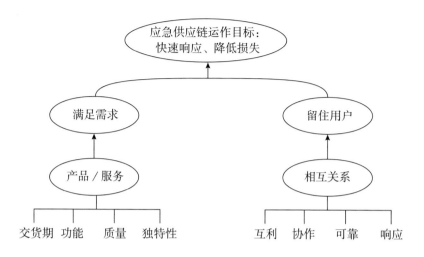

图 3-4　应急供应链的运作目标

环境的不同导致应急供应链的供需模式存在较大的不可预知性，且具有优先供应的特点。

3. 结构构成的差异

传统供应链一般包括供应商、制造商、分销商及零售商等主体，且供应链的产品、流动方向、运输速度均为稳定状态。应急供应链是以政府为主导，还包括了社会团体、企事业单位等多种形式主体参与，并且在产品、目的地、运输速度、数量等方面均具有不可预知性，且变动较大。

4. 实施方式的差异

传统供应链的实施主要依赖于完善的计划和系统，以确保生产和物流的顺利进行。企业通过信息技术和自动化设备来提高效率和准确性。应急供应链的实施则更加强调团队的响应能力和协作性。在灾害发生时，应急供应链团队需要迅速行动，与相关部门和供应商密切合作，以确保供应链的持续运作。

（四）应急供应链研究现状

近年来，应急供应链研究得到了广泛关注，研究人员不断努力改进应急响应策略，以应对不断变化的风险和挑战。本节回顾和分析当前应急供应链的研究现状，以深入了解这一领域的最新发展。

1. 提升应急供应链效率

孙学军等（2023）通过构建需求推动下的三阶段应急供应链模型，解决应急资源供应过程中供需失衡、效率低下等问题，提升应急供应链的效率。在研究中，引入应急供应链效率评价指标体系，选取2020—2022年新冠疫情下的重点暴发地作为评价单元，运用 DEA 方法分析的评价结果符合社会实际，验证了该模型应用于需求推动的应急供应链效率评价是合理的。姜旭等（2020）将 BCM（业务持续管理）的应用拓展至应急供应链系统，构建了由操作连续性计划、业务持续计划、数据采集分析系统三部分组成的政府主导下 BCM 应急供应链体系，保障应急物流快速响应。Shen L. 等（2019）构建应急物流中的模糊低碳开放选址问题模型，对应急物流中的低碳选址问题进行进一步研究；利用三角模糊数，提出了最乐观需求、最可能需求和最悲观需求来描述估计的需求；证明 FLCOLRP 模型适合解决应急物流中考虑碳排放的选址问题，可以优化资源分配，以提高应急响应效率。李姚娜等（2021）分析我国应急供应链体系存在的问题，针对这些问题构建智慧应急供应链；通过确定构建原则、管理过程和关键问题分析，提出城市综合防灾智慧应急供应链的战略价值、组织模式、信息协同平台、长效发展机制、效率评价和激励机制，以增强应急响应的协调性。

2. 应急供应链网络鲁棒性优化

董海等（2022）在充分考虑供应与需求不确定性的基础上，建立了两阶段应急供应链网络鲁棒优化模型，以提高应急供应链网络在突发公共卫生事件中的可靠性与运作效率，并利用铁路、航空与公路联合运输模式，实现了网络响应总时间、成本与碳排放最低的优化目标，并根据鲁棒优化理论对不确定性参数进行处理。黄冬宏等（2020）在突发公共卫生事件造成市场需求与市场价格均随机波动的条件下，将期权与数量折扣契约融合，形成一种新的期权折扣契约，并用看涨期权折扣契约模型来协调供应链；通过海塞矩阵判断得知供应链存在最优决策，并进行算例分析。卢梦飞等（2015）从鲁棒性的视角出发，对中断供应链进行了深入研究，构建了一个鲁棒优化模型，并在供应和需求不稳定的情况下设计了中断修复供应链；引入了鲁棒优化的概念和应急策略组合，在多个场景和时间段内确定最优的供应商选择和分配决策。章正新（2023）探寻一套相对完备的应急管理方法，使日益复杂的供应链网络系统在复杂突变情境下保持正常的生产运营状态，以此达到规避供应链中断风险，尽可能减少因供需两端突变对供应链节点企业造成的损失。高梓舰（2023）关注带有偏差的灾害预测信息，从决策结果的角度研究不准确信息价值；丰富了灾害应急管理中的信息价值研究，使决策者能够有效管理灾害预测信息偏差。Sylvie M（2023）研究人道主义供应链弹性的维度和子维度，研究结果突出了人道主义供应链弹性的四个主要维度：组织能力、协作、灵活性和人道主义文化。

3. 应急供应链网络精准供应

陈伟炯等（2022）利用提出的 DTMC – MOP 模型制定有效的应急资源生产与调度方案，为应急供应链决策优化提供科学方法。李宁（2020）采用计划协同、信息协同和物流协同等协同管理手段，构建新冠疫情应急供应链协同管理框架，以更优化、更科学的方式有序组织和协调各种可用资源，最大限度满足疫情医疗救治需求。陈可可（2021）以生鲜产品双渠道供应链为研究对象，构建了基于零售商和生产商的生鲜产品双渠道供应链决策模型，探讨了双渠道供应链在平稳状态下和突发公共卫生事件下的最优定价和生产决策。吴海侠（2021）从时间和成本两个视角建立应急模型，在时间函数中考虑时间风险因子，探讨川藏铁路建设过程中应急供应链决策者不同风险偏好下的决策方案。王肖红（2023）以灰色系统理论为基础，采用改进的灰色 GM（1，1）模型和改进的灰色增量模型组合起来的灰色组合模型，构建突发公共卫生事件下的应急资源供应系统，并结合需求预测和备选子集，从整体上提高应急资源供需的精确性。

二、应急供应链的运作流程

（一）应急供应链构建目标

1. 加快响应速度

面对重大突发公共卫生事件，必须争分夺秒，加速供应链的反应能力，以迅速有效地控制灾害的蔓延。

2. 优先解决最紧迫需求

鉴于灾害影响的程度不同，应遵循优先解决最紧迫需求的原则，确保尽可能多的灾区人民的需求得到满足。

3. 最大限度地优化成本

在重大突发公共卫生事件下，应急供应链往往具备弱经济性。但实际上，在启动应急供应链时，初始资金通常有限，因此需要高效利用有限资源。这意味着要对应急资源进行有效管理和应用，从而提升救援工作的效率。

（二）应急供应链构建原则

1. 多元化

为确保应急供应链的稳定性，应与多家供应商建立合作关系，且尽可能多地引入广大社会人士和团体，避免过度依赖单一供应商、单一产品。

2. 扁平化

扁平化的组织结构，可以避免许多无效的汇报流程，由政府作为应急救援的总指挥，负责协调各部门的工作，这样可以极大地简化决策过程，确保在救灾时能够迅速响应。

3. 敏捷性

突发公共卫生事件存在极强的不确定性，下游所需应急资源往往具有紧迫性，因此在构建应急供应链时，要求各节点均作出敏捷响应，保证应急供应链及时响应下游灾区的需求。

4. 共享性

为保证应急供应链体系每一个环节的高效化，应实施信息的实时共享，并确保所有参与的部门都能在最短的时间内更新信息，最大限度地降低信息的不对称性。

5. 柔性化

突发公共卫生事件具有瞬时性、变动性，存在一定的次生灾害，政府很难在极短的时间内详细了解受灾现场的实际情况，对应急资源的需求种类、数量也无法作出准确预测。因此，在构建柔性化应急供应链时，各个环节均需要制订合理且可调整的计划，以适应随时存在的环境变化。

（三）应急供应链的架构

依据上述分析，应急供应链的架构可分为决策层、制度层、运作层和保障层四层。应急供应链的架构如图 3 – 5 所示。

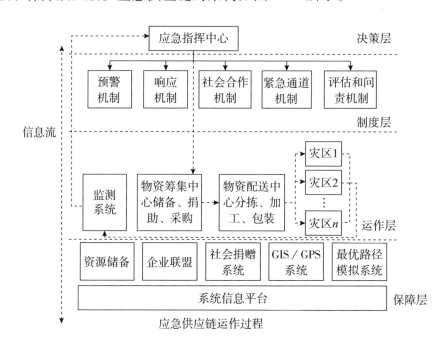

图 3 – 5 应急供应链的架构

1. 决策层

决策层是应急供应链系统的核心，主要职责是为国家应急资源储备中心规划布局，建立应急储备数据库，并与合作组织合作，以获取合作组织的详尽数据。在面对突发公共卫生事件时，应急指挥中心能够迅速地制定应对策略，并为应急行动提供指导。

2. 制度层

制度层是应急供应链系统的基础，主要职责是制定应急管理的规章和明确应急响应的步骤与流程。该机制可以分为三个主要阶段：突发公共卫生事件发生前、突发公共卫生事件发生时及突发公共卫生事件发生后。其中，突发公共卫生事件发生前主要涵盖了预警和响应两大机制；突发公共卫生事件发生时主要涵盖了社会合作和紧急通道两大机制；突发公共卫生事件发生后，需要建立评估和问责机制。

3. 运作层

运作层的任务是实施应急行动和物资调配。在运作层中，物流运输是重要的环节，它负责将应急资源从供应商运送到受灾点。监测系统是应急供应链运作的基础，主要负责环境的监测。在监测到异常后，必须迅速通报给应急指挥中心，以便决策者能够参考这些信息，并启动相应的预警机制，防止情况进一步恶化。监测流程分为三个基本阶段：设定监测目标、预测和评估潜在风险。监测的重点是识别可能发生灾害的高风险区域并准确判断灾害类型。

物资筹集中心作为应急资源供应的核心支撑，在应急供应链运作过程中，其主要职责是对应急资源进行储备并管理社会公益群体、供应商等。为确保储备物资的高质量，物资筹集中心需要对其物资进行定期检验、更新、淘汰处理。此外，物资筹集中心通常需要与供应商建立持久的合作伙伴关系，确保日常物资的稳定供应。更关键的是，在灾难发生后能够迅速集结所需的物资，并有效地减少应急响应的成本。因此，供应商需具备一定的生产能力，并保证一定的产品质量。

4. 保障层

保障层的主要职责是为系统提供必要的帮助和保护，确保其持续稳定运作。系统信息平台作为整个系统运行的核心平台，能够与系统内的各个模块进行有效对接，实时传达必要的信息，从而确保系统运行的灵活性和高效性。

（四）应急供应链运作流程

灾害发生时，减灾办和协调办汇总灾害预警预报信息，向其他组织单位和有关地方政府通报相关灾害信息。根据受灾程度和灾害类型确定响应级别之后，不同级别的决策部门应在规定的响应时间内，执行应急资源的响应规定。同时，乡级、县级、地级、省级人民政府和相关部门，启动相关层级的应急预案。受灾区域当地政府收到上级决策部门的指令和通报信息后，根据响应级别，组织成立临时的协调管理机构，整合各方面资源。在应急资源筹措供应环节，临时协调管理机构通过采购、储备、征用和募集四种途径来实现应急资源的供应；在应急资源运输环节，临时开设应急救援绿色通道，采用公路、铁路、水路、航空等运输方式，完成应急资源的紧急运输任务。在应急资源仓储环节，利用地方级救灾物资储备库，或临时征用当地仓库，成立应急资源临时配送中心，储存来自社会各界的应急救援物资。在应急资源配送环节，由相关配送队伍完成应急资源从临时配送中心到受灾救助点的配送任务。应急供应链运作流程如图3-6所示。

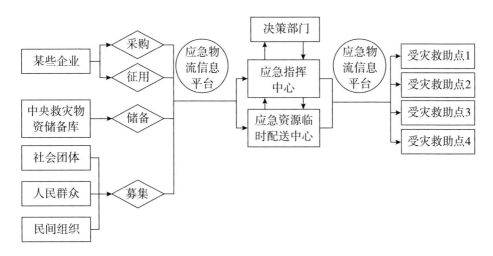

图3-6 应急供应链运作流程

三、应急供应链与应急物流系统的关系

应急供应链和应急物流系统之间存在着密切的关系。应急供应链和应急物流系统的目标都是在突发公共卫生事件发生时作出快速响应，满足受灾地区的物资需求。应急供应链的高效运作离不开应急物流系统的支持，而应急物流系统的成功实施也离不开应急供应链的协调与配合。

应急物流系统是应急供应链运作的基础，在紧急情况下，应急供应链需要依靠应急物流系统来快速响应和提供所需的物资。同时，应急供应链也对应急物流系统的运作能力提出了更高的要求，它需要应急物流系统能够更加快速和高效地进行资源调配和物资运输。在实际应用中，应急供应链和应急物流系统需要密切协同合作。其中，应急物流与应急供应链的关系如图3-7所示。

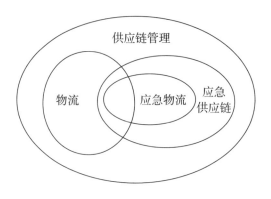

图 3-7　应急物流与应急供应链的关系

第二节　应急物流系统与应急供应链
弹性的相关性

一、应急供应链弹性因素分析

弹性概念最早在物理学科中产生，随着研究的不断深入，弹性不断被应用于不同的领域，弹性供应链也逐渐地出现在广大学者的眼前，但学者依托不同供应链特点，对弹性供应链提出了不同的定义。如 Tukamuhabwa B. R. 等（2015）、Tordecilla R. D. 等（2021）指出通过弹性供应链，能够为中断做好准备或迅速响应，以成本效益高的方式迅速恢复正常运营。理想情况下，中断之后的运营效率甚至会超过中断前的水平。顾旻灏等（2020）指出弹性供应链能够在供应链出现中断的情况下，迅速识别并迅速作出反应，确保供应链的功能和结构能够正常运行。上述学者虽从不同视角对弹性供应链提出不同的定义，但是弹性供应链均强调了在不确定情况下，抵抗供应链中断的风险，并快速地恢复原始状态。

（一）应急供应链弹性驱动因素

1. 应急供应链信息共享

应急信息共享机制的建立直接影响了应急供应链的弹性水平。在应急供应链构建过程中，单独设立的应急指挥中心可促使系统高效地收集信息和统筹调度，避免应急供应链因突发公共卫生事件而导致中断失效。

2. 各节点之间的协同合作

应急供应链涉及多环节、多节点、多成员，但均围绕着受灾区域进行应急救援和应急资源配置。因此，各环节、各节点、各成员均需加强合作及协调，提升应急供应链的效率及准确性，增加供应链的弹性。

3. 应急资源的库存水平

在应急供应链的构建过程中，应急资源储备中心也非常重要，是应急资源的重要来源。库存量较少会导致物资短缺，难以满足受灾区域的应急资源需求。因此，为了保证应急供应链的稳定运行，需要采用"多源"供应，提升应急供应链的弹性。

（二）应急供应链弹性阻碍因素

1. 供需的不确定性

尽管应急指挥中心会通过受灾区域的相关信息进行应急资源需求的预测，但随着救援的不断深入，所需供应的应急资源种类也截然不同。因此，应急资源供需的不确定性对应急供应链弹性造成很大的阻碍。

2. 运输效率降低

为确保疫情得到有效控制，各级政府积极地实施防疫和管理措施，部分区域实行道路交通管制，限制了物流流通。这种做法导致应急供应链的运输过程受到了阻碍，降低了运输效率，并使应急供应链的整体网络结构变得不稳定。

二、应急物流系统与应急供应链弹性的关系

应急物流系统是供应链管理中的一个重要环节，它在应对突发公共卫生事件和紧急需求时发挥着至关重要的作用。应急物流系统的目标是通过高度可调度性、响应能力、高效的物流服务等，提升应急供应链的弹性和灵活性。

突发公共卫生事件往往带来供需关系的剧烈变化，应急物流系统需要能够根据实际情况灵活调整物流方案。例如，突发公共卫生事件发生后，可能需要调整物流路径、加强运输能力、改变仓储布局等。应急物流系统通过建立应急资源储备，应对突发需求的激增，调动较近距离的供应商、运输商，降低对单一供应链节点的依赖性，减轻突发公共卫生事件对应急供应链的冲击。

第三节　应急供应链设计及风险应对

一、突发公共卫生事件下应急供应链预警机制的构建

在突发公共卫生事件发生时，应急供应链的稳定和高效运作至关

重要。应急供应链预警机制的运作流程如图 3 - 8 所示。

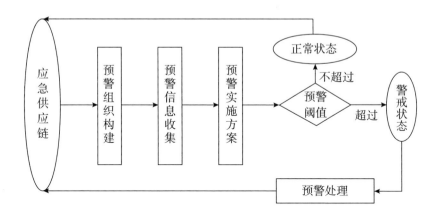

图 3 - 8　应急供应链预警机制的运作流程

1. 预警组织构建

预警组织是供应链预警机制构建的核心，其主要职责是对突发公共卫生事件的风险来源进行识别、分析，根据专业知识及经验构建预警指标，同时监测信息，针对突发公共卫生事件提供有效可行的方案。预警组织多实行属地原则，由当地政府作为预警组织的管理者，保证预警机制的持续进行，使其各个环节的供应链参与者能够协同合作。

2. 预警信息收集

（1）建立一个完善的数据收集和分析系统。这个系统应该能够实时监测和收集相关数据，并能够快速分析和识别潜在的风险。

（2）建立一个信息共享平台，供各个参与者发布和获取最新的预警信息。平台中应该有一个紧急联系人列表，以便在紧急情况下能够迅速联系到相关人员。

3. 预警实施方案

在预警机制的构建过程中，需设立预警指标和预警阈值。预警指标是测评突发公共卫生事件状态的指标，包括正向指标和负向指标；预警阈值是指突发公共卫生事件状态指标的临界值，即一旦到达该临界点，预警机制便开始发出警戒信号，宣布突发公共卫生事件进入警戒状态。

二、突发公共卫生事件下应急供应链响应机制研究

应急供应链响应机制主要包括生产可持续性、上游供应商物资供应能力、应对需求弹性和协同保障四方面。其中，协同保障建立在风险管控、信任机制和信息共享上（见图3-9）。

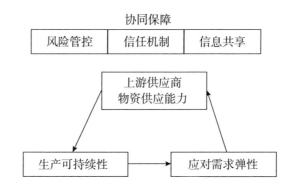

图3-9　突发公共卫生事件下应急供应链响应机制

（一）上游供应商物资供应能力

突发公共卫生事件的发生导致上游供应商无法有效地供应应急资源。以新冠疫情为例，上游供应商物资供应主要面临供应不足带来的风险，因此，尽可能降低供应商供应风险以保证供应物资的相对冗余。具体措施主要包括供应商的多元化、库存的安全化、产品的可替代化。

1. 供应商的多元化

供应商的多元化是指与多家供应商进行合作，按照比例进行物资供应，以保证在突发公共卫生事件暴发时，有足够多的供应商作为备选供应商。如传播性强、扩散快的新冠疫情，恰好发生在春节期间，很多供应商处于停产停工的状态，导致应急供应链的运作处于大范围失效的状态。因此，要在应急供应链中引入足够多的供应商、备选供应商、社会群体等，并对重点供应商进行帮扶重建，带动上下游复工复产，保证物资及时供应，避免供应链中断的风险。

2. 库存的安全化

库存的安全化是指在应急供应链中，应对应急资源建立安全的库存量，保证在突发公共卫生事件下，有足够的应急资源供应。库存是应急供应链管理中重要的一环，是保证应急供应链运作的基础。同时，应急资源的库存量应建立"安全红线"，从而避免库存过剩或者供应不足的风险。

3. 产品的可替代化

产品的可替代化指在应急供应链体系运作过程中，应变通地考虑问题，尽可能多地采购或筹集物资种类。一旦某些应急资源或者原材料出现"断供"现象，可选择替代品补上，缓冲上游供应商应急资源供应中断的风险，增强应急供应链网络的韧性。

（二）生产可持续性

上游供应商应急资源的供应不仅需要不断供的原材料，同样需要一定的劳动力及良好的生产工具。以新冠疫情为例，疫情初期，多数工人休假回家，生产员工无法返岗，导致现场工作人员十分短缺，供应商的生产效率极低，并且所需的口罩、防护服等应急资源的供应商极少。

此时，多数工厂在极端的情况下改变自身的产品品类，提供生产口罩、防护服等相关的生产环境及生产设备，保证应急资源的供应。因此，应急供应链的运作过程中需要保证一定的备选生产线、柔性化生产及协同的智能化生产。

（三）应对需求弹性

1. 建立信息收集及分析机制

在疫情暴发后，及时获取关于病毒传播、病情严重程度、受灾地区和人口数量等方面的信息是非常重要的。政府可以与专业机构合作，建立完善的信息收集系统，通过监测疫情数据、社交媒体舆情和医疗资源分布等渠道，及时了解疫区的需求情况，并进行准确分析和预测。

2. 弹性的应对机制

弹性的应对机制可以应对需求的紧急变化。这包括建立应急资源储备系统，确保及时供应医疗物资和生活必需品；建立快速响应的医疗团队，能够提供紧急救援和医疗支持。

3. 提高灾区的自我应对能力

在疫情发生前，政府可以加强对灾区的建设，提高自我应对能力。这包括加强基础设施建设，提高应急资源的储备能力，培养专业的应急救援队伍，增强公众的防护意识。

（四）协同保障

协同保障是应急供应链响应机制的基础，包括风险管控、信任机制、信息共享三方面内容。其中，风险管控主要分为风险监测、方案制定和风险控制。

三、应急供应链的风险应对策略分析

（一）协作共享

新冠疫情的暴发导致了制造业、物流业出现不同程度的中断风险。为了及时响应需求，应建立有效的信息共享平台，及时共享和传递关键信息，保证供应链信息的可见性。

（二）适当冗余

面对新冠疫情的冲击，众多学者认为应当提高库存数量，优化安全库存，保障供需契合。实现冗余一般可以从两方面考虑，一是构建应急资源储备中心；二是保持适当冗余的应急能力，包括生产、运输、人员等，以便在疫情暴发后迅速调度。

（三）预嵌弹性

新冠疫情的暴发，导致全球供应链系统一度瘫痪，让我们意识到弹性供应链的重要性。在应急供应链的设计过程中，应当考虑疫情导致的瓶颈点，充分地预嵌弹性，一方面通过尽可能缩短供应链长度，降低中断风险；另一方面建立多元化供应商和物流渠道。

（四）建立多层次防御体系

相较于传统供应链，应急供应链面临的环境更加恶劣，相应的脆弱性更大。因此，应急供应链仅设置一套防御体系是完全不够的，为了保证应急供应链的正常运转，应当建立横纵向完善的多层次防御体系。

第四节　应急供应链保障资源配置效率的方法

一、应急供应链对资源配置的影响

一是资源调配。在紧急情况下，供应链可能面临资源短缺或供应中断的情况，例如，自然灾害导致原材料供应中断、交通阻塞导致物流运输困难等。应急供应链管理需要根据实际情况及时调配资源，确保资源的合理分配和利用。资源调配可以包括调整供应商关系、改变物流路径、增加库存储备等。

二是紧急采购。在紧急情况下，可能需要紧急采购必需品或替代品。应急供应链管理需要迅速确定采购需求，并与供应商进行紧急协商和谈判，确保及时供应。

三是运输管理。在紧急情况下，物流运输可能受到各种限制和困难，如交通管制、运输工具短缺等。应急供应链管理需要根据实际情况重新规划物流路径、选择合适的运输工具，并加强运输过程中的监控和管理，以确保货物及时安全地到达目的地。

四是库存管理。在应急情况下，可能需要增加库存储备，以应对供应中断的风险；同时也需要加强库存管理，及时更新库存信息，以保证库存的准确性和可靠性。

五是信息共享。应急供应链还能提高资源的使用效率。例如，在疫情期间，政府通过联合各个组织，合作共享物流设施和运输资源，提高了物资的运输效率，减少成本和时间的浪费。

二、应急供应链对资源配置效率提升的协同优化研究

（一）基本协同模型构建

应急供应链的核心理念是整合可用的应急资源，从而为需求方提供及时、高效的资源配置服务。应急供应链是由各个节点企业和各种设备设施整合形成的，要求各节点按照特定的流程对信息系统传导的信息进行解码实施，以保证应急资源配置的顺利运作。

在应急供应链中，各节点企业在运作过程中涉及的设备设施均是提升资源配置效率的关键部分，相互之间存在着密切的关系。为了确保信息流、物流、资金流和服务流在应急供应链中得到高效和顺畅运作，应配备强大的信息技术中介，上游物资供应商负责提供应急资源和服务，下游资源需求方是应急供应链的终端，负责应急资源需求的获取及响应。各参与主体之间存在着信息不对称问题及合作关系的复杂性，使应急供应链成员间存在严重的利益冲突。因此，为进一步提升应急资源的配置效率，应急供应链各成员之间可形成一定的联盟合作，可以是上游供应商与资源需求方之间的联盟合作，或者是上游供应商及物流服务商之间的联盟合作。

在新冠疫情发生后，应急供应链需要及时调整供给方向，以适应市场需求变化，同时也要保证各环节的协调发展。应急供应链的产出是各节点的综合性成果，基于此，本节以上游供应商与物流服务商为例，提出了一种由其两者共同组成的应急供应链协同模型。该模型中，每个成员都有自己的信息来源，部分节点的个体理性行为会逐渐转变为集体理性行为。上游供应商和物流服务商之间的关系从简单的委托代理逐渐演变为合作联盟的协作模式，形成资源绑定，进而提高应急资源配置效率。

(二) 应急供应链协同模型

1. 符号说明（见表 3 -1）

表 3 -1   符号说明

符号	说明
$Y(t)$	应急供应链产出
$F(a)$	应急供应链协同能力
$L(t)$	供应商努力水平
$W(t)$	物流服务商努力水平
$X(t)$	应急供应链协同水平
α	供应商努力水平对应急供应链产出的贡献系数
β	物流服务商努力水平对应急供应链产出的贡献系数
θ	两者协同水平对应急供应链产出的贡献系数
n	单位时间内供应商努力水平增长率
σ	单位时间内供应商努力水平标准差
s	单位时间内物流服务商努力水平增长率
ρ	单位时间内物流服务商努力水平标准差
m	单位时间内应急供应链协同水平增长率
δ	单位时间内应急供应链协同水平标准差

2. 基础模型

$$Y\ (t)\ =F\ (a)\ L^{\alpha}\ (t)\ W^{\beta}\ (t)\ X^{\theta}\ (t) \qquad (3-1)$$

其中 $\alpha>0$，α 越大，则表示供应商努力水平对应急供应链产出贡献越大；

$\beta>0$，β 越大，则表示物流服务商努力水平对应急供应链产出贡献越大；

$\theta>0$，θ 越大，则表示两者协同水平对应急供应链产出贡献越大。

且满足 $\alpha+\beta+\theta=1$。

$L\ (t)$、$W\ (t)$、$X\ (t)$ 均满足几何布朗运动，即：

$$\begin{cases} \mathrm{d}L\ (t)\ =nL\ (t)\ \mathrm{d}t+\sigma L\ (t)\ \mathrm{d}z \\ \mathrm{d}W\ (t)\ =sW\ (t)\ \mathrm{d}t+\rho W\ (t)\ \mathrm{d}z \\ \mathrm{d}X\ (t)\ =mX\ (t)\ \mathrm{d}t+\delta X\ (t)\ \mathrm{d}z \end{cases} \qquad (3-2)$$

基于式（3-1）、式（3-2），可得：

$$\begin{aligned} \mathrm{d}Y\ (t)\ =&\alpha F\ (a)\ L^{\alpha-1}\ (t)\ W^{\beta}\ (t)\ X^{\theta}\ (t)\ \mathrm{d}L^{\alpha}\ (t)\ +\beta F\ (a) \\ &L^{\alpha}\ (t)\ W^{\beta-1}\ (t)\ X^{\theta}\ (t)\ \mathrm{d}W^{\beta}\ (t)\ +\theta F\ (a)\ L^{\alpha}\ (t) \\ &W^{\beta}\ (t)\ X^{\theta-1}\ (t)\ \mathrm{d}X^{\theta}\ (t)\ +\frac{1}{2}\ (\alpha-1)\ \alpha\sigma^{2}F\ (a) \\ &L^{\alpha}\ (t)\ W^{\beta}\ (t)\ X^{\theta}\ (t)\ \mathrm{d}t+\frac{1}{2}\ (\beta-1)\ \beta\rho^{2}F\ (a)\ L^{\alpha}\ (t) \\ &W^{\beta}\ (t)\ X^{\theta}\ (t)\ \mathrm{d}t+\frac{1}{2}\ (\theta-1)\ \theta\delta^{2}F\ (a)\ L^{\alpha}\ (t)\ W^{\beta}\ (t) \\ &X^{\theta}\ (t)\ \mathrm{d}t+\alpha\beta\sigma\rho AF\ (a)\ L^{\alpha}\ (t)\ W^{\beta}\ (t)\ X^{\theta}\ (t)\ \mathrm{d}t+ \\ &\alpha\theta\sigma\delta AF\ (a)\ L^{\alpha}\ (t)\ W^{\beta}\ (t)\ X^{\theta}\ (t)\ \mathrm{d}t+\beta\theta\rho\delta AF\ (a) \\ &L^{\alpha}\ (t)\ W^{\beta}\ (t)\ X^{\theta}\ (t)\ \mathrm{d}t \end{aligned} \qquad (3-3)$$

在式（3-1）中，$F\ (a)$ 表示应急供应链的协同能力。设

F (a) 中的 a 取值为 a_i $(i=1,2,\cdots,n)$，且取 a_i 的概率为 P $(a_i) >$ 0，并满足 $\sum_{i=1}^{n} P(a_i) =1$，此时可得 F (a) 的分布律为：

$$F\ (a):\begin{Bmatrix} a_1,\ a_2,\ \cdots,\ a_n \\ P\ (a_1),\ P\ (a_2),\ \cdots,\ P\ (a_n) \end{Bmatrix} \qquad (3-4)$$

则 F (a) 的熵定义为：

$$H[F\ (a)] = -\frac{1}{\ln n}\sum_{i=1}^{n} P\ (a_i)\ \lg P\ (a_i) \qquad (3-5)$$

其中，当 F (a) 取某一值的概率为1，即 H $[F$ $(a)]$ $=0$，即 F (a) 完全确定，携带信息量最大，当 F (a) 取某一值的概率均相等，即 H $[F$ $(a)]$ $=1$，即 F (a) 具有最大的不确定性，不携带任何信息。

当被评价的对象指标为 m 时，依托上述分析，如果 a_m 取某值的概率很大，表示该指标可向决策者提供较多的信息，否则，反之。

F (a) 可表示为：

$$F\ (a) = \frac{1 - \dfrac{1}{\ln n}\sum_{i=1}^{n} P(a_i)\lg P(a_i)}{\sum_{i=1}^{m}\left(1 - \dfrac{1}{\ln n}\sum_{i=1}^{n} P(a_i)\lg P(a_i)\right)}, i = 1,2,\cdots,m \qquad (3-6)$$

3. 应急供应链协同模型优化构建

在上述基础模型构建分析的基础上，引入供应商、物流服务商的报酬激励契约。

（1）假设供应商的报酬激励契约为 λF (a) L^{α} (t) W^{β} (t) X^{θ} (t)，物流服务商的报酬激励契约为 $\lambda\mu F$ (a) L^{α} (t) W^{β} (t) X^{θ} (t)，其中，λ 表示利润分配系数，$0\leqslant\lambda\leqslant1$，$\mu$ 为二次利润分配系数，$0\leqslant\mu\leqslant1$。

（2）假设供应商的努力成本为 $\frac{1}{2}c_1L^2(t)$，物流服务商的努力成本为 $\frac{1}{2}c_2W^2(t)$，供应商与物流服务商的协同努力成本为 $\frac{1}{2}c_3X^2(t)$，其中 c_1，c_2，c_3 均为成本系数，说明随着各方努力水平的提高，付出的成本越大。

（3）假设供应商及物流服务商为风险规避型企业，其中，供应商的风险成本为 $\mu^2\lambda^2b_1$，物流服务商的风险成本为 $(1-\mu)^2\lambda^2b_2$，其中 b_1，b_2 表示供应商及物流服务商的风险规避系数。

基于上述假设，应急供应链的期望利润为：

$$T=\lambda F(a)L^\alpha(t)W^\beta(t)X^\theta(t)-\frac{1}{2}c_1L^2(t)-\frac{1}{2}c_2W^2(t)-$$

$$\frac{1}{2}c_3X^2(t)-\mu^2\lambda^2b_1-(1-\mu)^2\lambda^2b_2 \tag{3-7}$$

因此，基于式（3-7），构建应急供应链协同模型：

$$\max T=$$

$$\max\begin{pmatrix}\lambda F(a)L^\alpha(t)W^\beta(t)X^\theta(t)-\frac{1}{2}c_1L^2(t)-\frac{1}{2}c_2W^2(t)-\\[2ex]\frac{1}{2}c_3X^2(t)-\mu^2\lambda^2b_1-(1-\mu)^2\lambda^2b_2\end{pmatrix}$$

$$\tag{3-8}$$

$$\text{s. t.}\quad T\geqslant Y_0,\ Y_{F0}\leqslant Y_F,\ Y_{l0}\leqslant Y_l \tag{3-9}$$

其中，Y_0 表示供应商保留效用，$Y_0=Y_{F0}+Y_{l0}$，Y_{F0} 表示灾区需求商的效用，Y_{l0} 表示物流服务商的效用。根据上述分析，物流服务商接受协同的基础为利润大于保留效用；供应商要求以最少的报酬支付。

因此：

$$\lambda F\ (a)\ L^{\alpha}\ (t)\ W^{\beta}\ (t)\ X^{\theta}\ (t)\ -\frac{1}{2}c_1 L^2\ (t)\ -\frac{1}{2}c_2 W^2\ (t)\ -$$

$$\frac{1}{2}c_3 X^2\ (t)\ -\mu^2\lambda^2 b_1 -(1-\mu)^2\lambda^2 b_2 =Y_0 \qquad (3-10)$$

根据现实情况，供应商必然选择使自身期望效用最大化的努力水平。

$$L\ (t)=\lambda\left(\frac{\alpha}{c_1}\right)^{\frac{1+\alpha}{2}}\left(\frac{\beta}{c_2}\right)^{\frac{\beta}{2}}\left(\frac{\theta}{c_3}\right)^{\frac{\theta}{2}}F\ (a) \qquad (3-11)$$

$$W\ (t)=\lambda\left(\frac{\alpha}{c_1}\right)^{\frac{\alpha}{2}}\left(\frac{\beta}{c_2}\right)^{\frac{1+\beta}{2}}\left(\frac{\theta}{c_3}\right)^{\frac{\theta}{2}}F\ (a) \qquad (3-12)$$

$$X\ (t)=\lambda\left(\frac{\alpha}{c_1}\right)^{\frac{\alpha}{2}}\left(\frac{\beta}{c_2}\right)^{\frac{\beta}{2}}\left(\frac{\theta}{c_3}\right)^{\frac{1+\theta}{2}}F\ (a) \qquad (3-13)$$

将式（3-11）、式（3-12）、式（3-13）代入式（3-10），可求解 λ：

$$\lambda=\frac{\left(\frac{\alpha}{c_1}\right)^{\alpha}\left(\frac{\beta}{c_2}\right)^{\beta}\left(\frac{\theta}{c_3}\right)^{\theta}\left[F\ (a)\right]^2}{\left(\frac{\alpha}{c_1}\right)^{\alpha}\left(\frac{\beta}{c_2}\right)^{\beta}\left(\frac{\theta}{c_3}\right)^{\theta}\left[F\ (a)\right]^2 +2\mu^2 b_1 +2(1-\mu)^2 b_2}$$

$$(3-14)$$

（三）数值分析

以新冠疫情为例，假设应急供应链系统中设有 6 个供应商和 6 个物流服务商。应急供应链协调运作的最终目的是实现整体效益的最大化。为了简化分析，取 $\alpha=0.35$，$\beta=0.4$，$\gamma=0.25$，$c_1=c_2=c_3=0.05$，$\gamma_1=\gamma_2=10$。随着利润分配系数 λ 的变化，其对应急供应链各方之间配合和协作的程度也会变化。当利润分配系数大于平衡点后且越来越大时，供应商和物流服务商的协同合作程度越大，双方配合的紧密性越强。反之，协同合作程度小，不利于应急供应链系统目标的实现。

三、应急供应链保障资源配置的策略

（一）整合现有组织

应急供应链的全程管理需要各职能部门互相协助，共享信息，统一协调。因此，必须建立一套高效的组织系统来实现整个供应链上各个节点间的协同。为了有效执行应急供应链管理，从一个各自为政、高度分散的职能部门转型为一个具有多功能的组织是至关重要的。

在应急供应链中建立一种新的管理模式，使各个职能部门能够直接沟通，实现资源共享，从而最大限度地减少中间环节，降低企业成本，提高工作效率。扁平化的组织架构被视为实施应急供应链管理的最佳选择，它可以被划分为三个主要层次。一是决策层，由各相关部门的领导代表组成。主要职责为制定战略、全面策划，为应急供应链运作提供指导。包括采购与供应决策、运输与配送决策等。二是管理团队，这是一个由行业专家构成的专业组织。负责执行应急供应链的各项业务活动，包括计划、采购、仓储、供应等方面。此外，对公司内部资源进行整合与调配，确保公司在突发情况下能够迅速作出反应并及时将应急资源运送到需要救援的地区或企业中，以保障突发公共卫生事件发生时公司的生产及生活秩序不受影响。三是运作层，由实际操作人员组成，是应急供应链运作过程中必不可少的部分。

（二）建立应急供应链协同联盟

应急资源的种类繁多，在紧急情况下，可以通过组织生产、采购或征用等手段来筹集所需物资。在应急物流的运作中，涉及众多利益相关者和信息共享问题，可通过建立应急供应链协同联盟来解决这些矛盾，以确保整个供应链的顺畅运行。

应急资源供应企业之间是战略合作伙伴关系，共同应对突发公共卫生事件所造成的影响和损失，可形成相互信任、相互促进、利益共享的良好局面。

（三）精准定位灾区需求

不同等级、类型的突发公共卫生事件，所需的应急资源无论是从类型还是从数量上均有明显区别。通过划分用户，可以很好地实现物流资源优化配置；有利于供应链组织以创新方式确定相应能力，并将其集成以保证用户满意。

在应急资源的保障过程中，我们需要提前考虑各种突发状况，并采纳相应的策略，确保各个节点之间有明确分工和合作；根据事故类型、救援优先度等划分灾区需求；紧密跟踪物资需求的变化，响应需求波动，及时调整供应方案；在应急供应链领域，利用现有协调机制，迅速向灾民提供个性化物流服务至关重要。同时，可采用多种策略以适应不同紧急情况下的物资需求，从而保证响应的速度和准确性。

（四）信息化建设

信息化构成了供应链高效运营的基础条件。因此，建立一个完善而又高效的应急资源保障体系成为当务之急。只有确保信息能够及时共享，物资在供应链中的流通速度才能提升，同时对需求的变动也能更快响应。

第四章　数字化应急物流信息平台

突发事件发生后，往往由政府组织救援，应急物资的调配与运输也由政府来安排。为了保障灾区人民的生命安全、维护社会的稳定，政府通常在应急救援过程中不计成本地付出。但是，这样会给政府带来严重的支出压力。通过构建数字化应急物流信息平台，应用先进的数字化技术，不仅可以满足应急物流时效性的要求，还可以有效地降低成本，并合理调配应急物资的流动方向。

第一节　物流信息平台建设现状

一、物流信息平台发展

为适应物流行业的高质量发展需要，在我国政府政策支持和市场需求的推动下，物流信息平台的建设取得了显著成果。一是平台数量和规模不断壮大。我国物流信息平台数量迅速增长，涵盖各类物流业务，如快递、仓储和运输等。同时，平台规模不断扩大，一些大型物流企业纷纷布局建立物流信息平台，提高自身业务效率。二是服务能力不断提升。物流信息平台逐渐从单一的信息服务向多元化的服务转型，包括物流配送、仓储管理、金融服务和供应链管理等，满足物流企业和供应链上下游环节的各种需求。此外，物流信息平台还通过引入人工智能和大数据等技术，提高服务质量和服务水平。三是互联互通水平不断提高。我国政府积极推动物流信息平台的互联互通，鼓励企业之间开展合作，实现数据共享、资源互补。如今，许多物流信息平台已经实现了与政府监管平台、企业内部系统等其他相关平台的数据交换和共享，提高了整个行业的信息传递和处理效率。四是行业规范逐步完善。随着物流信息平台的发展，行业规范和标准也在不断完善。政府部门出台了一系列政策措施，加强对物流信息平台的监管，保障平台运营安全和数据信息安全。同时，行业协会和企业也在积极制定相关标准，规范平台建设和运营。五是智能化水平逐步提高。物流信息平台逐步向智能化、无人化方向发展。无人驾驶、无人机和自动化仓储等先进技术在物流信息平台上得到了广泛应用，提高了物流运作效率，降低了运营成本。总体来说，我国物流信息平台建设现状呈现出良好的发展态势。但是从平台运行效果来看，仍存在一些问题和挑战。如数据共享和信息安全、行业标准统一和技术创新等方面还需进一步加强。在未来，随着新技术的不断涌现和政策的持续优化，我国物流信息平台将有望实现更高水平的发展。

应急物流信息平台作为一种特殊类型的物流信息平台，其主要目的是在突发公共卫生事件和自然灾害等紧急情况下，确保物流运输的高效、安全、有序进行。应急物流信息平台，一个聚集物流行业资源、提升运作效率、提供高效可靠物流服务的新兴模式，正逐渐受到广泛关注。借助信息化技术，应急物流信息平台为应对现代社会的突发事件提供了新的解决方案。政府部门高度重视应急物流信息平台建设，出台了一系列政策措施，鼓励企业、科研院所等进行技术研发和平台建设。平台数量和规模逐渐扩大。目前，我国已有多个应急物流信息平台投入运营，涵盖各类应急物流业务。一些大型物流企业也开始布局应急物流信息平台，提高应急物流响应能力。应急物流信息平台的服务能力不断提升，逐渐提供多元化服务。除了基础的信息传递、查询和处理功能外，还拓展了供应链管理、金融服务和数据分析等业务，满足应急物流各参与方的需求。新兴技术如大数据、人工智能和区块链等在应急物流信息平台中得到广泛应用。这些技术有助于提高信息处理速度、保障数据安全和实现多方协同，从而提高应急物流运作效率。随着应急物流信息平台的发展，行业规范和标准逐步完善。政府部门和行业协会正积极制定相关法规、标准，规范平台建设和运营，确保信息安全与合规性。

随着物流信息平台的发展，应急物流信息平台也经历了多个阶段。应急物流信息平台的发展阶段如表 4-1 所示。

表 4-1   应急物流信息平台的发展阶段

序号	阶段	时间	技术手段	特征
1	传统应急物流阶段	2000 年以前	电话、传真等	效率较低，且难以实现跨区域、跨部门的信息共享
2	互联网应急物流阶段	2000—2010 年	互联网	信息传输的速度和范围提升；存在信息孤岛现象，互联互通程度有限
3	移动互联网应急物流阶段	2010—2015 年	移动应用，如手机 App、微信等	实现物流信息的实时传递、查询和处理；仍然存在数据共享和协同处理方面的问题

续　表

序号	阶段	时间	技术手段	特征
4	数字化应急物流信息平台阶段	2015年至今	大数据、云计算、人工智能等技术	实现物流信息的全面收集、智能分析和精准预测；平台间的数据共享和互联互通得到加强，应急物流调度和指挥更加智能化、高效化；各类应急物流资源得到整合，形成了覆盖全国范围的应急物流网络
5	区块链应急物流信息平台阶段	未来发展趋势	区块链技术	实现多方协同、降低交易成本

二、物流信息平台分类

物流信息平台按照平台价值定位、服务范围和运营性质可以进行如下分类。

根据平台价值定位的不同，物流信息平台可以分为两类，一类是具有公益属性，不以盈利为目的建立的信息平台，一般是由各级政府主导建设；另一类是具有商业属性，以盈利为目的建立的信息平台，一般是由企业投资建设。

根据平台服务范围的不同，物流信息平台可以分为三类，一是区域物流信息平台，此类信息平台可以支撑一个经济圈内部的物流活动，也可以是几个省域范围的物流活动，如长江物流网；二是国家物流信息平台，此类信息平台可以支撑全国范围内开展物流活动，如国家交通运输物流公共信息平台；三是国际物流信息平台，可以支撑我国（或地区）与其他国家（或地区）开展物流活动，如中国国际物流运输网。

根据平台运营性质的不同，物流信息平台可以分为两类，一是自营物流信息平台，这类信息平台可满足企业内部物流需求，支撑企业自身开展物流活动；二是第三方物流信息平台，这类信息平台服务于整个物流行业，一般是为供给方或需求方等参与主体提供物流信息服务，不参与物流活动的运营。

第二节　数字化应急物流信息平台的设计理念及作用

数字化应急物流信息平台是指面向突发公共卫生事件应急物流的生命周期过程，应用数字化技术将参与应急救援活动的政府部门、物资生产企业和物流公司等参与主体有机地集成起来，各参与主体信息共享、统一调度和监控，实现应急物流生命周期全过程的统一协调运行。在疫情发生前，有关部门可通过大数据云平台预测疫情状况和所需应急物资，提前在动员系统中对应急物资和配送车辆等物流资源进行统筹，做好应急预案与疫情演习；在疫情期间，第四方物流系统在信息对接的基础上，对应急物流的运输方式、工具、路线和承运商进行决策，并对整个应急过程实施管理维护，确保动员响应的高效有序；在疫情结束后，有关部门可利用大数据云平台实时监测的各类信息，总结疫情工作，分析应急难点，并以疫情报告和应急预案的形式公示在云平台中，为之后的应急工作提供借鉴。

一、数字化应急物流信息平台的必要性

（一）突发公共卫生事件的自身特点要求构建数字化应急物流信息平台

突发性是突发公共卫生事件的首要特征。突发事件随机性强，难以预测。相较于地震和洪水等自然灾害，突发公共卫生事件更加难以预测。突发公共卫生事件一旦发生，会迅速蔓延，将形成巨大的社会破坏力，不仅会影响人们的生命健康与财产安全，还会严重影响社会的稳定性。突发公共卫生事件的突然性、不确定性和破坏性，对应急救援提出了更高的要求。尤其是信息的传递效率，增加了对构建数字化应急物流信息平台的迫切要求。

（二）国内应急物流运作的短板要求构建数字化应急物流信息平台

我国应急物流运作过程中，存在以下短板。一是应急物流顶层设计不完善，应急物流系统规划不合理；二是应急管理指挥部通常临时搭建，工作配合性较差；三是各级政府、物流企业、受灾区域等主体间缺少联动机制，协调性较差；四是信息传递效率低，影响决策水平。在此背景下，构建数字化应急物流信息平台有助于优化应急物资储备、物资运输、信息共享和灾后资源回收等运作流程。

二、数字化应急物流信息平台的规划目标

数字化应急物流信息平台的规划目标是在突发公共卫生事件发生后能及时获取真实的数据，从而解决供需信息不匹配的问题，满足各主体对应急物流信息的需求，统筹各个部门资源，进行协调指挥。

三、数字化应急物流信息平台的设计理念

突发公共卫生事件发生后，事态预测、信息传递、应急物资配送、应急作业流程监控等工作是应急管理工作的核心，所以数字化应急物流信息平台主要从"智慧"预警、"智慧"共享、"智慧"运输和"智慧"服务四个方面进行设计。

（一）"智慧"预警

"智慧"预警是指基于应急管理平台，应用大数据、物联网、云计算等现代信息技术对事件发展趋势进行科学预测，降低事件不确定性带来的负面影响。"智慧"预警功能从事先控制角度出发，研判当前发生的突发事件，对救灾物资、运输车辆、救灾人员等应急需求进行预测并发出预警信号。"智慧"预警功能的瓶颈之处在于历史数据的质量，构建应急案例数据库是实现"智慧"预警功能的基础。应急案例数据库可以为各类突发事件提供可靠的参考数据，有利于分析突发事件的演变历程，辅助风险研判，做到事前预防、事中控制和事后处理，是全流程"智慧"预警的原动力。

（二）"智慧"共享

"智慧"共享是指通过应急管理平台，实现突发事件参与主体供需关系的匹配、突发事件进展和对外公开信息等信息的交流与共享。突发事件的处理需要调动多地区、多部门力量，"智慧"共享功能是各部门建立联系的重要途径，是突发事件管理的核心机制之一。

（三）"智慧"运输

"智慧"运输是指应用应急管理方法优化配置物资、车辆和人员等资源，通过信息技术进行物资调配和路线规划，以最少的时间和最高的效率将救灾资源运输到指定地点，力争将灾害影响程度降到最小。突发事件的发生常常会影响通往灾区的道路，"智慧"运输功能可以提供最优的运输路径。"智慧"运输功能是数字化应急物流信息平台价值的重要体现之一。

（四）"智慧"服务

"智慧"服务是指为救灾人员提供智慧化服务，如救灾作业全过程安全监控、救灾物资安置和逆向物流管理等。其中，救灾作业全过程安全监控是指通过各类传感器，应用图像识别技术及时向救灾人员提供实时准确的信息，并进行安全管控。

四、数字化应急物流信息平台的作用

在数字化时代，推进数字化应急物流信息平台建设是完善应急管理机制和提高应急管理能力的重要举措。数字化应急物流信息平台可以高效整合各主体的资源与信息，实现应急物流信息数据交换，应急物流能力的提升及应急物流效率的提高。

（一）应急物流信息数据交换

数字化应急物流信息平台可以实时传递、共享突发公共卫生事件发生之后的需求信息、救灾信息、物资信息和物流信息等各类信息资源，不断提高数字化应急物流信息平台的数据传输和共享能力。应急物流系统涉及多主体，各主体将各自信息数据传输至平台加密数据库，通过建立数据标准规范各主体数据交换的一致性、准确性，降低数据沟通理解的成本。采用用户权限管理方法为不同主体赋予不同的权限，使政府、企业及其他主体都可以获取所需的信息，各主体间的数据是畅通的，各主体间的权限相互支撑、相互制约，从而保证数字化应急物流信息平台具有较高的灵活性和安全性，提高国家应急管理部门的调控能力。

（二）应急物流能力提升

应急物流具备响应速度快和需求不稳定等特点。数字化应急物流信息平台可以实现各环节的密切配合，应用云计算和物联网等核心信息技术，有效整合各主体信息，充分发挥大数据技术优势，深入挖掘平台数据的价值，在快速响应、精准程度、成本投入等方面为相关单位的应急决策提供参考意见，平台可以提升应急物流能力。

（三）应急物流效率提高

数字化应急物流信息平台可以将救援物资调配透明化，提高对各地区物资需求的掌控能力，有效避免因信息不对称等问题造成的资源浪费。发挥数字化应急物流信息平台功能，可以减少部分重复性运输工作，提高物资调配的科学性，从而提高应急物流的效率。

第三节　数字化应急物流信息平台的需求分析

一、政府部门需求分析

（一）应急管理部门需求分析

一是应急管理部门需要通过数字化应急物流信息平台全面获取突发公共卫生事件的相关数据，时刻监测突发公共卫生事件的进展。二是应急管理部门需要通过数字化应急物流信息平台获取各地区上报的信息，便于及时研判突发公共卫生事件的严重性，启动应急预案，并联合其他部门共同开展救援活动。三是应急管理部门需要通过数字化应急物流信息平台及时向群众发布突发公共卫生事件的相关信息，让群众及时了解事件最新进展，便于群众有针对性地开展募捐活动。四是应急管理部门需要通过数字化应急物流信息平台掌握已有物资、需要的物资和紧缺的物资等数据。

（二）交通运输部门需求分析

一是政务服务数字化。突发公共卫生事件发生后，交通运输部门需要通过平台及时发布最新的交通运输政策和交通管控信息，便于群众和物流企业及时获取相关信息。另外，还需要通过平台实现线上审批功能，尽可能缩短审批时间。二是保障运输服务。突发公共卫生事件发生后，交通运输在一定程度上会受到制约，交通运输部门需要通过平台开展应急运输活动，为受灾地区提供交通运输服务保障。

（三）卫生部门需求分析

一是卫生相关政策的宣传。突发公共卫生事件发生后，卫生部门会制定新的卫生政策并组织实施，需要通过平台合理配置医疗资源。二是应急救援。突发公共卫生事件发生后，卫生部门需要通过平台及时监测事件进展，并组织开展应急救援活动。三是卫生部门需要通过平台向群众及时传达个人防护知识。

二、社会企业需求分析

（一）以仓储业务为主的物流类企业需求分析

以仓储业务为主的物流类企业将货物管理、物资运输管理等服务融合在一起，包括应急物流的仓库、站点、配送中心等。这类企业的需求主要包括以下两点。一是物资储备。企业对应急物资储备进行查询和统计后，需要将相关信息及时在平台上公布。二是物资分配。企业需要通过平台的信息发布功能，使物资接收方能及时了解应急物资的相关信息。

（二）运输类物流企业需求分析

运输类物流企业对数字化应急物流信息平台的需求主要包括以下

三点。一是企业认证信息公开。在突发公共卫生事件发生后，运输类物流企业通常会受到国家交通政策的影响而不能正常完成物资的运输服务，经过认证的运输类物流企业需要在数字化应急物流信息平台上公开其企业信息。二是物流运输服务。经过认证的企业需要在平台上发布物流服务信息，如应急运输、物资代管等业务。三是订单跟踪。运输类物流企业在提供应急物流运输服务的过程中，订单相关信息需要在平台上及时发布。

（三）商贸类企业需求分析

商贸类企业主要负责应急物资的生产与销售。与运输类物流企业类似，商贸类企业对数字化应急物流信息平台的需求主要包括以下三点。一是企业认证信息公开。二是产品供应服务。三是订单跟踪。

第四节　数字化应急物流信息平台设计

一、平台架构设计

数字化应急物流信息平台是多业务、多层面、多功能和多数据源的复杂综合信息平台，具备信息数据量大、范围广、处理能力强度大等特征。平台架构设计是数字化应急物流信息平台的核心，包括基础信息数据层、异构数据集成层、核心功能层和用户个性化访问层4个层次，如图4-1所示。

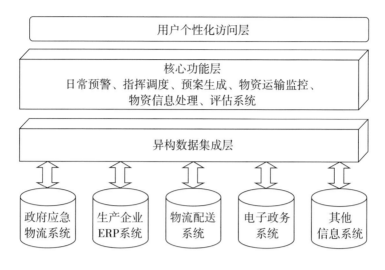

图4-1 数字化应急物流信息平台架构设计

（一）基础信息数据层

在应急救援的全生命周期中，政府应急物流系统、生产企业 ERP 系统和物流配送系统等系统中存放着大量的物流数据。车辆相关信息数据、仓储管理相关信息数据、物流代理商相关信息数据等也是基础信息数据层的重要组成部分。

（二）异构数据集成层

异构数据集成层是以基础信息数据层为基础，面向突发公共卫生事件全生命周期建立的数据集成数据库。通过多部门、多渠道、多类型的数据集成，平台可实现应急救援多参与主体的数据交换、数据分析及决策支持。通常情况下，应急救援过程中的数据来源于多个平台，异构系统与异构数据格式之间的数据交换是造成数据壁垒的主要原因之一，所以通过异构数据集成层规范数据交互层的标准、定义等

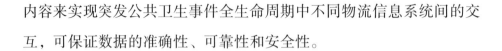

内容来实现突发公共卫生事件全生命周期中不同物流信息系统间的交互，可保证数据的准确性、可靠性和安全性。

（三）核心功能层

核心功能层可对突发公共卫生事件全生命周期中的所有活动进行指挥、监控、分析、评估和控制。它依据基础信息数据，可实现信息整合与共享、智能调度与优化、数据分析与决策支持、风险评估与预警、可视化监控与追踪等功能。核心功能层包括以下几个模块。

1. 日常预警模块

日常预警模块通过实时监测和分析各种数据，为应急物流提供及时、准确的预警信息，确保在紧急情况下能够快速、准确地响应和处理。该模块不仅提高了应急物流的效率和准确性，还为相关人员提供了更加便捷、高效的工作方式。在日常运营中，该模块还能够自动记录和分析数据，为应急物流的持续改进提供有力的数据支持。该模块还具有可扩展性和可定制性。随着技术的发展和用户需求的不断变化，该模块能够不断升级和扩展，满足更多的应用场景和需求。此外，该模块还支持与第三方系统的集成，方便与其他系统的数据共享和交互。

2. 指挥调度模块

指挥调度模块是整个平台的核心部分。它负责协调、管理和监控应急物流的各个环节，确保物资能够快速、准确地送达受灾地区。指挥调度模块通常由三个关键部分组成，一是应急指挥中心，负责接收、处理和分发应急物流请求，协调各方资源，制订应急物流计划。二是物资管理模块，负责物资的采购、储存、分发和追踪，确保物资在需要时能够及时可用。三是运输管理模块，负责与运输公司合作，确保物资能够快速、安全地送达目的地。随着科技的进步和社会的不断发展，指挥调度模块也需要不断适应新的环境和挑战，通过智能算法和模型，实现对灾害情况、需求变化和物流过程的自动预测和优化，提高应急物流的响应速度和准确性。

3. 预案生成模块

预案生成模块的主要功能是自动生成应急物流预案。当突发公共卫生事件发生时，该模块能够快速响应，根据事件类型、地点、时间等因素，自动生成相应的应急物流预案。

4. 物资运输监控模块

物资运输监控模块负责实时监控和跟踪应急物资的运输状态，确保物资能够及时、准确、安全地送达目的地。该模块采用先进的物联网技术，通过在物资上安装智能标签，实时收集物资的位置、温度、湿度等数据，并将数据传输到平台服务器进行处理和分析。该模块还具备实时监控和预警功能，当物资出现异常情况时，系统会自动发出警报，提醒管理人员及时处理。同时，该模块还具备高度可定制化、多部门协作、数据分析和优化及安全性保障等特点，可以满足不同地区、不同应急情况的需求，为未来的应急物流提供更加科学、准确的决策支持。

5. 物资信息处理模块

物资信息处理模块负责处理与应急物资相关的各类信息。该模块具备高效、准确、实时的特点，为应急物流的快速响应和决策提供了有力支持。该模块具备全面的物资信息管理能力。它能够收集、整理和存储各类应急物资的信息。这些信息通过电子化方式进行管理，方便用户查询。该模块还具备物资信息的分析和预测功能，通过对历史数据的挖掘和分析，能够预测未来可能的物资需求和供应情况，为应急物流的规划提供依据。该模块还具备与其他系统的集成功能，实现信息的共享和协同。

6. 评估系统模块

评估系统模块主要用于评估和优化应急物流的效率和效果。该模块可以对突发公共卫生事件的风险进行评估，包括事件发生的可能性、影响范围和影响程度等。这有助于确定应急物流的优先级和资源分配。该模块可以对现有的物流网络进行评估，包括运输能力、仓储设施、配送网络等。这有助于确定哪些物流节点和路线能够正常运行，哪些需要加强或调整。该模块可以对应急物流的绩效进行评估，包括响应时间、资源利用效率、配送准确性等。这有助于了解应急物流的效果，为今后的应急物流规划提供参考。

（四）用户个性化访问层

用户个性化访问层提供用户注册和登录功能，方便用户进行个人信息管理和权限控制；支持用户对订单的查询、修改和取消等操作，提供订单状态实时更新功能；允许用户查询平台上的物资信息，包括物资种类、数量、位置等；支持平台向用户发送重要通知和消息，确保用户及时了解平台动态和相关信息。

二、数字化应急物流保障机制

（一）法律保障机制

在数字化应急物流保障机制中，法律保障机制位于最顶层，数字化应急物流信息平台的使用需要相关法律法规来保障。一是平台的基础云技术需要相关法律来保障，这是国内外技术安全研究的重点问题；二是在特殊时期和特殊地点需要法律法规约束特殊人群。

（二）协调与合作机制

协调与合作机制的关键内容包括：一是突发公共卫生事件发生后，政府应用数字化应急物流信息平台，有效协调和调用各区域资源；二是跟踪突发公共卫生事件的进程，根据事件的实时状况进行决策，提出解决方案与对策；三是整合资源，实现资源合理配置，落实救援资金；四是根据监测数据进行研判，在一段时间内资源不能满足需求时，及时协调或组织相关单位进行应急物资的储备。

（三）绿色通道机制

突发公共卫生事件发生后，区域间建立绿色通道机制，开通专项应急保障通道，减少不必要的手续，使应急物资和救援人员能够第一时间到达现场，帮助受灾群众。这样可以缩短救援时间，提高应急物流效率，最大限度地减少灾害损失。"绿色通道"的建立必须依靠政府的力量，必要时通过制定法律法规进行制约，确保"绿色通道"的顺利实施。

（四）信息共享机制

信息共享机制是数字化应急物流信息平台中至关重要的一部分，是保证平台正常运行的核心因素之一。信息高度整合和高效传递是支援救灾的关键途径，是应急物流高效运行的重要保障。数字化应急物流信息平台通过资源高度整合，应用平台数据处理与分析能力，可及时发布事件相关信息。

三、数字化应急物流运作流程

为了进一步完善应急物流运作机制，保障应急物资供应的及时性，本节以流程简捷和成本最优等原则设计数字化应急物流运作流程，如图4-2所示。

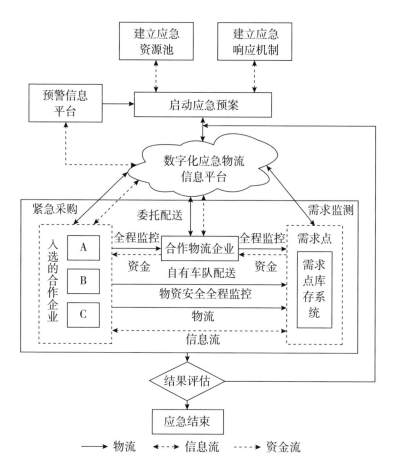

图4-2　数字化应急物流运作流程

图4-2清晰地体现了整个运作流程中的物流、信息流。数字化

应急物流信息平台是整个运作流程的"大脑",各个相关主体可依托此平台来完成整个应急活动,进而大幅提高应急活动的响应速度。

四、基于生命周期的数字化应急物流信息平台功能

基于生命周期的数字化应急物流信息平台功能,如图4-3所示。

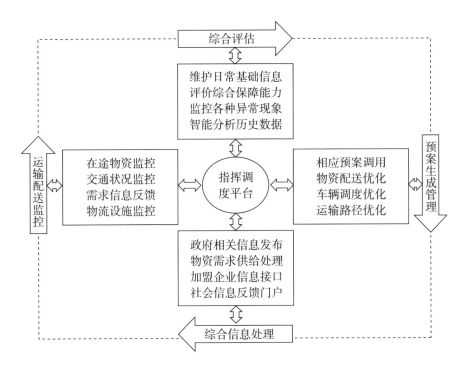

图4-3 基于生命周期的数字化应急物流信息平台功能

五、数字化应急物流信息平台案例

为落实国家、省、市关于加强公共卫生应急体系建设的要求,以及武汉市委、市政府的重大决策部署,武汉市卫健委牵头,全市各相关委、办、局参与,建设了武汉市公共卫生应急指挥平台。该平台充分利用大数据、云计算、物联网、人工智能等新一代信息技术,旨在

实现多点触发、智能预警一网全监测，应急处置、指挥调度一键直达基层，为科学防控、精准防控提供有力支撑。

（一）平台架构与功能

武汉市公共卫生应急指挥平台以"数据同城同管"为原则，与国家、省、市共 45 个系统实现数据互通。系统包括 4 大核心功能、62 项应用，具体如下。

（1）智能风险预警监测。

在医院、学校、药店、海关、机场、车站、农贸市场等设立 60 类自动触发点。部署 5G 智能发热监测系统，建立症候群监测，重点人员、环境、货物及食品监测，传染病动态监测，网络舆情监测，人口流动及迁徙态势等 13 类风险预警指标。通过智能规则模型自动形成红、黄、蓝三类预警信息，相应触发市、区、街道、社区四级应急方案。

（2）应急指挥调度。

实现应急指挥、专家会商、应急资源一键调度。覆盖市、区、街道、社区等工作人员近 1 万人，每日自动、实时比对各类数据 500 余万条，监测人数 182.5 万人。发现预警风险实时触发闭环业务，最长闭环实现 57 项工作与 21 个市直部门的有效协同。

（3）联防联控业务。

整合主动推送给漫游到武汉的手机短信、外地来武汉人员主动申报、外地车辆自动识别等功能。识别中高风险地区来武汉人员的信息，推送给各区排查、纳入管理。

（4）疫情大数据分析。

全面整合 913 家武汉市内各级各类医疗机构电子病历、检验检查结果等数据（包括部省属医院、市区属医院、民营医院、第三方检测机构、个体诊所等）。

（二）平台特点与优势

（1）多点触发、智能预警。

该平台通过在医院、学校、药店等多个场景设置自动触发点，实现多点触发预警，提高监测的灵敏度和准确性。

（2）数据互通、信息共享。

该平台与国家、省、市共45个系统实现数据互通，全面整合各类涉疫数据，打破数据孤岛，实现信息共享。

（3）一键调度、高效协同。

该平台实现应急指挥、专家会商、应急资源一键调度，提高应急处置的效率和协同能力。

（4）科学防控、精准施策。

该平台通过智能化分析，为疫情分析和风险研判提供数据支持，实现科学防控、精准施策。

第五节 基于平台动态数据驱动的
应急资源配置

平台动态数据驱动的应急资源配置需要整合突发公共卫生事件生命周期中各阶段的应急资源管理重点，基于大数据分析的风险网格划分及其风险权重计算，通过应急资源规划、需求分析及应急资源供给配置，在突发公共卫生事件"事前—事中—事后"全过程中充分发挥数据驱动的数据采集系统和决策支持系统的能力，进而实现应急资源优化和救援效率提升的双重目标。

一、平台动态数据驱动下的应急风险网格划分

按照网格管理方法，借助平台大数据和网格化资源，将全国各区域、各部门、各生产商的所有应急医疗资源整合到一个统一的资源系统中，利用各单元网格间的联动协同机制，将供给端和需求端的应急医疗资源所有相关信息存储到各个单元网格中，实现应急医疗资源的优化配置和共享。应急风险网格权重计算是应急资源布局的核心与基础，平台动态数据驱动下的应急风险网格权重是借助于历史数据、GIS和物联网等技术的实时监测数据，通过大数据技术进行数据挖掘、分析数据特征来实现的。具体来说，首先，应用大数据技术分析历史发生的相似案例，识别突发公共卫生事件等级与时空特征的关系，判断风险源及风险网格的历史风险情况。其次，借助与平台关联的其他数据，如政府掌握的公共大数据等，应用物联网等技术精准识别风险源头，针对各类指标数据设置阈值，当某指标超出阈值范围时发送预警信息，同时检测风险源的动态轨迹。最后，根据多维时空大数据，计算每个网格的风险值，从而构建出不同等级权重的风险网格。

二、平台动态数据驱动下的应急资源规划

平台动态数据驱动下的应急资源规划是一种基于大数据分析、物联网、人工智能等先进技术，对应急资源进行科学配置、高效调度和持续优化的过程。科学的应急资源规划有助于提高突发公共卫生事件

发生后应急救援的效率。然而，仅依赖常规行政区划的静态布局方式在很多情况下难以满足应急管理的需求，或者是在需求满足的情况下需要占用大量的资源。平台动态数据驱动的应急资源配置可以实现精准管理和合理的统筹规划。

第一，赋权的风险网格可以将风险源聚集在一起，为应急资源布局选址决策提供依据。在考虑行政区划的基础上，基于平台数据对有权重的风险网格进行空间聚类，将有限的应急资源合理部署在价值最大的位置，提高应急资源布局的精准性。

第二，基于海量多源数据和机器学习方法建立相关的预测模型，通过数据可视化，寻找突发公共卫生事件的重要位置，从而提高应急资源配置效率。

第三，基于传感器和平台数据，对应急资源实行定期检查和更新。对关键应急物资进行实时监控，优化库存补货点、补货周期等，提高库存管理的科学性。在突发公共卫生事件发生后，结合 GIS 数据，并融合人口出行动态数据、危险源运动数据，尽可能降低需求不确定性，动态调整优化资源规划。

第四，应用大数据技术监测突发公共卫生事件的次生灾害范围，以及在事故响应过程中产生的新需求。平台实现数据共享和实时信息沟通，可以有效减少因信息延迟或信息不对称产生的成本，在最大范围内实现有限应急资源的最大化利用。

三、应急资源需求分析

平台动态数据驱动下的应急资源需求分析是在缺乏正式信息沟通渠道的情况下，整合集成多源数据信息，通过大数据技术支持的算法

（有监督算法或无监督算法）构建决策模型，从而识别网格的应急物资需求种类和数量。这个过程一般包括数据采集、数据处理、建模分析和结果反馈四个阶段。

四、应急资源供给配置

应急物资储备模式主要有两类：一类是政府、企业、家庭等应急主体的实物储备；二类是政府与企业之间的协议存储等虚拟储备。数据驱动下的应急资源供给配置要创新传统的供给模式，将政府、企业和家庭都作为网格资源储备的主体，供应链网络中的主体都是为突发公共卫生事件服务的，通过物联网和通信技术网络传递给供应链网络中的主体，经应急指挥中心快速找到货源并及时采购，将所需的应急资源运输至需求点。政府、企业和家庭在资源管理各节点的信息都是透明的，主体间的信息共享能够快速获取供应链上下游信息，追踪应急资源的流向，准确判断应急资源的供需情况并进行适当调整。具体来说，数据库建设过程中可将合同储备和生产能力储备的主体信息作为资源储备的一个功能模块，依托信息化平台实现日常运营的监管，在调用资源时能及时准确地传达资源需求，保证合同企业在应急时间窗内快速响应。

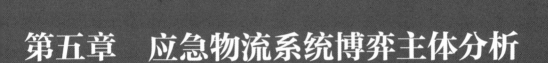

第五章　应急物流系统博弈主体分析

　　"十四五"规划中强调指出"加快建立储备充足、反应迅速、抗冲击能力强的应急物流体系"。这也是"十四五"期间各个地区建设应急物流系统的指导方向和主要目标。一套高效的应急物流系统有两方面优势：一是保证应急物资的时效性，迅速送达目的地，提升应急保障效能；二是在完成运输任务的基础上降低成本。

　　近年来，我国重大突发事件频发，传统应急物流在大型应急行动中的表现已不能满足现代应急行动的需要。因此，对传统应急物流进行智能化改造已成为必然趋势。大数据、区块链等新技术的出现，在技术上支撑了传统物流的智能化转型，智能化物流已成为现代物流业的一个重要发展方向。重大突发事件迫切需要智能应急物流的协同发展，作为解决传统应急物流问题的重要举措。此外，在重大突发事件的处理中，地方政府通常是大型应急活动的指导者，而社会物流公司是大型应急物流活动的载体。

　　应急物流与一般的商业物流有明显区别，应急物流的零前置期、高风险、信息不完整等一般物流所不具有的特殊性质，对应急物资的采购、运输和配置等带来了极大的挑战。当前，我国应急物流发展的障碍之一是统筹性不足，对此，应积极开展应急资源的整合工作，体系化筹备应急物流力量，打造多方合作、高效衔接的应急物流系统，进而完善应急物流发展环境。

　　重大突发事件的紧急预防和控制往往具有长期性和动态性等特点，因此每一个预防和控制主体在预防和控制方面都表现出有限的合理性。此外，外部环境中的不确定性因素（如文化差异、非理性情绪等）对博弈主体的预防和控制策略的选择具有重要影响，这可能会使其偏离初始决策，随机不确定性因素分析对预防和控制重大突发情况具有重要的理论和实践意义。

本章在分析应急物流系统博弈主体的基础上，构建应急物流系统博弈模型，并探讨提升突发事件下应急物流效率的有效路径。

第一节　应急物流系统博弈主体

演化博弈理论是一种基础理论，理论的主要内容是将博弈与动态演化相结合，将博弈的相关理论与动态分析相结合。从方法论的角度来讲，演化博弈的特别之处在于动态调整及主体之间的动态平衡。应急物流系统的每个主体在博弈过程中，不断调整自身行为策略选择以维持整个系统的动态平衡。每个博弈主体的每一次行为策略选择过程，就是一个动态变化的过程，牵动着整个系统的变化，改变每个主体与系统整体的关系。因此，演化博弈能够更清晰地表示整个系统中各参与主体的多样性和复杂性，更宏观地调控系统行为，为系统决策提供更合理的理论依据。

相关研究表明，为解决现有应急物流问题，应加强应急管理各部门之间的联系与合作，努力改善应急物流安全体系建设，最大限度地减少各类重大突发事件造成的损失，有效保护人民利益。因此，在面对问题重重的应急物流系统时，相关主体应在联盟框架内协调应急物流网络与资源共享，改进应急规划中的应急物流系统，提高应急物流的运营效率。

为了探究应急物流系统主体之间的博弈关系，本节对每个主体在整个系统中担任的不同角色进行分析。

一、应急物流系统的博弈主体及其特征

演化博弈流程的第一步就是选择博弈主体，也就是在博弈过程中能够单独做行为决策、承担行为后果的参与主体，如一个部门或者企业等。在突发事件发生后，首要行动的就是当地政府，政府依据实际情况积极作出灾情反馈，上报相关信息到相关部门，得到基本物资保障后尽全力保证人民灾后的生活。其次，灾后的物资运输是很重要的一个环节，物资运输的及时性是保障人民正常生活的关键。此外，借助智慧物流的独特优势，发展我国智慧应急物资保障体系，能够提高应急物流的响应速度，充分发挥我国应急物流在重大突发事件中的积极作用。因此，本章研究的应急物流系统包含当地政府、社会物流企业和智慧物流信息平台三方面主体。

（一）第一主体为当地政府

我国的政治管理是属地管理原则，在应急事件发生后，启用政府部门参与的应急物流系统能够更快地实现救灾的目的。当地政府会更了解一些特殊的地理情况、人口分布情况，能够快速统计物资需求及分配情况，并及时组织完成救援工作。

当地政府参与突发事件的救援过程中，既可以出台相应政策，又可以对物流企业等主体进行监督。在应急物流系统中，当地政府起着关键的引导作用，对公众和社会形成积极影响。

（二）第二主体为社会物流企业

应急物流系统的主要功能是将灾区所需物资送达目的地。社会物

流企业是运输应急物资的关键角色，在整个应急物流系统中起着至关重要的作用。社会物流企业在智慧物流信息平台上注册登记，就可以收到所有灾区的详细需求。社会物流企业根据自身情况，协助物资供应商实现应急物资的配送。灾区突发情况偏多，依据智慧物流信息平台规划的应急物流运输方式和运输方案，社会物流企业完成配送，并将应急物资去向和应急物流服务动态实时上传到智慧物流信息平台。

（三）第三主体为智慧物流信息平台

智慧物流信息平台为应急物流系统提供了技术支持，大大提升了物资匹配效率和物资配送效率。当地政府可将重大突发事件中所需的物资及物流服务需求上传至智慧物流信息平台，同时社会物流企业将其现有物流服务信息上传到智慧物流信息平台中，通过平台信息资源的整合与共享使供需信息透明化，促使重大突发事件下供需高效匹配，提高应急物流服务的水平。

二、应急物流系统对博弈主体的行为规范

应急物流系统的博弈主体在博弈过程中，不断调整自身行为策略选择以维持整个系统的动态平衡。每个博弈主体的每一次行为策略选择过程，就是一个动态变化的过程。

第一，当地政府制定协调机制，主动协同智慧物流信息平台与社会物流企业的合作，促进应急物资的高效匹配与运输。在处理突发事件时，当地政府应积极发挥主导作用，组建专门的应急管理队伍，充分发挥应急专业能力和快速响应水平，高效调配可利用的资源，有序组织部门及企业开展救援工作。另外，积极配合企业逐步完善基础设

施建设，将应急救援工作逐步走向智能化和快速化。

第二，智慧物流信息平台对于提升应急救援工作效率至关重要，平台采用较高水平的新技术，提高了应急物流系统的智能化，优化应急物资的物流服务流程，将应急物流系统向更标准、更安全的方向发展。

第三，社会物流企业积极进行技术创新，高效匹配智慧物流信息平台，实现信息实时共享，最大限度提高应急物资运输效率和运输质量，将应急救援任务向智能化迈进。

第二节　应急物流系统博弈模型的构建

一、问题描述与基本假设

本章构建了当地政府、智慧物流信息平台和社会物流企业在重大突发事件下的演化博弈模型，建立三方参与主体的复制动态方程，分析当地政府、智慧物流信息平台和社会物流企业三方参与主体的协调演化过程，借助三方力量推动应急物流系统向更智慧的现代化方向发展。

基于此，本章作出以下假设。

假设1：重大突发事件发生时，在完全信息条件下，当地政府、社会物流企业和智慧物流信息平台三方参与主体均有理性思维。

假设2：重大突发事件下，当地政府积极发挥主导作用，充分发挥应急专业能力和快速响应水平，迅速制定协调策略，高效调配可利用的社会力量，有序组织部门及企业开展救援工作，做好承上启下的作用。此时，当地政府可选择制定协调机制或不制定协调机制，即协调或不协调。

假设3：依据智慧物流信息平台规划的应急物资运输方案，社会物流企业完成配送，并将应急物资去向和应急物流服务动态实时上传到智慧物流信息平台。另外，在当地政府的参与下，社会物流企业协助当地政府做好应急救援工作，同时得到当地政府的财政补贴。此时，社会物流企业可选择进行技术创新发挥积极作用或保持现状，即技术创新或维持现状。

假设4：智慧物流信息平台采用智能化新技术，优化应急物资的物流服务流程，营造良好的信息共享环境，高效统筹供需双方基本信息，实时传送不断变化的需求和供给信息，实现较高的物资匹配度和配送效率，高质量完成救援工作，提高应急救援工作效率。此时，智慧物流信息平台可选择优化服务流程或采用一般流程进行服务，即优化服务或一般服务。

假设5：重大突发事件下，当地政府采取制定协调机制的概率为 x，不制定协调机制的概率为 $(1-x)$；社会物流企业进行技术创新的概率为 y，选择维持现状的概率为 $(1-y)$；智慧物流信息平台选择优化服务的概率为 z，选择一般服务的概率为 $(1-z)$。

表 5-1 是相关参数说明。

表 5-1 参数说明

符号	说明
C_a	重大突发事件中，当地政府协调应急物流运作的协调成本
J_1	重大突发事件中，当地政府给予社会物流企业进行技术创新的补贴
J_2	重大突发事件中，当地政府给予智慧物流信息平台优化服务流程的补贴
M	重大突发事件中，当地政府采取协调机制所形成的隐形收益

续　表

符号	说明
R_a	社会物流企业进行技术创新和智慧物流信息平台选择优化服务时的收益
R_b	社会物流企业进行技术创新和智慧物流信息平台选择一般服务时的收益
C_A	重大突发事件中，社会物流企业进行技术创新的成本
T_1	政府协调状态下，社会物流企业进行技术创新所享受的优惠税费
T_2	正常情况下，社会物流企业维持现状所需要缴纳的税费
R_A	社会物流企业进行技术创新和智慧物流信息平台选择优化服务时社会物流企业的收益
R_B	社会物流企业进行技术创新和智慧物流信息平台选择一般服务时，社会物流企业的收益
E	社会物流企业维持现状时的额外收益
C_1	智慧物流信息平台选择优化服务所需的成本
C_2	智慧物流信息平台选择一般服务所需的成本
R_1	智慧物流信息平台选择优化服务时获取的收益
R_2	智慧物流信息平台选择优化服务，社会物流企业进行技术创新并加入智慧物流信息平台时，智慧物流信息平台的收益
R_3	智慧物流信息平台选择一般服务时获取的收益

说明：（1）$T_1 < T_2$，即重大突发事件中，社会物流企业进行技术创新所支付的企业税费低于其正常营运时产生的税费。

（2）$M > R_a + T_2$，即重大突发事件中，当地政府制定协调机制有利于提升当地政府的形象，且其收益高于政府不制定协调机制的收益。

（3）$C_1 > C_2$，即重大突发事件中，智慧物流信息平台选择优化服务的成本高于一般服务的成本。

（4）$R_1 + R_2 > R_3$，即重大突发事件中，智慧物流信息平台选择优化服务所获得的收益高于一般服务时的收益。

二、演化博弈模型构建

根据上述假设，重大突发事件下，当地政府、社会物流企业、智慧物流信息平台三方参与主体间的博弈策略组合可分为八种：（协调 X_1，技

术创新 Y_1，优化服务 Z_1）、（协调 X_1，技术创新 Y_1，一般服务 Z_2）、（协调 X_1，维持现状 Y_2，优化服务 Z_1）、（协调 X_1，维持现状 Y_2，一般服务 Z_2）、（不协调 X_2，技术创新 Y_1，优化服务 Z_1）、（不协调 X_2，技术创新 Y_1，一般服务 Z_2）、（不协调 X_2，维持现状 Y_2，优化服务 Z_1）、（不协调 X_2，维持现状 Y_2，一般服务 Z_2），由此构建三方博弈矩阵，如表 5-2 所示。

表 5-2 三方博弈矩阵

	政府协调		政府不协调	
	物流企业技术创新	物流企业维持现状	物流企业技术创新	物流企业维持现状
平台选择优化服务	(X_1, Y_1, Z_1)	(X_1, Y_2, Z_1)	(X_2, Y_1, Z_1)	(X_2, Y_2, Z_1)
平台选择一般服务	(X_1, Y_1, Z_2)	(X_1, Y_2, Z_2)	(X_2, Y_1, Z_2)	(X_2, Y_2, Z_2)

从当地政府角度来讲，重大突发事件下政府选择协调策略时，所付出的协调成本为 C_a。社会物流企业进行技术创新和智慧物流信息平台选择优化服务时，当地政府的收益为 $R_a + T_1$，此时，当地政府应承担的成本为 $C_a + J_1 + J_2$。

从社会物流企业的角度来讲，重大突发事件下社会物流企业选择技术创新并加入智慧物流信息平台时，所付出的技术创新成本为 C_A。若此时政府选择制定协调机制且智慧物流信息平台选择优化服务时，社会物流企业的收益为 $R_A + J_1$，社会物流企业的成本为 $C_A + T_1$。

从智慧物流信息平台的角度来讲，重大突发事件下智慧物流信息平台积极优化服务流程时，所付出的优化成本为 C_1。若此时当地政府选择协调策略且社会物流企业选择技术创新时，智慧物流信息平台的收益为 $R_1 + J_2$，智慧物流信息平台的成本为 C_1。

此时，三方博弈主体的策略博弈矩阵如表 5 - 3 所示。

表 5 - 3　　　　　　　　　　策略博弈矩阵

智慧物流信息平台	社会物流企业	当地政府	
		协调 x	不协调 $1-x$
优化服务 z	技术创新 y	$R_a + T_1 - C_a - J_1 - J_2 + M$	$R_a + T_2$
		$J_1 + R_A - C_A - T_1$	$R_A - T_2 - C_A$
		$J_2 + R_1 + R_2 - C_1$	$R_1 + R_2 - C_1$
	维持现状 $1-y$	$T_2 + M - C_A - J_2$	T_2
		$E - T_2$	$E - T_2$
		$J_2 - C_1$	$- C_1$
一般服务 $1-z$	技术创新 y	$T_1 + M + R_B + C_A + J_1$	T_2
		$J_1 + R_B - C_A - T_1$	$R_B - C_A - T_2$
		$R_3 - C_2$	$R_3 - C_2$
	维持现状 $1-y$	$T_2 + M - C_A$	T_2
		$E - T_2$	$E - T_2$
		$R_3 - C_1$	$R_3 - C_2$

第三节　应急物流系统演化博弈动力系统

一、应急物流系统复制动态方程构建

1. 当地政府复制动态方程的构建

重大突发事件下，当地政府制定协调机制的收益为：

$$
\begin{aligned}
U_{g1} = {} & yz\left(R_a + T_1 - C_a - J_1 + M\right) + z(1-y)\left(T_2 + M - C_a - J_2\right) + \\
& y(1-z)\left(T_1 + M - R_b - C_a - J_1\right) + (1-y)(1-z) \\
& \left(T_2 + M - C_a\right) = yz\left(R_a + J_2 + R_b\right) - zJ_2 + y\left(T_1 - T_2 - J_1 - R_b\right) + \\
& T_2 + M - C_a \quad\quad\quad\quad\quad\quad\quad\quad\quad\quad\quad\quad\quad\quad (5-1)
\end{aligned}
$$

重大突发事件下，当地政府不制定协调机制的收益为：

$$U_{g2} = yz\ (R_a + T_2)\ + z\ (1 - y)\ T_2 + y\ (1 - z)\ T_2 + (1 - y)\ (1 - z)\ T_2$$

$$= yzR_a + T_2 \tag{5-2}$$

重大突发事件下，各项策略的平均收益为：

$$\bar{U}_g = xU_{g1} + (1 - x)\ U_{g2}$$

$$= T_2 - xC_a + xM - xyJ_1 - xzJ_2 + xyR_b + xyT_1 - xyT_2 + yzR_a - xyzR_b$$

$$= x\ (M - C_a - zJ_2) + xy\ (R_b + T_1 - J_1 - T_2) + yz\ (R_a - xR_b) + T_2 \tag{5-3}$$

重大突发事件下，当地政府选择制定协调机制的复制动态方程为：

$$F\ (x) = x\ (1 - x)\ [M - C_a - y\ (J_1 - R_b - T_1 + T_2)\ - z\ (J_2 + yR_b)] \tag{5-4}$$

对复制动态方程进行一阶求导得：

$$F'\ (x) = (1 - 2x)\ [(M - C_a - y\ (J_1 - R_b - T_1 + T_2)\ - z\ (J_2 + yR_b)]$$

$$= (1 - 2x)\ \lambda \tag{5-5}$$

2. 社会物流企业复制动态方程的构建

面对重大突发事件的应急物流需求，社会物流企业积极选择进行技术创新，加入智慧物流信息平台，提升重大突发事件中的应急物流效率。

因此，重大突发事件中，社会物流企业选择技术创新的复制动态方程为：

$$F\ (y) = y\ (1 - y)\ [R_B - C_A - E + x\ (J_1 - T_1 + T_2)\ - z\ (R_A - R_B)] \tag{5-6}$$

对复制动态方程进行一阶求导得：

$$F'\ (y) = (1 - 2y)\ [R_B - C_A - E + x\ (J_1 - T_1 + T_2)\ - z\ (R_A - R_B)]$$

$$= (1 - 2y)\ \omega \tag{5-7}$$

3. 智慧物流信息平台复制动态方程的构建

重大突发事件中，智慧物流信息平台优化服务流程的复制动态方程为：

$$F(z) = z(1-z)[C_2 - C_1 - R_3 - x(C_2 - J_2 - R_2) + y(R_1 + R_2)] \tag{5-8}$$

对复制动态方程进行一阶求导得：

$$F'(z) = (1-2z)[C_2 - C_1 - R_3 - x(C_2 - J_2 - R_2) + y(R_1 + R_2)]$$
$$= (1-2z)\theta \tag{5-9}$$

4. 三方演化博弈情形下的复制动力系统

重大突发事件下，将当地政府、社会物流企业和智慧物流信息平台三方参与主体各自复制动态方程联立，可形成三方演化博弈情形下的复制动力系统。

$$\begin{cases} F(x) = x(1-x)[M - C_a - y(J_1 - R_b - T_1 + T_2) - z(J_2 + yR_b)] \\ F(y) = y(1-y)[R_B - C_A - E + x(J_1 - T_1 + T_2) - z(R_A - R_B)] \\ F(z) = z(1-z)[C_2 - C_1 - R_3 - x(C_2 - J_2 - R_2) + y(R_1 + R_2)] \end{cases} \tag{5-10}$$

二、应急物流系统稳定性分析

1. 智慧应急物流协调发展三方演化博弈的均衡点

由上式可得智慧应急物流协调发展三方演化博弈各参与主体的复制动力系统为：$X = [F(x), F(y), F(z)]^{\mathrm{T}}$。令 $X = 0$，即 $F(x) = 0$，$F(y) = 0$，$F(z) = 0$，利用 MATLABR 可计算该复制动力系统的均衡点，考虑 x、y、z 需满足 $0 \leq x \leq 1$，$0 \leq y \leq 1$，$0 \leq z \leq 1$，因此，在纯策略情

境下，满足该条件的三方演化博弈复制动力系统的均衡点仅有8个，分别为 $(0, 0, 0)$，$(0, 0, 1)$，$(0, 1, 0)$，$(0, 1, 1)$，$(1, 0, 0)$，$(1, 0, 1)$，$(1, 1, 0)$，$(1, 1, 1)$，其余均衡点均无意义。此时，重大突发事件下智慧应急物流协调发展三方演化博弈的 Jacobian 矩阵为：

$$J = \begin{bmatrix} a_{11} & a_{12} & a_{13} \\ a_{21} & a_{22} & a_{23} \\ a_{31} & a_{32} & a_{33} \end{bmatrix} = \begin{bmatrix} \dfrac{\partial F(x)}{\partial x} & \dfrac{\partial F(x)}{\partial y} & \dfrac{\partial F(x)}{\partial z} \\ \dfrac{\partial F(y)}{\partial x} & \dfrac{\partial F(y)}{\partial y} & \dfrac{\partial F(y)}{\partial z} \\ \dfrac{\partial F(z)}{\partial x} & \dfrac{\partial F(z)}{\partial x} & \dfrac{\partial F(z)}{\partial x} \end{bmatrix} =$$

$$\begin{bmatrix} (1-2x)\begin{bmatrix} M - C_a - y \\ \begin{pmatrix} J_1 - R_b \\ -T_1 + T_2 \end{pmatrix} \\ -z(J_2 + yR_b) \end{bmatrix} & x(x-1)\begin{pmatrix} J_1 - R_b - T_1 \\ + T_2 + zR_b \end{pmatrix} & x(x-1)(J_2 + yR_b) \\[2em] y(1-y)(J_1 - T_1 + T_2) & (1-2y)\begin{bmatrix} R_B - C_A \\ -E + x \\ (J_1 - T_1 + T_2) \\ +z(R_A - R_B) \end{bmatrix} & y(1-y)(R_A - R_B) \\[2em] z(1-z)(J_2 - R_2 + C_2) & z(1-z)(R_1 - R_2) & (1-2z)\begin{bmatrix} C_2 - C_1 - R_3 - x \\ (C_2 - J_2 - R_2) \\ +y(R_1 + R_2) \end{bmatrix} \end{bmatrix}$$

$$(5-11)$$

2. 智慧应急物流协调发展三方演化博弈的特征值

根据三方演化博弈理论可知，利用 MATLAB 可求解三方演化博弈的特征值，当所有特征值 η 均为负值，即 $\forall \eta < 0$ 时，其均衡点为渐进稳定状态；当矩阵至少有一个正实部时，其均衡点为不稳定状态；若存在实部为 0 的特征值，当其余特征值实部为负值时，均衡点处于临界状态。纯策略情形下，各均衡点的稳定性分析如表 5－4 所示。

表 5－4　　　　　　　　各均衡点的稳定性分析

均衡点	特征值 η_1	特征值 η_2	特征值 η_3
(0, 0, 0)	$M - C_a$	$C_2 - C_1 - R_3$	$R_B - C_A - E$
(1, 0, 0)	$C_A - M$	$J_2 + R_2 - C_1 - R_3$	$J_1 - C_A - E + R_B - T_1 + T_2$
(0, 1, 0)	$C_a + E - R_B$	$C_2 - C_1 + R_1 + R_2 - R_3$	$M - J_1 - C_a + R_b + T_1 - T_2$
(0, 0, 1)	$C_1 - C_2 + R_3$	$M - J_2 - C_2$	$R_A - E - C_A$
(1, 1, 0)	$J_2 - C_1 + R_1 + 2R_2 - R_3$	$C_A + E - J_1 + R_B + T_1 - T_2$	$C_a + J_1 - M - R_b - T_1 + T_2$
(1, 0, 1)	$C_a + J_2 - M$	$C_1 - J_2 - R_2 + R_3$	$J_1 - E - C_A + R_A - T_1 + T_2$
(0, 1, 1)	$C_a + E - R_A$	$C_1 - C_2 - R_1 - R_2 + R_3$	$M - J_1 - J_2 - C_a + T_1 - T_2$
(1, 1, 1)	$C_1 - J_2 - R_1 - 2R_2 + R_3$	$C_A + E - J_1 - R_A + T_1 - T_2$	$C_a + J_1 + J_2 - M - T_1 + T_2$

由表 5－4 可知，影响多主体智能应急物流系统协同发展的因素很多，各种因素的变化对整个系统的演化稳定性有重大影响。通过雅可比矩阵很难准确地分析均衡点，也难以确定是否存在稳定状态。本节结合系统动力学原理，分析了参与智能应急物流系统协调发展的三方演化稳定性，并考察了参数变化对参与演化博弈的三方战略决策的影响程度。

三、应急物流协调发展的三方演化博弈仿真

基于系统动力学的应急物流协调发展三方演化博弈模型中包含多

个变量，各变量间的关系由上述公式得出。在综合分析重大突发事件中应急物流相关文献的基础上，根据重大突发事件中当地政府、智慧物流信息平台、社会物流企业三方参与主体行为选择及应急物流的特点，本节采用系统动力学 Vensim 仿真法进行数值仿真分析。因此，假定初始时间为 0，仿真周期为 36 个月，步长为 0.5，$R_a = 1$，$R_b = 0.8$，$M = 2$，$T_1 = 0.4$，$T_2 = 0.8$，$C_a = 0.5$，$J_1 = 2$，$J_2 = 2$，$R_A = 2$，$R_B = 1.5$，$E = 1$，$C_A = 0.5$，$R_1 = 1$，$R_2 = 0.5$，$R_3 = 0.8$，$C_1 = 0.6$，$C_2 = 0.2$。

各参与主体独立行为选择对三方参与主体博弈行为的影响如下所示。

1. 当地政府选择制定"协调机制"对三方参与主体博弈行为的影响

当三方参与主体初始行为策略为（0.8，0.01，0.01）时，当地政府决定建立协调机制，社会物流企业决定维持现状，智慧物流信息平台决定在重大突发事件中提供一般服务，此时，演化博弈中三方参与主体选择了进化路径。

从协调机制的发展路径可以看出，当地政府、社会物流企业和智慧物流信息平台最终达到了（1，1，1）的稳定平衡。因此，面对重大突发事件，政府的积极协调机制有利于促进应急物流的有序运行。

2. 社会物流企业选择"技术创新"对三方参与主体博弈行为的影响

当社会物流企业面对重大突发事件选择"技术创新"时，各市逐渐倾向于积极制定"协调机制"，智慧物流信息平台也倾向于改善服务流程，提供"优化服务"。从上述社会物流企业的发展路径可以看出，当地政府、社会物流企业和智慧物流信息平台最终达到了（1，

1，1）的稳定均衡。因此，面对重大突发事件，社会物流企业积极实施技术创新，有利于提高应急物流的运营效率，最大限度地发挥社会物流企业在重大突发事件中的作用。

3. 智慧物流信息平台选择"优化服务"对三方参与主体博弈行为的影响

在发生重大突发事件时，智慧物流信息平台选择"优化服务"，当地政府逐步改变行为，选择"协调机制"，社会物流企业逐渐倾向于从事"技术创新"，加入智慧物流信息平台，最终达到了（1，1，1）的稳定平衡。

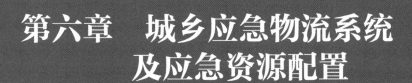

第六章 城乡应急物流系统及应急资源配置

城乡应急物流系统是一个由政府主导，各相关部门、企事业单位、社会组织和个人共同参与，以保障国家安全、社会稳定和人民生命财产安全为目标，以应对各类突发事件为主要任务的物流系统。这个系统的主要职能包括：应急物资储备，即根据国家的需求和可能出现的突发事件，储备必要的应急物资，如食品、水、药品、救援设备等；应急物流运输，即在突发事件发生时，能够迅速、准确、高效地将应急物资运送到需要的地方；应急物流信息管理，即通过信息技术，实时掌握物资的储备情况、运输情况和需求情况，以便及时调配资源；应急物流协调，即协调各方力量，确保在突发事件发生时，物流系统能够快速、有效运作。

第一节　国家应急物流系统、应急供应链与应急资源配置

一、城乡应急物流系统

（一）城乡应急物流系统的组成

城乡应急物流系统主要包括以下几个方面。

1. 城乡应急物资储备

根据可能出现的突发事件类型，储备必要的应急物资。主要包括：食品储备，主要是粮食、食用油等；水储备，主要是饮用水和生

活用水；药品储备，主要是急救药品、防疫药品等；救援设备储备，主要是救援、医疗救护设备；建立多级物资储备体系，分为国家级、省级、市级和县级储备，建立动态储备机制，根据突发事件的可能性和严重性不断调整储备规模和物资种类。

2. 城乡应急物流运输

建立专门的城乡应急物流运输队伍；明确不同突发事件下的物资调动方案；配备专用运输工具，确保在突发事件发生时能迅速调动物资；制定应急通道，优先保障应急物资的快速通过。应急物流系统中的应急物流运输是核心，承担着物资联系供给和需求的中间环节。在突发公共卫生事件发生时，根据国家应急指挥中心的指令能够迅速完成应急组织唤醒，应急需求动态汇总，应急物流资源统计及动员，应急物流协同及流程生成。各应急物流企业根据不同层级应急指挥系统的指令实现应急资源的配送。

3. 数字信息智慧管理

建立城乡物资储备、调配和需求三方面的信息管理系统，实时监测和更新物资储备信息，及时收集突发事件发生地的物资需求信息，根据需求信息和储备信息，制定调配方案，调配物资。利用数字化技术实现全息应急物资数据、物流设施及装备数据、应急需求动态数据的共享。通过人工智能系统完成对应急信息紧急、重要级别分类，根据分类实现应急设施、装备、运输工具、运输仓储等相关资源和环节的协同。其中，数字化和智能化是现代应急管理系统的突出特点，其高效的信息处理能力能够在突发公共卫生事件发生时，准确分配物资和运输工具，实现对需求变化的动态满足。

4. 城乡应急协调与协同

建立各级政府、相关部门、企业和社会组织之间的协调机制，确保在突发事件发生时物流系统能够快速有效运作。建立专门的应急物流运输队伍，配备专用运输工具，如卡车、火车、飞机等；建立应急通道，优先保障应急物资的快速通过。2022 年 2 月，国务院印发的《"十四五"国家应急体系规划》强调"优化应急协同机制""强化部门协同"，充分发挥应急管理部门的综合优势和各相关部门的专业优势，从事故预防、灾害防治、信息发布、抢险救援、环境监测、物资保障、恢复重建和维护稳定等方面全面提升应急管理综合能力。这需要改变传统应急管理中政府独揽的状况，充分发挥"有形之手""无形之手"和"志愿之手"的作用，加强应急协同规范建设，促进灾害应急多元参与局面的形成。

5. 应急规范与应急保障

通过法律体系与政策形成机制实现应急规范，包括不同应急目标的应急标准的全国统一，以及城乡协同的应急机制，在国家应急法律和制度的引导下完成从国务院到村委会的全链条应急规范的一致化设计。从信息平台建设、组织建设、流程建设、动员机制建设、协同机制建设、惩罚与奖励机制建设等方面建立相应的应急规范。应急规范建设的过程中，还要建立应急保障机制，这是与应急系统相辅相成的。保障机制是应急机制在运行过程中通过相应的制度保障、法律保障、政策保障、机制保障和信息支持保障等实现突发事件发生时的快速反应、快速救援和快速应对环境变化，从而最大限度地处理突发事件，最大可能地满足应急需求，最大效率地实现应急救援。

（二）城乡应急物流系统的定位

城乡应急物流系统的主要定位是：保障国家安全和社会稳定，在各类突发事件发生时快速有效地调动和运输应急物资，保障人民生命财产安全和维护社会稳定；服务国家应急救援工作，为国家各项应急救援工作提供物流保障，包括抗灾救灾、抢险救援、防疫控疫等，确保救援物资能够及时送达需要的地方；保障国民生活，在突发事件发生时，尽快调配和运输必要的生活物资，满足人民群众的基本生活需要；服务经济社会发展，在日常生产生活中为经济社会发展提供有效的物流服务，提高物流效率。总的来说，城乡应急物流系统的定位主要是在突发事件发生时，保障国家安全和社会稳定，服务国家应急救援工作。

（三）城乡应急物流系统的功能

城乡应急物流系统主要通过以下几个方面在国家层面体现其功能：建立统一的指挥体系，即建立由国家领导的统一指挥体系，统一协调各地方应急物流工作，确保资源高效配置；建立城乡应急物流基地，即在全国重要城市建立国家应急物流基地，储备应急物资，作为紧急情况下的供应源，这些基地也负责物资的快速调配和分发；建立城乡应急物流信息系统，即建立覆盖全国的信息系统，实时监测和跟踪物资的生产、储备、调配和分发情况，这有助于高效调配资源。建立城乡应急物流保障体系，即制定城乡应急物流保障政策和措施，确保在紧急情况下，关键物资能够及时有效地调配和分发；加强基础设施建设，即不断完善城乡公路、铁路、航空和水路运输网络，提高运力，为应急物流提供保障；加强应急物流队伍建设，即加强应急物流专业人才的培训，建立专业的应急物流队伍，提高应急处置能力；开展应急物流演练，即定期组织国家级应急物流演练，检验体系运行效率，不断提高应急处置水平。

二、城乡应急供应链

（一）城乡应急供应链及应用情景

城乡应急供应链并不强调供应链的低成本，而是侧重供应链主体的协同和整体的运行效率。应急供应链的各环节及主体在没有出现突发事件时保持供应链的常态运行，在出现了应急状态并触发应急系统启动时，应急供应链随即响应，并根据需求的动态变化及时调整供应链各主体的协同方式，甚至在必要时根据动态需求调整供应链链条中的主体。应急供应链的主要功能和特征是在需求出现应急性剧烈变动，以及在应急情况下某些供应链主体出现停产或者供应能力下降的情况下，应急性启动备用供应能力和建立新的供应链主体协同机制，保持在需求变化和生产能力变动下的供应可持续性。

城乡应急供应链在应急状态下的可持续性被称为业务可持续性（business continuity，BC）。尤其是在出现了重大公共卫生事件下，应急供应链的高效率特征对因重大公共卫生事件造成的需求剧变以及生产区域性受阻或者物流路径运行障碍有巨大的积极作用，这对于灾难恢复（disaster recovery，DR）具有极其重要的作用。美国在 20 世纪 70 年代就认识到应急供应链在应急状态下保持 BC 状态的效果对于出现灾难后再进行灾难恢复（DR）有更好的止损性，能更好地保持社会各功能持续平稳运行，减少应急专题尤其是突发事件造成的社会危害具有积极的作用。

通过建立城乡应急供应链可持续的组织、体系和应对策略，整合社会力量和政府资源能力建立起应急供应链的业务连续性管理系统（Emergency Supply Chain Business Continuity Management System，ESCB-CMS）。该系统由政府主导，在应急系统被触发以后，政府应急组织首先响应，并迅速构建应急体系，制订应急计划，建立协同机制，统合社会资源，建立起适合应急动态需求变化的应急供应链系统，以此来配置应急物资，在应急物流系统配合下实现应急状况下的高效处理机制，保障出现应急状况地区的稳定运行。

城乡应急供应链的效果是其运行效率的体现，这需要一系列的事前、事中和事后的运作。在突发事件发生前要设计出应急系统，该系统涉及应急状态下的信息、组织、协同、支付等制度安排和标准化契约组合。事前阶段：国家相关部门比如应急管理部要有高效快捷的组织结构，并在日常状态下根据环境变化随时优化响应应急状态的各种政策，尤其是最新技术在响应应急状态的应用方面应该有足够储备。制定出相应的法规，对突发事件下应急供应链可能面临的风险和危机有完备的评估体系，确定后续环节的备选主体和方案，并建立随时的应答机制。在信息系统方面，建立突发事件发生时的数据收集与分析机制，确定触发标准，并建立触发后形势发展不同级别的应急响应。事中阶段：根据应急状态触发后的不同级别，应急供应链迅速响应并完成自检，发现薄弱环节后启动预热备选机制，让备选供应链主体进入准备状态，结合应急物流系统，开始通过应急路径进行资源配置。

（二）突发公共卫生事件下应急供应链的响应性及韧性

当出现突发公共卫生事件时，在信息不对称及信息泛滥的情况下，大量的虚假信息和人们对突发事件的恐慌心理会导致需求的异常，出现囤积、抢购、哄抢甚至出现危害社会治安的事件。此时，如果能够及时启动应急供应链，在应急物流系统和资源配置统筹协同安排下，动态需求的信息被信息平台随时处理并在智能化系统支持下作出准确预测，城乡应急供应链的运行会立刻处于快速而高效的运营状态。城乡应急供应链的响应需要有准确的预测机制，城乡居民需求的动态变化信息，舆情的疏导信息，以及完备的组织系统。

当然，城乡应急供应链的韧性是供应链能够高效运行的保障。因此，城乡应急供应链运行的效率不仅要高，还要能够根据需求的动态变化，及时准确调整供应的数量和频率。在需求波峰和波谷都能够实现其正常运行，这才是城乡应急供应链韧性的体现。

（三）城乡应急供应链环节与应急物流系统的协同性

城乡应急供应链是保障突发公共卫生事件发生时能够在城乡居民需求及医疗系统需求发生变化时动态调整供应节奏和供应强度，保证应急状态下的供需平衡。这需要城乡应急物流系统能够实现对供应链的支撑，保证供应链运行中物流的通畅高效。

在突发公共卫生事件发生时，城市和乡村由于时空差异、设施差异、消费能力差异、医疗设施和水平的差异、生产能力和运输能力差异等导致供应链末端的效率出现差异。相对来说，城市在突发公共卫生事件发生时，其应急供应链的运作能力和适应性比较强，应急供应链主体通过应急物流系统实现物资和其他资源配置的效率比较高，能够更好地满足城市居民和医疗系统的需要。我国乡村的差异性比较大，受到经济发展水平和乡村设施及管理能力差异的影响，东部地区和西部地区在启用同样的应急供应链的情况下，其末端的配送水平、物资及资源的配置能力受到"最后一公里"的影响而出现巨大差异。比如，在东部地区，城乡间的差异已经比较小，甚至城乡间完全具有等同的应急管理能力和设施水平，因此，应急供应链启动后，不存在"最后一公里"的差异性问题。而在西部地区，如新疆、西藏、青海等地，受到医疗设施水平和乡村治理能力的影响，当出现突发公共卫生事件后，在应急供应链末端可能会出现无法满足需求变化的情况，在医疗设施水平相对较低的山区则更会出现应急供应链的"最后一公里"障碍。

因此，城乡应急供应链首先应该解决的是西部地区，尤其是刚刚脱贫地区的应急供应链建设，通过两年到三年的建设，将应急供应链及应急物流的水平提升到接近东部地区的层次，这样才能使主供应链与乡村"最后一公里"的末端供应链协同运行，实现真正的城乡应急供应链的一体化。

第二节　城市应急资源配置的模式

一、城市应急资源配置存在的主要问题

城市应急管理模式是基于城市发生突发事件而内部无法解决或不

能及时解决时，对于外部应急物资的需求的状态。这种模式要求城市具有应急主体、应急管理规范、城市响应能力和管理能力。

2011 年以来，发生的重大突发公共卫生事件包括：H7N9 型禽流感、新冠疫情、江苏高校肺结核事件、西北民族大学诺如病毒事件等。这些事件对部分区域或全国人民的身体健康造成了不同程度的伤害，积极应对突发公共卫生事件就显得尤为重要。2021 年国家疾病预防控制局正式成立，对突发公共卫生事件的处理走上了较之前更为专业科学的道路，但由于成立时间尚短，又经历了长达三年的疫情，很多问题都露出了水面。

第一，当前政策的不适配性。

由于我国公共卫生应急管理方面起步较晚，对于城市及社区应急管理方面的研究较少，大部分研究集中于医学领域，在面对重大疫情时，就会暴露出相关规定适配性不强，运用不够合理的问题。例如，由省卫健委下发疫情相关人员救治转移及防控政策后，不同情况的各个市采用"一刀切"的现象屡禁不止，市民反馈得不到响应。

我国人口众多，不同省份的环境情况、经济情况、处置能力及民族风俗差异较大，各省份下不同城市的特点不同，一个城市的应对政策并不完全适用于另一个城市。如何根据上级政策制定出结合自身城市管理特点的应对政策，是一个尚未解决的难题。

第二，应急物流的配送比较混乱。

当前，城市应急物流暴露的问题是各个需求点的紧急程度难以确定、低价竞争忽视配送质量、基础设施不完善和资源配置效率不高等。

从图 6-1 和图 6-2 可以看出，从 2017 年到 2021 年业务量和业务收入都呈增长趋势，快递行业规模在不断扩大，但由于行业内竞争激烈，快递平均单价却逐年递减。由图 6-3 的 2021 年各公司股东净利润来看，京东、申通都处于亏损状态。盲目地打价格战起不到提升行业配送质量的作用，如何优化"最后一公里"的配送效率才是更应该考虑的问题。

从外部运送来的物资分发到社区和个人的手中较慢，新冠疫情期间，武汉市出现了医疗物资大量送到后，市内物资中转效率低下、配

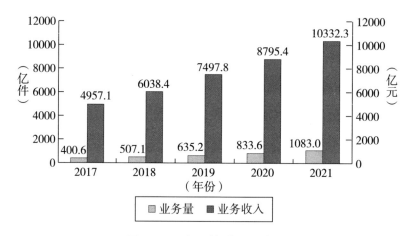

图 6-1　全国快递业务情况

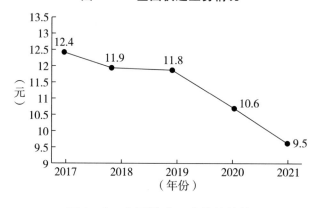

图 6-2　全国快递平均单价趋势

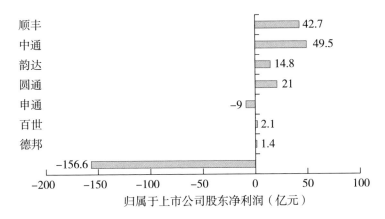

图 6-3　2021 年头部快递公司所属上市公司股东净利润

送不及时的情况，造成了居民节衣缩食等不到物资和物资堆积严重的问题；上海的"全域静态管理"使部分道路封堵，货运量呈断崖式下跌，大大降低了物资的供给效率。各地政府在高速上层层设防，上高速、下高速、核酸超时等都阻碍了物流的配送效率。

第三，管理主体的配合性不高。

管理主体应急情况下的处理模式如图 6-4 所示。但该模式下各层次主体的配合性不高，存在按主观因素判断决策和缺少能动性的现象。《中华人民共和国突发事件应对法》《中华人民共和国传染病防治法》中均规定了县级以上政府的职责，而对一线的村镇、街道、社区没有明确指导。由此造成了各个岗位的人员对于身份的转变不能快速适应，高层容易出现形式主义、官僚主义，认识不到事件的严重性；基层人员轮班制度不完善，加班加点问题严重，承受着民众和上级的双重压力。

新冠疫情期间，兰州某社区就出现了这样的难题：社区的党组织处于领导核心地位，社区可以发挥其自身的能力调配管理部分资源，居民和企业参与意愿不大，应急救援队伍中88%为社区自发人员，且

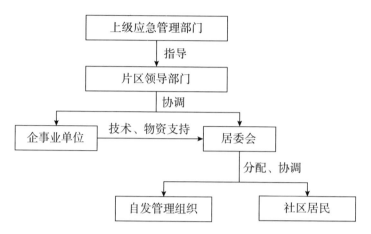

图 6-4 管理主体应急情况下的处理模式

超过 60% 为 45 岁以上人员，没有专业的应急救援储备队伍。志愿者不仅要进行人员排查、资料上报、分发抗原、居家隔离人员测温，还要进行场所消毒、宣传防疫知识，工作任务异常繁重，承受着身心压力。

应急预案中志愿者也具有不确定性，临时性组织培训时间短，人员性格和责任感方面得不到保证，在物资配送过程中存在小概率恶性事件；专人专职方式又存在前期投入成本高，人员储备过量的考虑，如何平衡两者之间的关系，也是各层应急管理机构需要思考的问题。

第四，信息无序与舆论不正当发酵。

重大突发公共卫生事件的相关信息和舆论的传播速度可能比事件本身更快。在事件初期，信息量不足而杂乱，各方对信息本身的认识程度不深入，信息的缺失和不对称性会影响管理主体对风险的识别与评估，进而造成突发公共卫生事件的进一步扩散。新冠疫情的"吹哨人"李文亮医生在病毒尚未明确时就提醒过接触患者的相关医护及其师生，当时社会及政府对此风险的评估意识稍稍欠缺，在医院出现人传人现象和阳性核酸证明后才得到正确认识，这种对信息的不敏感处理造成了事件的扩大。

从居民角度来看，绝大多数人处于单方面接收消息的被动管理地位，安全教育普及不到位或接受程度低，错误信息很容易在个体之间不辨真假地横向传播，造成不好的舆论情况；从政府角度来看，如何根据基层反馈问题的轻重缓急作出决策并在确保信息科学可靠的情况下打击谣言，安抚民众情绪，对媒体有正确引导，在突发公共卫生事件不会造成社会恐慌的前提下正确地传达信息也是一项考验；媒体的问题在于重大突发公共卫生事件发生时如何做好一个中立人的角色，为民众发声的同时能传递政府的思想，起到一个调节作用，缓和各方关系。

总体来说，信息在主体间（见图6-5）的传递存在"权责不统一，信息不对称""自上而下快，自下而上慢"的问题，如何平衡各部门之间的协调性和加强信息的传递效率是亟待解决的难题。

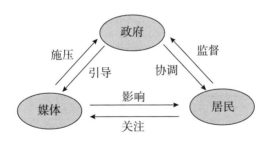

图6-5　信息在主体间的关系

第五，管理方法相对落后。

重大突发公共卫生事件发生时，各方面安排得是否井然有序，依托于管理方法是否有理有据有效。由于技术水平和幅员辽阔的地理因素影响，交通管制确实对疫情防控起到了一定的阻断传染源的效果，但同时也对经济产生了一些影响。

新技术的产生可以促进管理方法的创新。"3+2"应急管理模式是青岛市在实践中探寻到的新管理方法，"3"是指三个管理层次，"2"是"垂直+水平"全覆盖。已经有了合理的例子成功做出了实践，各个省区市应积极学习成功经验，找寻适合自己的新应急管理方法，全面建设智慧城市。传统问题被新技术手段解决是将来发展的必然趋势。

第六，保障系统不完善。

管理保障是整个应急系统中不可缺少的一环，主要包括医疗保障、人力保障、物资保障和通信保障等。城市内的社区医院及市级医院都是在考虑居民的日常需求的基础上建设的，不足以应对大规模暴发的重大突发公共卫生事件。通过对郑州某社区200位居民的新冠疫情期间物资保障情况调查发现，在2020年年初应急物资保障功能不完善，基本物资的储备供应非常紧缺，各类物资紧缺程度如表6-1所示。

表6-1　　　　　　　　某社区各类物资紧缺程度

物资种类	拥有量	缺口量	缺口程度
一次性医疗口罩（个）	24628	126547	83.71%
酒精（瓶）	1462	54721	97.40%
抗病毒药物（元）	12564	84267	87.02%

构建新型城市应急管理模式是时代的要求，也是保障人民安全的屏障。把先进的科学技术研究放在首要位置的同时，城市的应急管理水平也要相应提高，两者相辅相成在应对重大突发公共卫生事件时才

会更加及时有效。

二、城市应急物流系统与资源配置的模式

城市人口密度高于农村，城市人口接触交流的频次和机会大于农村。因此，重大突发公共卫生事件容易在人口聚集度比较高的城市首先暴发。

城市重大突发公共卫生事件发生时，会对整个城市居民的生命安全造成严重影响，需要紧急启动城市应急资源配置。此时，城市应急资源的统筹安排、系统协调、需求预测和动态调度就成为影响重大突发公共卫生事件应急救援效果的关键。但是客观上讲，城市重大突发公共卫生事件往往是在病毒特征尚未确定、传播特点尚待明确、传染源头无法确定的情况下发生的。这就需要城市应急资源的配置系统能够迅速启动并根据疫情的发展动态调整。城市应急资源配置方案和城市应急保障措施应该及时跟进，提高救援效率和效果。

充足的城市应急资源、适当的配置方式可以有效应对疫情变化下健康救援的需求，及时保障居民的身体健康。但是，现实是疫情变化的复杂性决定了城市应急资源的瞬时产能未必能够满足需求的快速变化，物流系统与应急资源配置方案的协同性也需要有适应期。这往往导致重大突发公共卫生事件下的需求无法满足。解决这个问题的唯一办法就是能够做好充足准备，城市应急资源配置能够在救援活动发起时就迅速反应，通过应急物流系统形成联动效应。由于发生疫情的城市位置和时间差异性很大，应急资源配置需要根据各种外在条件进行优化运筹，计算所需要的时间，利用人工智能和数字技术采用最优方案实现应急资源配置。以往的经验教训说明，如果应急物资的储备、

配置、物流方案及社会救援资源的协同不到位，就会造成医疗资源需求的恐慌性暴涨，扰乱应急救援安排。如果能够以物流系统为基础，以系统性方案为措施，以动态资源配置为基础支撑，就能实现医疗资源的有效运用、合理调配，使救援效率提升，实现对不同救援需要的满足。因此，城市应急资源配置成为应急管理的重要问题。

本节试图设计并建立一个在复杂环境中，需求无法确定的条件下的城市应急资源配置模式。

新冠疫情期间，多地出现物资短缺、供应不及时和物资堆积等问题，反映出了现今我国城市应急资源管理模式的不成熟，放大了我国应急资源储备不足的短板。因此，本节针对重大突发公共卫生事件发生时城市应急资源管理模式问题，考虑重大突发公共卫生事件发生的特点，综合城市物资储备设计，利用数字化技术，提出搭建应急资源管理信息平台的基本思想，从而提升城市应急资源调度的及时性和准确性。

（一）重大突发公共卫生事件特征分析

为了有效实现应急资源保障，构建合适的应急资源管理体系，现对重大突发公共卫生事件进行特征分析（见表6-2）。

表6-2　　　　　突发公共卫生事件的物资需求特点

特征	常态事件	一般突发公共卫生事件	重大突发公共卫生事件
需求时间	有规律	有一定规律	突然性高、无规律性
需求地点	预先可知	可进行估计	突发性高、难以预知
需求量	比较稳定	有一定波动	非常不稳定

特征	常态事件	一般突发公共卫生事件	重大突发公共卫生事件
需求可预测性	可预测,进而可事先储备	预测准确度低、难以准确储备	无法有效预测,进而无法实现有效储备
需求可持续性	需求持续发生	需求间断发生	需求偶尔发生、概率较小
事后物资的价值	可继续满足要求,高保值	可满足可预见需求,有一定保值	无法确定是否保值
对供应时效性要求	要求较低	有一定要求	要求较高,否则后果严重

如表6-2所示,重大突发公共卫生事件的发生时间、地点都难以预知,无法像应对常态事件一样进行相应准备,而且重大突发公共卫生事件发生后的物资价值未知,在事件结束之后很容易造成相关物资的浪费,供应的及时性和准确性便成为重中之重。

(二) 重大突发公共卫生事件下的应急资源管理模式设计

1. 应急资源管理模式基本要求

在构建应急资源管理模式时,为满足应急物流的及时性、有效性和准确性,应对多部门提出要求。

对政府的要求:及时决策,搭建平台。在面对重大突发公共卫生事件时,相关政策的发布是最为关键的,基本政策的制定将影响未来事件的走向,政府的积极面对会提升相关组织的积极性。同时,政府应带头搭建应急物流数字化平台,将以往重大突发公共卫生事件相关数据进行处理,对各个区域应急物资需求进行分析,为未来再次发生相关事件进行相应准备。

对组织的要求：紧密合作，运行高效。在面对重大突发公共卫生事件时，各组织应该紧密合作，将自身基本情况上传到政府搭建的信息平台上，方便进行统一调度。为确保应急物资的准确性和及时性，各组织之间应相互配合，紧密合作；建立起完善的合作机制，使各个组织充分发挥作用。

对物流公司的要求：把握信息，准确调度。在发生重大突发公共卫生事件时，物流相关企业应及时把握信息，保持良好交流，维护物流运输畅通，通过政府信息平台的统一调度，及时准确地运送物资，避免因物资运输不及时而造成更大的损失。同时，利用先进的物流设备，进一步提升运输效率，在面对运送难的问题时，必要时采用直升机、无人机等运输方式，确保物资精准覆盖到灾区各处。

2. 应急资源管理模式基本结构

在分析相关主体要求后，可得出如图 6－6 所示的应急资源管理模式基本结构。

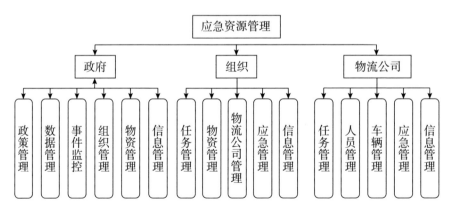

图 6－6　应急资源管理模式基本结构

现对应急资源管理模式中各角色管理流程进行分析。

在重大突发公共卫生事件发生时，政府应第一时间查找相关政策，利用以往的应急预案或者根据具体算法得出有效的应急方案。确定方案后，政府向对应区域的组织发布相应任务，具体操作由下属组织决定。同时，及时接收反馈，尽快作出响应，在事件解决后保留相关数据，并对以往的方案进行改进。政府管理流程如图 6 - 7 所示。

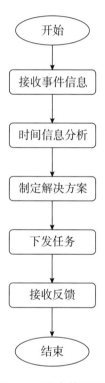

图 6 - 7 政府管理流程

在政府将具体任务分发给下属组织之后，组织第一时间统计所属区域物资需求情况，制定详细的物资运输方案，细化到各个物流公司对应的相应物资需求点，尽量满足各区域对于应急物资的需求。如缺少相应物资，及时向上反馈，由政府制定相关解决方案。最后，及时接收各物流公司反馈，在事件结束后将各项数据汇总上报。组织管理流程如图 6 - 8 所示。

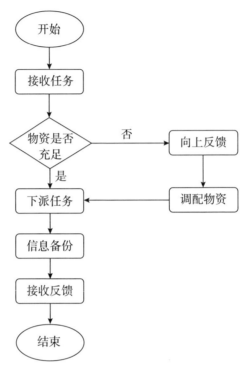

图 6-8 组织管理流程

物流公司在接到组织下发的任务后，立即安排人员及车辆执行运输任务。同时，统计运力及人员配置是否充足，如有缺口应及时向上反馈，等待相应的解决方案，安排现有人员立即出发执行运输任务。在运输应急物资时务必做到及时、准确，确保物资供应满足灾情需要。在事件结束后，物流公司应及时统计相关数据，向上反馈，并且根据相关信息对当前运输方案进行改进。物流公司管理流程如图 6-9 所示。

(三) 应急资源管理模式数字化赋能

数字化赋能有利于在重大突发公共卫生事件发生时对各单位进行统一调度，确保应急物资运输的及时性和准确性。现对应急资源管理模式数字化赋能提出一些想法。

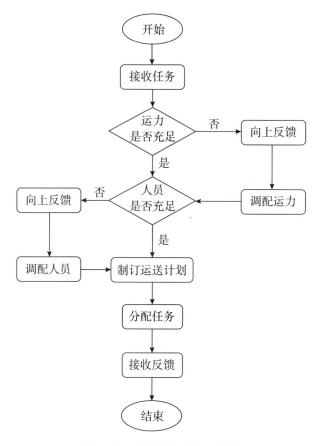

图6-9 物流公司管理流程

1. 信息平台主体角色设计

数字化赋能最重要的就是结合各部门的长处，发挥各部门的职能，搭建一个实用可靠高效的信息平台，方便重大突发公共卫生事件发生时各个部门能够及时掌握相关信息、制定相关的解决方案。

信息平台由相关单位参与，将其划分为政府、组织和物流公司三个部分，方便信息交流，避免出现流程冗杂，造成物资运送不及时的情况。

政府：在信息平台中拥有最高权限，负责各组织、物流公司的统一调配，给出相关运输方案，由组织及物流公司进行执行，同时将各种政策在信息平台上发布，方便下属各单位进行调整。在发生重大突发公共卫生事件时，及时记录分析，并根据结果进行优化。

组织：在政府发布物资运输任务时进行细化分配，然后下发给各物流公司，具体到时间、物资种类、物资数目等，对物流公司的反馈及时处理，面对特殊情况做到合力应对，确保高质量完成政府下发的任务，最后进行总结，上传到信息平台，由政府进行汇总分析。

物流公司：在组织下发任务时，及时进行运输设备调配，确保物资及时准确地运输到各个需求地，面对特殊情况及时反馈，等待上级命令。物流公司应保留充足的运力来应对突发状况，在完成相关运送任务后将相关数据汇总并提交到信息平台上。

2. 角色功能设计

政府：政策发布、任务发布、数据分析、数据查询、信息组织、信息发布。

组织：政策查询、任务查询、任务分配、物资分配、反馈接收、信息汇总、信息提交。

物流公司：政策查询、任务查询、任务分配、运具分配、物资分配、提交反馈、信息汇总、信息提交。

角色功能与关系如图 6-10 所示。

3. 信息平台的实现

首先，应该为信息平台确定一个高效的算法，以便政府在重大突发公共卫生事件发生时能及时给出解决方案。其次，信息平台应具有云计算、数据分析和大数据等技术。最后，以政府部门为主导，组织、

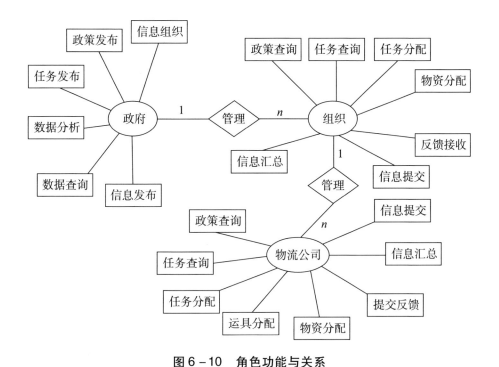

图 6 - 10　角色功能与关系

物流公司层层递进，根据相应权限的不同，设计和实现相应的功能。

三、数字化赋能的城市应急资源配置

应急组织是应急管理体系中的重要组成部分，是实施应急管理的实体保障。按照不同的功能定位和承担的职责任务，现将城市应急组织分为领导机构、协助机构、医防执行机构和舆情管控机构四个组成部分（见图 6 - 11）。

领导机构由市委、市政府来带头，成立应急领导小组，负责对重大突发公共卫生事件全方位领导，形成应急管理垂直体系。领导机构是突发公共卫生事件的领导核心，主要负责对市内突发公共卫生事件的统筹协调等工作。同时还要确定应急预案，认定事件的应急级别，指挥应急工作顺利进行。

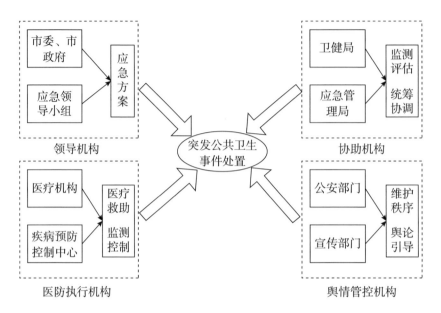

图 6–11　应急组织系统模式

协助机构主要由卫健局和应急管理局组成。卫健局主要承担市内突发公共卫生事件的医疗救援和保障工作，同时还承担对突发公共卫生事件的预防控制，应急资源储备与配置等职能。应急管理局主要负责应急救援，应急物资管理，完善应急预案等工作。

医防执行机构主要由医疗机构和疾病预防控制中心组成。城市内的医疗机构包括医院、卫生院和社区卫生服务中心等，主要承担居民医疗救治责任，同时还要承担检测监测、现场救援、流行病学的协助调查等职责。疾病预防控制中心主要负责疾病的预防与控制，对突发公共卫生事件进行调查与检测，做好突发公共卫生事件的评级认定，还要及时上报疫情信息等。

舆情管控机构主要由城市中的宣传部门和公安部门组成。宣传部门应对社会舆论进行管理控制，引导正确的舆论导向，同时宣传突发公共卫生事件的应急防范知识。公安部门主要责任是维护社会治安稳定，严厉打击疫情期间的违法犯罪行为，重点打击造谣、制假售假、哄抬物价、非法囤积物资等行为，依法执行防控政策等。

第三节　农村应急物流系统下资源配置方式

一、我国农村突发公共卫生事件资源配置现状分析

相较于城市地区，农村地区的基础医疗设施和资源较为有限。农村的公共卫生服务资源配置不够合理，导致资源没有得到有效供给。这种配置不均衡的现象在基础医疗设施、专业医疗人员及医疗器械的分布上尤为明显。农村地区的医疗机构数量远远少于城市，医疗设备往往不如城市先进，无法提供高水平的医疗服务，专业医务人员的数量和水平在农村地区也普遍较低，这些因素共同导致了农村地区在医疗服务方面的不足。农村地区的居民缺乏关于公共卫生知识的教育和意识，这影响了农村地区的居民在突发公共卫生事件中的反应和自我保护能力。我国农村尚未建立完善的留守人群健康管理保障体系。留守人群尤其是老年人和儿童，由于缺乏必要的医疗保健知识和服务，面临更高的健康风险。在紧急情况下，如新冠疫情暴发，农村地区可能面临物资分配不均和救援响应不及时的问题，包括医疗物资、保健设备及基本生活供给的缺乏。农村地区偏远，交通不便，这对于紧急医疗援助和资源的快速调配构成了挑战。

二、农村应急物流系统下资源配置数字化方式的建立

(一) 基于农村社会组织特点的资源配置的适应性

1. 农村社会组织特征

在我国农村特色治理制度中，特别是在行政层级责权利不对称的状态下，农村社区治理主体围绕上级"中心工作"而工作的运作模式中出现相关问题。例如，农村社区防控新冠疫情中出现的"一刀切"作风等问题。基于此类问题，需要尝试构建起权责明晰、体系健全、措施优化和思维创新的农村社区防控突发公共卫生事件长效机制。在城市社区常态化管理中绩效显著的网格化管理，逐渐被迁移至农村，有效提高农村社会组织的工作效率。

2. 农村应急物流设施和技术

我国东部地区和西部地区在农村应急物流设施和技术方面存在一些明显的差异，这些差异主要受到地域发展水平、资源分配、基础设施建设等多方面因素的影响。东部地区相对于西部地区在经济和社会发展上具有明显优势。因此，东部地区在农村应急物流设施和技术方面总体来说更加先进和完善，有利于应急物流的顺畅进行。西部地区由于经济相对滞后，总体来说面临投入不足、技术水平较低等问题，影响了农村应急物流设施的建设和运营，限制了应急物流的效率。

农村在应对突发公共卫生事件时，其应急物流设施和技术相对城市而言存在一系列的薄弱性。这种薄弱性主要体现在应急制度体系、组织保障、人力资源、物资与资金储备等多个方面。在应急制度体系方面，农村的突发公共卫生事件应急系统缺乏完善的机制和规程，导

致协同性和响应速度相对较慢。这可能受限于地方行政体系的复杂性及资源分配的不均衡。在农村，物资与资金储备方面的薄弱性主要表现在资源限制和有限投入上。首先，由于农村的相对经济落后和资源匮乏，其应急物资的储备规模受到了限制。包括急需的医疗用品、防护装备和药品等，这些物资在面对大规模突发公共卫生事件时需求激增，而储备不足则难以满足迅速增长的需求。其次，由于投入相对较少，农村在建设和维护应急物资储备方面的资金投入相对有限。这导致了缺乏充足的经济支持，难以建立规模庞大、充足的应急物资库存。紧急情况下可能需要大量的投入，以满足迅速增加的救援、医疗和基础设施修复等需求。最后，由于农村的相对孤立性和交通不便，物资的调配和运输也可能受到限制，进一步加大了应急物资的薄弱性。在大规模突发公共卫生事件中，物资的迅速调度至关重要，而这种地理上的局限性可能导致物资难以及时、有效地到达灾区。为解决这一问题，有必要加大对农村的应急物资和资金储备的投入，制订科学合理的储备计划，以确保在面对突发公共卫生事件时能够更为有效地进行紧急响应和救援工作。

（二）基于灰色组合模型构建农村数字化物流需求预测平台

利用灰色组合模型对应急物资需求点的物资需求量进行预测，可增强应急物流系统中应急物资的配置能力。因此，在危机征兆期建立依托农村卫生所的农村数字化终端采集系统，通过药物销售趋势对可能的重大突发公共卫生事件的特征进行捕捉；利用捕捉到的药物销售趋势，构建灰色组合模型并进行预测，从而保障以数字化方式快速准确地配置疫情发生后的资源。

当重大突发公共卫生事件发生时，国家相关部门首先会立刻发动地方物资储备库对物资需求区域进行应急物资的供应。然后同时启动统计系统、供应系统和反馈系统。因此，本节建立的依托农村卫生所的农村数字化终端采集系统与国家应急物流系统中的反馈系统进行衔接，保障信息的及时传递。农村数字化终端采集系统技术路线如图 6 - 12 所示。

阶段一：系统设计。确定建立农村数字化终端采集系统的需求，包括系统功能、数据采集范围和性能要求。确定需求后进行硬件和软件采购，采购符合系统需求的硬件设备，如平板电脑、数据采集终端和软件系统。在安装之前进行硬件设备的验收检查，确保设备的完整性和规格要求。然后，安装硬件设备所需要的驱动程序，确保硬件与系统的兼容性。根据系统使用需求，调整操作系统和应用程序的参数以优化性能。另外，配置系统的备份和恢复策略，确保在发生故障时能够快速恢复数据和系统状态。

阶段二：销售数据采集。向农村各卫生所分发数字化终端设备，确保每个卫生所都能方便地进行销售数据采集。在开始分发数字化终端设备之前，进行农村各卫生所的需求评估。了解每个卫生所的销售规模、业务需求和设备要求，以确保分发的设备能够满足实际需求。对卫生所工作人员进行培训，确保他们了解如何正确使用数字化终端设备进行销售数据的实时采集。制订详细的培训计划，涵盖数字化终端设备的基本操作、数据提交流程等方面，确保培训内容贴近实际工作需求。选择合适的培训方法，可以是现场培训、远程培训或结合在线培训资源。确保培训方式灵活多样，以适应不同卫生所的需求。提

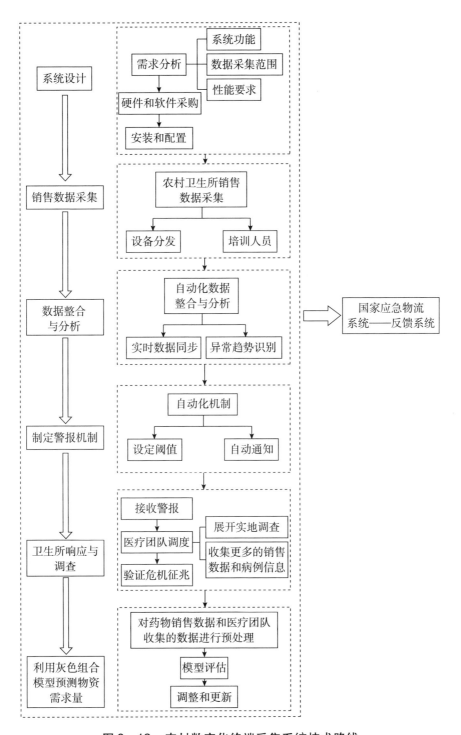

图 6－12　农村数字化终端采集系统技术路线

供实操演练机会，让卫生所工作人员亲自操作数字化终端设备并进行销售数据采集。收集培训后的反馈意见，了解培训效果，以便在需要时进行调整和改进培训内容和方法。

阶段三：数据整合与分析。确保销售数据能够实时同步到中央数据库，以便快速响应潜在卫生事件。利用数据分析工具和算法，监测销售数据中的异常趋势，例如，药品销售的激增或某一种类药物的异常购买。

阶段四：制定警报机制。确定触发警报的销售数据异常阈值，并设定相应的警报规则。在确定销售数据异常阈值之前，进行详细的数据分析，了解销售数据的历史趋势和正常波动范围。这有助于设定更为准确和有针对性的阈值。阈值的设定不是一成不变的，需要根据业务的发展和变化进行灵活调整。定期审查销售数据的表现，并根据需要调整阈值，以保持敏感性和准确性。配置系统，使其能够自动发送警报通知给相关人员，如卫生部门负责人或指定的应急响应团队。确定警报通知的接收人员和通知链路。建立清晰的通知层次和流程，确保信息能够迅速传达给相关人员。多渠道通知能够提高信息的覆盖率，确保相关人员能够及时获悉异常情况。设定不同情境下的紧急级别，以便在面临重大问题时能够更快速地作出反应。例如，对于超过设定阈值的销售数据，可以设置为紧急级别较高的警报。在可能的情况下，配置系统可以自动执行一些基本的响应措施，例如，暂停特定活动、通知供应链管理团队等。这有助于快速应对问题，减少人工干预的时间。

阶段五：卫生所响应与调查。卫生所收到警报后，立即启动应急响应流程。调度医疗团队前往涉及的卫生所，展开实地调查，收集更多的销售数据和病例信息。提前进行医疗团队的培训，使其熟悉应急响应流程的标准操作程序。这有助于提高响应速度和调查效率。提供医疗团队必要的实地调查工具，包括移动设备、调查表格等，以便他们能够有效地收集更多的销售数据和病例信息。确认是否存在重大突发公共卫生事件的征兆，并迅速采取进一步的措施。针对收集到的销售数据和病例信息，医疗团队应迅速验证是否存在突发公共卫生事件的征兆。这可能包括异常的病例增加、症状严重性等因素。根据突发公共卫生事件的性质，迅速采取必要的措施，可能包括隔离患者、采取传染病控制措施、通知相关社区等。如果医疗团队确认存在突发公共卫生事件的可能性，卫生所应立即通报相关卫生部门，并提供详细的调查结果和初步分析。这有助于启动更广泛的应急响应。

阶段六：利用灰色组合模型预测物资需求量。首先对药物销售数据和医疗团队收集的数据进行预处理，然后利用灰色组合模型进行预测。对最终的预测结果进行评估，并根据实际情况定期对模型进行调整和更新，以适应系统变化和数据的演变。

将预测的结果与国家应急物流系统中的反馈系统进行衔接，保障信息的及时传递。通过以上操作建立的农村数字化终端采集系统，可有效地捕捉农村突发公共卫生事件征兆，提高危机预警和响应的能力。

（三）基于双目标应急物流系统和应急资源高能配置模型构建农村数字化应急资源配置平台

基于双目标应急物流系统和应急资源高能配置模型构建的农村数字化应急资源配置平台，运作体系如图 6－13 所示。

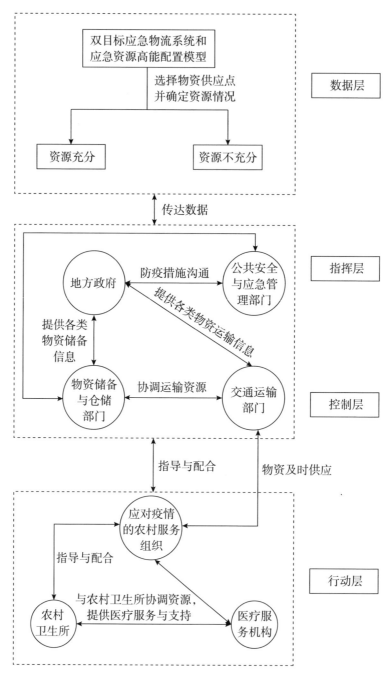

图 6-13　农村数字化应急资源配置平台运作体系

　　基于双目标应急物流系统和应急资源高能配置模型构建的农村数字化应急资源配置平台，其运作原理如下。

　　依据上文提出的应急资源配置快速响应的结构层次，本节构建农村数字化应急资源配置平台。农村卫生所依据农村数字化终端采集系统提供的重大突发公共卫生事件发展趋势预警，传达给国家应急物流系统中的反馈系统，基于国家应急物流系统中的配置系统进行多层次的资源协调，协调各部门的合作。

　　在数据层利用双目标应急物流系统和应急资源高能配置模型选择物资供应点并确定资源情况，为指挥层决策提供依据。地方政府和公共安全与应急管理部门进行防疫措施沟通。公共安全与应急管理部门通过数据化平台管理全面的资源库，包括人员、物资、车辆等。这有助于建立一个实时的资源清单，提高资源的可视性和可用性。

　　通过数据化平台，物资储备与仓储部门能够根据实际需求进行精准分析，采用自动化系统进行物资补货。这样可以避免短缺或过剩，并提高物资利用率。数据化平台支持跨区域的物资调拨，使物资能够在不同农村地区灵活配置，根据实际需要进行调度。运用数据化平台，物资储备与仓储部门可以实现库存的实时监测和管理。这包括物资种类、数量、保存期限等信息，确保及时了解储备状况。物资储备与仓储部门与交通运输部门之间通过数据化平台进行资源沟通和协调，确保运输计划与物资储备的补货计划相匹配，实现物资的无缝衔接配送。

　　交通运输部门负责协调运输资源，确保应急物资能够及时到达需要的地区。数据化平台能够提供交通运输部门实时的运输监控功能，包括车辆位置、行驶路线、交通状况等，以便更好地协调运输资源。

交通运输部门利用平台数据进行交通路线的优化和规划，确保应急物资能够以最短的时间抵达目的地。数据化平台可以帮助监控能源使用情况，及时进行补给，确保运输车辆有足够的燃料或电力支持。

地方政府下达任务后，农村卫生所通过数据化平台与医疗服务机构协调资源。医疗服务机构提供医疗服务和支持，通过数据化平台对患者的信息进行安全而高效的管理。通过数据化平台，医疗服务机构能够实时了解医疗资源的分布情况，包括医生、护士、床位、设备等。这有助于更好地协调资源，满足不同地区的医疗需求。在应急情况下，通过数据化平台，医疗服务机构可以提供远程医疗服务，包括在线诊断、远程咨询等，以减轻医院负担，同时满足患者的医疗需求。数据化平台能够支持医疗服务机构对疫情数据的实时监测与报告，帮助卫生部门更好地了解疫情传播趋势，采取相应的控制措施。

数据化平台可以用于存储、更新和分享应急计划，使各方更容易了解自己的角色和职责；可以提供实时的指挥和通信工具，使不同部门能够迅速响应和协作。

第七章　应急资源配置的均衡分析

第一节　应急资源配置均衡性的要求

应急资源配置是应急管理中的核心环节，具有复杂性和系统性。当发生大规模突发事件时，应急资源作为有效应对突发事件的基石，能够决定救援的时效和效率，因此在应急救援工作中占据至关重要的地位。应急资源配置涉及在预先选定的应急物资供应中心储备各类急需物资。这些物资是根据可能发生的突发事件的需求进行分类和储存的，包括食物、水、医疗用品和救援设备等，确保在灾害发生时能够迅速启动应急物资分发计划。这一措施旨在通过提前准备和高效配送，最大限度地缓解灾害带来的紧急需求压力。应急资源配置的均衡性体现在较短时间、动态需求、应急成本等多重因素下所需要达到的一种趋于相对最优化的状态，所以应急资源配置的均衡性将直接影响到应对灾害时的效果。

应急资源配置不同于普通资源配置，目标是在对灾害发展速度、范围、严重性等一些参数估计的基础上，通过在每个救援点配置适量的资源，保障突发事件发生之后应急救援中资源的及时供应。基于突发事件的特殊性和我国的人道主义精神，应急资源配置往往更倾向于关注应急响应速度，强调社会效益，而对经济性要求不高。但是，在资源有限性的大背景下，为了避免应急资源的过度浪费，如何在以社会效益为主导的前提下，兼顾应急物流系统的经济性，是优化应急资源配置的发展方向。

因此，利用科学和系统的方法研究应急资源配置均衡性问题，使其满足突发事件的要求，最大限度地发挥应急资源的作用，是应急管理领域可持续发展研究中非常重要的内容。

一、应急资源配置均衡性的必要性

（一）应急资源配置应对的是紧迫性问题

所谓应急管理，具体包含资源选址、资源配置、资源调度和资源分配等一系列活动。其中，资源配置又分为事前、事后两个维度，事前资源配置表现为突发事件发生前对各种资源的一系列准备工作，事后资源配置则表现为应急事件发生后如何将应急资源最大效益分配的问题。在应对突发事件时，每项紧急管理活动都以资源为核心，其中包括人力、物资、信息、技术等各方面的支持。这种以资源为核心的管理方法旨在最大化利用各种资源，提高应对突发事件的效率和灵活性。高效率的应急资源配置，可以在有限资源情况下，将各项资源做到最优化配置，并使其损失达到最小化。然而，高效率的资源配置首要标准为快速的响应能力，时间上的紧迫性又是衡量应急响应能力的重要指标，所以应急资源配置实质上对应的是紧迫性问题。

应急资源配置的紧迫性问题还体现在突发事件所具有的特征性因素。突发事件通常在毫无预兆的情况下突然发生，具有突发性、时效性、强制性、综合性、灾难性、不确定性等特征，甚至于某些突发事件会对受害者造成无法恢复的伤害，导致在控制、处理等方面都有较大的难度。在应急管理活动中应当尽量减少时间的损耗，使整个应急管理过程安全有效。这直接决定了对应急资源配置的紧急需求。

（二）满足应急需求时要考虑投入产出的合理性

在应急物流系统中，投入指标是配置应急资源时所涉及的各种要素，主要涵盖人力（包括各类应急响应人员）、物资（涵盖所有的应急救援所需物资）、信息（包括灾情信息、通信系统、联络渠道等）、财政（应急救援所需的财政资金）、技术（涵盖了各种技术手段）、备件器材、设施设备（用于应急响应的各种设施和设备）等关键保障资源；产出指标是指通过应急救援可获得的相应服务质量，例如，人员伤亡减少率、财产减损值、应急事件达标率等具体指标。在资源有限性的约束条件下，如何将应急资源高效地配置到各个突发事件点，对提高救援工作效率、减少人员伤亡和财产损失等具有重要的意义。因此，在满足应急需求的前提下，需要进一步考虑应急资源配置中，各项资源投入产出的合理性。

（三）应急资源配置的经济效益与社会效益的综合分析

人道主义精神强调的"以人为本"的理念在应急管理中得到了重要体现，这决定了应急管理的重要属性是以社会效益为主。应急管理的目标是通过科学、有序的规划和管理，提高社会的整体应急响应水平，保障人们的生命安全、财产安全和社会稳定。应急资源配置作为应急管理的前期准备工作，对于有效应对突发事件具有至关重要的作用，是应急救援工作顺利实施的重要保障。

在考虑到应急资源的有限性因素下，应急资源配置还需要兼顾其经济效益。例如，新冠疫情期间，为了充分保障人民生命安全，单方面关注社会效益，致使很多医院应急资源配置出现重复化、过度化和浪费化等问题，在不考虑防疫成本的情况下，忽略应急资源配置的经济效益，导致疫情结束后经济受到严重影响。

综上所述，从全局角度考虑，在应急资源配置上必须注重风险管控，强化预警预测能力，在坚持以社会效益为主的前提下，还需要进一步兼顾经济效益，形成社会效益和经济效益协同联动的应急管理机制，保障应急资源配置的经济效益和社会效益的同步提升。

二、应急物流系统中资源配置的特点

（一）应急资源配置的紧迫性

应急资源配置的紧迫性主要体现在以下三个方面。

第一，突发事件的随机性。不确定性的突发事件给受灾群众的人身安全、心理健康影响和财产安全构成了巨大威胁，突发性的灾难很大程度上会出现人员伤亡、财产损失及受灾人群的心理健康受伤害等问题。例如，恐怖袭击、森林火灾、地震、隧道坍塌等重大突发事件往往导致大规模的经济损失和财产破坏，甚至人员伤亡。为了尽可能降低突发事件带来的灾难性损失，为了避免应急资源配置结构不合理或救援物资短缺导致的应急救援延误，必须展现出快速的应急响应能力。基于突发事件的突发性和不确定性，整个救援过程中最快的响应速度意味着最大限度地保证人员安全，这进一步凸显了应急资源配置的紧迫性特征。

第二，最佳救援时间的紧迫性。突发事件存在最佳救援时间，即时效性。如何在最短时间内成功抵达受灾现场是顺利开展救援工作的重中之重。最佳救援时间意味着在最短的时间内，将救援所需的人力资源、物资资源、信息资源、技术资源等重要保障资源充足供应。应急资源配置作为应急救援的前期工作，需要及时提供精准、较为充足的资源保障。因此，最佳救援时间的紧迫性影响了应急资源配置的紧迫性。

第三，威胁人类生存的紧迫感。一方面，当突发事件严重影响灾区群众的生命安全时，各个责任主体的第一任务是竭尽全力保证生命安全。以灾害为例，灾民可能会因建筑物坍塌而受伤，生命受到威胁，或者他们可能被困在倒塌的建筑物中，长时间缺乏食物和水，生存状况岌岌可危。在这种情况下，政府、救援机构、志愿者等各个责任主体应当迅速启动应急响应机制，组织并协调救援行动，力争最大限度地减少人员伤亡和财产损失。他们应当根据灾情的严重程度和规模，调动足够的人力、物力支持，确保及时救援到位。社会主义以人为本的理念推动相关救援人员迅速行动，以缓解这种紧急情况。另一方面，当人的基本生活条件受到破坏时，灾区人民的生命可能会受到巨大威胁，应急资源的快速抵达将有效帮助受灾群众成功缓解恐惧心理。

（二）应急资源配置的动态性

整个应急管理是动态化的运行过程，所以，作为应急管理第一阶段的应急资源配置也是基于多目标规划的动态管理，必须考虑动态性，这就需要用动态化的思想来进行应急资源配置。不少学者对应急资源配置的动态性做了相关研究，例如，Özdamar L. 等（2012）认为灾害和紧急情况的发展通常是动态和不断演变的。及时的信息可以提供有关灾情实时状态的数据，以便灵活地调整应急物资的分配策略。因此，强调动态分配和基于及时信息作出决策是提高应急响应效率和资源利用效果的关键要素。朱洪利等（2018）通过多目标优化方法更全面地考虑了实际情况下的多方面需求，充分考虑应急物资的质量和时效性目标，并构建了包含两个关键阶段的模型，分别是应急物资的初始调度和后续的重调度。Chen D. 等（2018）针对多受灾点、多供应点的应急调度问题，提出优化模型以总效用最大、需求满足度最大及成本最小为优化目标。体现了在应急物资调度中需要兼顾效率、质量和成本。Zhou Y. 等（2017）针对多时段动态应急调度问题，关注了在灾害响应中及时满足需求和降低延误风险的优化问题，并将未满足物资数量作为优化目标，强调了对需求满足度的重视。

在进行应急资源配置时，需要综合考虑突发事件的阶段性变化、各地区的具体状况及成本约束，制定灵活的应急资源配置策略。这包括根据实时信息和事件发展动态地调整资源分配，以确保在紧急情况下的最佳效果。这种方法有助于在资源受限的情况下最大限度地提供支持，并在不同阶段的突发事件中更加灵活、高效地应对各种挑战。

鉴于突发公共卫生事件的特殊属性，我们更倾向于采用一种动态的资源配置方式。在动态资源配置的框架下，我们可以根据实时的事件发展情况，灵活地调整资源分配，确保各地区和不同阶段的需求得到及时而有效满足。这种方式具有更好的适应性和灵活性，有助于在应急管理中实现更经济、高效的资源利用。因此，在考虑应急资源的独特性和突发事件的复杂性时，采用动态资源配置策略是更为合理和可行的选择。

（三）应急物流系统中资源配置的均衡性

应急物流系统中强调资源配置的均衡性主要体现为：一方面，在资源的有限性条件下，如何在社会效益主导下，兼顾经济成本，实现成本与效益两者的均衡；另一方面，如何从需求和供给角度确保资源配置的均衡性。

在社会效益主导下，兼顾经济成本，实现成本与效益的均衡。应急物流突出的属性为强社会性和弱经济性，这是由应急物流的特殊性所决定的。在总资源有限性的前提下，资源配置的不均衡会降低应急管理水平，使资源配置未达到最大化。所以，在社会效益主导下，应急资源配置还需进一步兼顾成本，实现两者的最优化，这样既实现了应急救援的目标，又可以降低资源配置成本，避免资源过度浪费，最终实现应急资源配置中成本与效益的均衡。

从需求和供给角度确保资源配置的均衡性。从需求与供给的角度，综合考虑重要资源、常用资源及通用资源。在突发事件未出现前，资源配置处于静态管理状态，为避免应急资源配置出现重复化、过度化和浪费化等问题，需要综合考量和预测各项资源要素的需求量，根据需求预测提供相应的供给量。突发事件发生后，在资源配置的动态管理中，需要根据反馈的救援信息及时调整供给量，保障资源分配的精准性和有效性。

三、在应急物流系统中考虑均衡性的意义

（一）提高响应效率，节约社会资源

在整个应急物流系统中充分考虑应急资源配置的均衡性，可以有效缩短救援时间，提高响应速度。突发事件背景下，实施合理的应急资源配置不仅是一项任务，更是一种策略。通过明智而快速的资源调

配，可以在整个受灾地区形成有效的协同作战，最大限度地满足不同地区和时段的应急需求。救援行动的时间和空间的可优化性意味着我们可以根据实际情况调整资源分布，以最大限度地提高响应效率。

快速的响应时间直接关系到救援行动的效果，越早展开救援行动，越能最大限度地减少人员伤亡、财产损失等不利后果。同时，应急响应可以有效预防和控制次生灾害的发生。例如，在火灾、地震等灾害中，快速疏散人群、控制火势或稳定建筑结构，可以防止灾情扩大，减少后续的社会资源投入。

通过确保应急资源配置的均衡性，我们可以根据实际情况制订更加贴合的方案，这样既可以降低时间成本，还可以减少资源浪费现象。在灾害发生后，我们可以根据动态需求及时调整资源配置数量，从而更有效地节约社会资源。共享有限的应急资源具有特殊的意义，特别是在及时响应次生灾害方面。这种共享机制可以为后续救援行动争取宝贵时间，最大限度地减轻灾民的二次心理冲击和恐慌。因此，均衡性的应急资源配置不仅是一种管理策略，更是一种社会共同体的紧密合作。

（二）应急资源配置的社会效益与经济效益的最优融合

应急资源配置的均衡性，兼顾了社会效益和经济效益，形成了社会效益和经济效益的协同联动，实现了两者融合的最优化方案，显著提高了风险管控能力和应急管理水平。

一方面，从应急管理的过程来看，应急资源配置关系到整个救援系统的应急反应能力和抗风险能力，以及能否有效遏制突发事件的进一步演变发展。充足的应急资源配置可以使应急救援机构在尽可能早的时机对突发事件进行人为干预，大幅度缩短救援时间，降低灾害造成的人员伤亡和财产损失，同时，有利于避免因资源储备不足而产生的紧急调运和慌乱采购的现象。

另一方面，应急资源配置的均衡性兼顾了经济效益。尽管应急资源是在突发事件发生后才被调用，具有相对较弱的经济性，但其本质依然是一种资源。在履行其社会职能的同时，我们应考虑资源的经济效益和可回收性，实现循环再利用，以提高资源的经济效益，同时防止资源的浪费。在处理突发事件时，迅速响应和高效的资源配置对于最大限度地减少灾害的影响至关重要。灾民的安全和生存优先，而经济成本只是众多目标之一。将社会效益置于首位，可以更全面地评估和权衡各种决策，确保在紧急情况下采取的行动最大限度地符合整体社会的利益。并且因为突发事件的可预测性极低，应急管理机构无法准确估计应急资源需求量。但是，根据此地区的人口分布和经济发展水平，应急管理决策者可以估计需求的均值及标准差，在此基础上，确定突发事件发生前的资源配置量，可降低应急资源配置成本，避免应急资源配置出现重复化、过度化和浪费化等问题，具有显著的经济效益。

综上所述，应急资源配置的均衡性研究，从单一考虑应急响应时间因素，转变为综合考虑时间和成本，真正实现了社会效益和经济效益的有机统一。

（三）最大化满足突发事件中的应急需求

在应急管理过程中，我们不能忽视应急资源数量、费用和成本等因素。因此，我们不能无限制地向应急资源储备点分配应急物资。相反，我们应该优化应急资源配置，以确保有限的应急资源能够实现最大的效益。这种合理配置有助于避免应急资源的浪费，同时也能有效节约应急管理的成本。考虑到应急资源的特殊性和突发事件的特征性，我们需要运用均衡的思想来进行资源配置。这可以帮助我们实现资源的优化配置，以便在紧急情况下更好地应对挑战。

在处理突发事件时，需要全面考虑可能涉及的多个需求点，从而在应急资源配置中进行整体性规划。这个问题可以被看作一个多阶段决策，要在各个阶段间实现协同优化。这种综合考虑将有助于提高应急资源的利用率，使整体的灾害应对能力得到最大限度的优化。

第二节 应急资源配置成本与效率的均衡决策

一、应急资源配置成本与效率均衡决策的理论与现实背景

（一）应急资源配置成本与效率均衡决策的理论背景

应急资源配置就是在考虑到全面的救援需求和成本因素的前提下，科学分配足够的应急资源，以确保在灾害或紧急情况中达到最大的救援效果。当前关于应急资源配置的研究主要集中在两方面：一方面是对应急资源配置效率的研究；另一方面是对应急资源配置的动态优化研究。

第一，应急资源配置效率的研究。在应急资源配置效率评价中，数据包络分析法（DEA）应用广泛（王军等，2013）。数据包络分析模型主要研究投入和产出之间的关系，可以真实反映客观数据的决策单元的有效性。组合模型中的数据包络分析法包括 CCR 模型、BCC 模型和 DEA – Malmquist（生产率指数）模型。其中，CCR 模型以最有利于

决策单元的角度进行评估，可通过决策单元的实际数据获取最优权重，有效地规避主观因素对评价的影响，因而在应急资源配置效率的研究中得到广泛应用。

2019 年，余华茂开创性地引入动态 Windows 与 DEA 模型相结合的思想，克服了传统 DEA 模型只适用于静态评价的缺陷，对我国自然灾害应急公共投入绩效进行了研究。王致维和张培林（2011）在对长江危险品交通事故应急资源配置效率进行研究和分析时，采用了 DEA 和神经网络相结合的方法，通过这种综合的研究手段得出了资源优化配置方案。方磊（2008）采用偏好 DEA 应急资源配置模型，以决策者的偏好信息为出发点，对消防站的应急资源进行合理配置。该模型考虑了决策者的主观偏好，通过整合决策者的个人喜好和考虑因素，使最终的资源配置更符合实际需求，并能够更好地满足应急情况下的实际需求。李昂和刘晨昊（2019）运用数据包络法分析鄂尔多斯市在突发事件中的应急资源配置效率。朱兴林等（2020）以新疆的 10 个公路局为例，对其应急资源配置效率进行分析，重点关注资源投入和产出的冗余度；采用 DEA 模型，对每个公路局的效率进行评估，并通过排名确定哪些是相对有效的决策单元。将有效决策单元进行排序后，公路局可以根据排名靠前的结果进行参考，以优化资源配置策略，提高整体效率。江福才等（2022）为科学评价水上应急资源配置效率，分析现阶段配置方案存在的问题，在构建水上应急资源配置评价指标体系的基础上，利用变异系数法（CV）计算各评价指标的标准差系数，对传统 DEA 中自带的权重进行约束，得到改进的 CV – DEA 水上应急资源配置效率评价模型。郭国平等（2019）以提高公路突发交通事件应急资源配置效率为研究目标，结合实际调查情况，构建了融合 DEA 与 TOPSIS 的资源配置效率评价模型。通过该模型，对新疆各公路管理局进行评估，确定其在应急资源配置中的相对效率。综合考虑投入与产出，模型将帮助识别冗余度，优化资源配置策略，并提供针对性的改进建议。

第二，应急资源配置的动态优化研究。关于事故发生后应急资源配置方面的研究，众多学者基于需求不确定、多阶段、动态变化等不同前提条件展开分析。陈钢铁等（2015）致力优化应急物资调度的总成本，通过综合考虑惩罚成本（因未满足需求而带来的额外成本）和配送成本，建立模型，以期在应急情况下实现物资的有效调度。Zhou Y. 等（2017）旨在应对多时段动态应急调度的挑战，通过建立一个考虑未满足物资数量和物资调度延误风险的多目标优化模型，来实现更有效的应急资源调度。宋晓宇等（2017）通过构建一个非线性连续消耗的应急资源调度模型，考虑调度成本和需求点满意度两个关键目标，致力解决多受灾点、多救援点和多阶段的资源配置问题。Chen D. 等（2018）分析应急分配策略三原则，目标是在多受灾点和多供应点的复杂环境中，提供一种综合考虑效用、需求满足度和成本的优化方法，以改善应急物资的调度和分配策略。Chai 等（2018）提出了一种改进的应急资源调度模型，该模型能够更好地适应实时交通状态的变化，并在优化目标上具有更高的精度。朱洪利等（2018）提出了一种针对应急需求动态性特征的应急物资调度优化模型。该模型考虑了成本最小、运输时间最短和受灾点满意度最大等多个目标，实现了在复杂情境下的高效应急物资调度。田晓勇等（2020）提出了一种基于灾害抢修的应急调度优化模型，这种方法的优势在于通过引入对受损路段抢修情况的考虑，更真实地反映了灾害事件对交通路网的影响。并且多目标优化和 NSGA – Ⅱ 算法的应用有助于在不同的优化目标之间找到平衡，提高了应急调度的全局效果。

有关资源配置的优化方法，现有的文献多以救援时间最短、综合成本最低为目标，或者选择其中两个目标建立多目标函数或双层决策方法。具体内容如表 7 – 1 所示。

表 7 – 1 应急管理均衡性决策目标研究情况

决策目标	作者	内容
救援时间最短	王亮亮（2009）	建立了基于最短到达时间与最优资源配置的交通事故紧急救助模型，提出了模型的计算方法
	高建平等（2016）	以应急物资准备时间、应急救援响应延误时间和应急救援行程时间 3 个子目标最小为目标函数，建立了高速公路建设突发事件协同应急救援模型
	赵星等（2019）	以行程时间与行程时间可靠度作为子优化目标，进行多目标路径规划
综合成本最低	柴干等（2010）	应急救援管理中心应该依照现有资源条件，做好硬件资源与软件资源的配比，从根本上提升救援工作的效率
	班亚（2018）	在应急物资调度的中后期，增加了应急成本最小化、物资延误总时间最小化、兼顾应急成本最小化和物资延误总时间最小化的目标
多目标混合	葛洪磊（2014）	建立了一个两阶段随机规划模型，进行应急设施的定位决策、应急物资的库存决策，制定不同灾害情景下应急物资分配预案
双层决策方法	王苏生等（2008）	提出一种多受灾点—多出救点应急资源配置动态优选策略，能够快速求取双层应急资源配置模型的全局最优解

综上所述，目前应急资源配置方面的研究，一部分学者重点专注

资源配置的效率研究，从资源配置的投入和产出角度去衡量应急管理水平，另一部分学者重点关注最小化救援费用和成本等因素，从资源调度角度进行动态优化。实现社会效益和经济效益的统合分析是应急资源管理的最终目标，因此，有必要从成本最小化和效率最优化两方面去建立应急资源配置优化模型。

（二）应急资源配置成本与效率决策现实背景

自然灾害对全球经济造成了巨大的冲击。根据相关统计数据，仅中国国内在2020年发生的各类自然灾害就影响了1.38亿人，直接经济损失高达3701.5亿元。而全球范围内，2020年自然灾害造成的直接经济损失达到了2100亿美元。这些数据清楚地表明，自然灾害对经济的影响不可忽视，因此我们需要加强应对和防范措施，以减轻其带来的损失。

突发事件，尤其是自然灾害，往往是不可预测和不可避免的。然而，通过科学有效的应急管理手段，可以最大限度地减少这些事件带来的损失，保护人们的生命与财产安全。鉴于我国近年来突发事件不断上升的趋势，应急物流作为解决各种突发事件的重要途径，已经越来越引起科学家们的高度重视，相关的研究也越来越广泛。应急资源配置成本与效率决策的现实背景涉及多个方面。

第一，现实需求与挑战。随着自然灾害、公共卫生事件以及人为事故等突发事件的频发，对应急资源的需求日益增加。如何在有限的资源条件下，实现资源的最优配置，以最大限度地满足应急需求，是应急资源配置面临的重要挑战。以武汉突发的新冠疫情为例，在疫情防控期间，多家医院出现医疗物资、防护物资、医护人员、救治床位等医疗资源严重紧缺的问题，而医疗资源的供应短缺问题极大妨碍了对疫情的应急救援，造成人员恐慌。完善、及时的应急资源配置是应对突发事件中至关重要的一环。通过有效的应急资源配置，可以更好地满足应急需求，最大限度地降低损失。

第二，技术与创新支持。随着科学技术发展，大数据、云计算等现代信息技术手段发展迅猛，技术创新在应急资源配置中的应用也越来越广泛。例如，利用无人机、机器人等先进技术进行灾害现场勘查和救援作业；利用区块链技术实现应急资源的透明化管理和追溯等。通过数字化技术对突发事件进行实时监测和数据分析，这有助于决策者及时了解事件动态和资源需求情况，为资源配置提供精准的数据支持。

二、应急资源配置的成本效率均衡模型

（一）应急资源配置均衡性策略的原则

第一，公平性原则。

公平性原则主要确保资源在不同地区、不同群体之间得到均衡分配，避免出现资源过于集中或短缺的现象，从而保障各方的合法权益。这意味着在资源分配时，要充分考虑受灾地区的人口密度、经济水平、地理条件等因素，确保每个受灾区域都能获得必要的资源支持。此外，还需要特别关注弱势群体，如老年人、儿童、残疾人等，确保此类人群在危机中能够获得更多的支持。

第二，可持续性原则。

可持续性原则强调了需要关注应急资源配置规划的长期性、

资源保护和再利用两方面。一方面，在进行资源配置时，不仅要考虑短期需求，还要着眼于长期发展。这意味着要制定长期的资源配置规划，确保在应对当前危机的同时，也为未来可能发生的危机做好充分准备。另一方面，鼓励应急资源保护和再利用，通过提高资源使用效率、减少资源浪费、促进资源回收等方式，降低应急管理活动对环境造成的负面影响，并为未来留下足够的资源储备。

第三，动态调整原则。

动态调整原则需要根据突发事件的发展变化，及时调整资源配置策略，确保资源配置与需求相匹配。这要求建立灵活的资源调配机制，根据实际情况对资源进行合理调整和优化配置。此外，还需关注突发事件中的风险评估，以风险评估为基础，深入分析突发事件类型、影响范围和发展趋势，为资源配置提供科学依据。

（二）应急资源配置成本效率模型的构建

1. 模型基本假设

假设有 m 个潜在受灾点，n 个应急资源配置备选点，$J = \{J_i \mid i = 1, 2, \cdots, m\}$ 为潜在受灾点集合，$S = \{S_j \mid j = 1, 2, \cdots, n\}$ 为应急资源配置备选点集合。模型的基本假设如下。

假设 1：由于各潜在受灾点一般情况下不会同时发生突发事件，因此认为各潜在受灾点彼此之间资源调度过程互不影响，并且各配送中心不易受到受灾点的影响。

假设 2：突发事件对道路网及道路通行状况基本不会造成影响，应急中心可以进行长时间的救援工作，因此道路网破坏因素不纳入应急资源布局及配置的考量范围内。

假设 3：每个潜在受灾点至少需要一个应急资源配置备选点为其提供服务，并且应急资源配置备选点的物资数量可以满足所对接救援地区的最低需求，以保证潜在受灾点救援工作的全覆盖。

2. 潜在受灾点权重

将 1 作为所有潜在受灾点的权重之和，以事故风险等级为依据，计算确定各潜在受灾点的权重值：

$$\gamma_i = \frac{D_i}{\sum\limits_{i=1}^{m} D_i} \qquad (7-1)$$

式（7-1）中：γ_i 为潜在受灾点 i 的权重，D_i 为潜在受灾点 i 的事故风险等级。

3. 参数设置

基于上述假设，针对应急资源配置中的问题，从应急管理的均衡性角度考虑应急资源配置目标，满足相应的应急服务要求，各变量符号说明如下。

CS_j——应急资源配置备选点 S_j 的建设费用。

VS_j——应急资源配置备选点 S_j 的物资库存量。

TS_j——应急资源配置备选点 S_j 到潜在受灾点 J_i 的广义时间距离。

A_{ji}^k——潜在受灾点 J_i 对应急资源配置备选点 S_j 的物资 k 的需求量。

SA_{ji}^k——应急资源配置备选点 S_j 的储备物资 k 的总量。

C_k——物资 k 的单位价格。

O_k——物资 k 短缺的惩罚成本。

a_0——突发情况下的救援准备时间，具体包括事故发生后信息传达延迟时间与应急车辆、人员及应急物资出发前的准备时间之和。

x_j——应急资源配置备选点选择决策变量，若应急资源配置备选点被选择，则 $x_j = 1$，否则 $x_j = 0$。

x_{ij}——覆盖决策变量，若应急资源配置备选点 S_j 的需求时间服务范围覆盖潜在受灾点 J_i，则 $x_{ij} = 1$，否则 $x_{ij} = 0$。

Y_{ji}^k——从应急资源配置备选点 S_j 运往潜在受灾点 J_i 的物资数量。

θ_{ji}^k——潜在受灾点 J_i 内物资 k 短缺的数量。

V_k——物资 k 的单位容量。

d_{ij}——潜在受灾点 J_i 到应急资源配置备选点 S_j 的最短距离。

v——行驶速度。

t_{ij}——潜在受灾点 J_i 到应急资源配置备选点 S_j 最短距离的行驶时间。

X——需求时间。

T——突发情况下救援所需的时间。

4. 应急资源多目标配置模型的建立

基于上述应急资源配置均衡性分析，本节采用最短距离和充足的救援物资来衡量应急资源配置效率，用救援成本去衡量应急资源配置的经济性。

$$f_1 = \min \sum_{i=1}^m \left[\gamma_i \cdot \min(x_j \cdot x_{ij} \cdot d_{ij}) \right] \tag{7-2}$$

$$f_2 = \max \sum_{i=1}^m \left(\gamma_i \cdot \sum_{j=1}^n x_j \cdot x_{ij} \right) \tag{7-3}$$

$$f_3 = \min \left[\sum_J CS_j \cdot x_j \cdot x_{ij} + \sum_{ijk} SA_{ji}^k 、C_k + \sum (Y_{ji}^k \cdot TS_j + O_k \cdot \theta_{ji}^k) \right]$$

$$\tag{7-4}$$

$$\text{s. t.}$$

$$d_{ij} = v \cdot t_{ij}, 若 t_{ij} + a_0 \leqslant X, 则 x_{ij} = 1 \tag{7-5}$$

$$x_j \cdot x_{ij} \cdot d_{ij} > 0, \forall j, j = 1, 2, \cdots, n \tag{7-6}$$

$$\forall i, \sum_{j=1}^{n} x_j x_{ij} \geqslant 1 \tag{7-7}$$

$$\sum_J \sum_k Y_{ji}^k \leqslant SA_{ji}^k \tag{7-8}$$

$$\sum_J Y_{ji}^k + \sum_J \theta_{ji}^k \geqslant A_{ji}^k \tag{7-9}$$

$$\sum_J V_k \cdot SA_{ji}^k \leqslant VS_j, \forall j, i, k \tag{7-10}$$

$$TS_j \cdot Y_{ji}^k \leqslant T \cdot Y_{ji}, \forall j, i, k \tag{7-11}$$

$$A_{ji}^k \leqslant \sum_J Y_{ji}^k \leqslant SA_{ji}^k, \forall j, i, k \tag{7-12}$$

$$\sum_J Y_{ji}^k \leqslant A_{ji}^k, \forall j, i, k \tag{7-13}$$

$$\theta_{ji}^k \geqslant 0, \forall j, i, k \tag{7-14}$$

$$0 < \gamma_i < 1 \tag{7-15}$$

$$x_j = 0 \text{ 或 } 1, x_{ij} = 0 \text{ 或 } 1 \tag{7-16}$$

式（7-2）、式（7-3）包含了救援距离的最小化和尽可能多的应急资源配置备选点被选择，以保证充足的资源供应。式（7-4）包括应急资源配置备选点的建设成本、仓储成本、救援物资成本及物资不足情况下带来的惩罚成本的总和，用以实现应急资源配置的经济性目标。约束条件中，式（7-5）表示 J_i 到 S_j 的最短距离；式（7-6）、式（7-7）为变量的取值情况；式（7-8）表示从应急资源配置备选点运输到潜在受灾点的物资量小于应急资源配置备选点的储备总量；式（7-9）表示从应急资源配置备选点运输的物资总量要大于潜在受灾点所需要的救援物资数量；式（7-10）表示应急资源配置备选点所需提供的物资救援数量信息不能超过实际的储备总量；式（7-11）表示救援时间的限制情况，不能超过救援所需时间；式（7-12）表示应急救援发生时，应急资源配置备选点运往潜在受灾点的数量不能低于受灾点的所需物资数量，同时不能高于自身的储备数量；式（7-13）表示实际运输的物资量不能少于潜在受灾点的需求量；式（7-14）表示满足救援物资数量的变化范围；式（7-15）、式（7-16）为变量的取值情况。

以上多目标模型考虑了效率性和经济性，其中，救援效率最大化要求选择离受灾点距离更近的配置点，要求尽可能多的配置点被选择以保证充足的资源供应，而救援经济性表现为成本最小化，要求设置的配置点数量尽量少。当尽可能多的配置点和成本最小化冲突时，本书认为在满足所有受灾点均存在配置点可提供救援服务的情况下（需求点被覆盖次数大于等于1），优先考虑经济性。

第八章　突发公共卫生事件下应急物资配置预测与决策

第一节　突发公共卫生事件的
动态物资需求预测

一、突发公共卫生事件应急管理存在的预测问题

自 2003 年以来，我国提高了对应急管理的重视，应急管理体制、应急队伍的建设也初有成效，但是新冠疫情仍然暴露了我国在应急管理方面存在的不足之处，尤其是针对应急物资的预测和配置这两个方面。

（一）应急物资需求量不能准确预测

2020 年 2 月，武汉市新冠病毒感染确诊病例数快速增长，并且不断地向其他地区蔓延，疫情防控形势十分严峻。我国采取多点防疫、多点救治的措施。短时间内应急医疗物资需求增长迅速，并随着病患数量的快速增加而加速增长，应急医疗物资出现严重短缺。与此同时，突发公共卫生事件的扩散性，以及人员的流动性，导致各地区所需的应急物资数量难以确定。

（二）应急物资配置不合理

新冠疫情期间，全国各地纷纷自发地向武汉等地区捐钱捐物，一时之间武汉市汇集了大量的应急物资，但是由于救援信息不通畅、社

会捐赠复杂的实际情况，缺乏统一的指挥，造成了救援物资的需求和供应不平衡、应急物资调度混乱等情况，导致大量的时效性物资被浪费。

（三）运输过程的不确定性

在疫情初期，外省市货车驾驶员执行一次到湖北省的货运任务，出湖北省就需要隔离14天，造成运输保障人力资源严重短缺。随着疫情的持续发展，各地政府根据疫情防控的需要纷纷进行道路交通管制，道路设卡导致运输通道不畅。

二、基于 GM（1，1）的灰色新息区间预测模型

（一）GM（1，1）预测模型

1982年，邓聚龙教授首次提出了 GM（1，1）预测模型，引起了国内外学者的广泛关注，该模型通常被用来解决样本数据小、具有不确定性的问题。灰色系统是相对白色系统和黑色系统而言的，所谓灰色系统就是一种不确定的、信息不完整的系统，白色系统的信息往往是已知的，黑色系统的信息则是完全未知的。GM（1，1）预测模型是对具有灰指数规律的灰色系统单序列建立的一阶线性微分方程模型，其时间响应函数为指数函数。GM（1，1）预测模型具有建模方法简单、模型精度高的特点。因此，自被提出以来，该模型已成为当前预测模型中较为活跃的分支之一。接下来详细介绍该模型的建模思路。

这里借鉴了胡梦婷所述的 GM（1，1）预测模型的建模思路，假

设系统某行为特征量的观测值为：

$$X^{(0)} = \{x^{(0)}(k) \mid x^{(0)}(k) \in \mathbf{R}, k \in \mathbf{N}\} \qquad (8-1)$$

对此数列的发展变化进行预测，称为系统行为数据列的变化预测，简称数据预测。首先对 $X^{(0)}$ 做一次累加生成，得：

$$X^{(1)} = \{x^{(1)}(k) \mid x^{(1)}(k) \in \mathbf{R}, k \in \mathbf{N}\} \qquad (8-2)$$

其中，$x^{(1)}(k) = \sum_{i=1}^{k} x^{(0)}(i) = x^{(1)}(k+1) - x^{(0)}(k+1)$。

然后对 $X^{(1)}$ 做一次紧邻均值生成，得：

$$Z^{(1)} = \{z^{(1)}(k) \mid z^{(1)}(k) \in \mathbf{R}, k = 2,3,4,\cdots,n\} \qquad (8-3)$$

其中，$z^{(1)}(k) = \dfrac{1}{2}[x^{(1)}(k-1) + x^{(1)}(k)], k = 2,3,4,\cdots,n$。

其次定义 GM（1，1）的灰微分方程模型为：

$$x^{(0)}(k) + az^{(1)}(k) = b \qquad (8-4)$$

其中，$x^{(0)}(k)$ 为灰导数，a 为发展系数，$z^{(1)}(k)$ 为白化背景值，b 为灰作用量。

对于 GM（1，1）的灰微分方程我们可以写出其对应的白微分方程，得：

$$\frac{\mathrm{d}x^{(1)}(t)}{\mathrm{d}t} + ax^{(1)}(t) = b \qquad (8-5)$$

接下来将采用最小二乘法对参数 a、b 的值进行求解。设：

$$[ab]^{\mathrm{T}} = (B^{\mathrm{T}}B)^{-1}B^{\mathrm{T}}Y \qquad (8-6)$$

其中，

$$B = \begin{bmatrix} -z^{(1)}(2) & 1 \\ -z^{(1)}(3) & 1 \\ \vdots & \vdots \\ -z^{(1)}(n) & 1 \end{bmatrix}; Y = \begin{bmatrix} x^{(0)}(2) \\ x^{(0)}(3) \\ \vdots \\ x^{(0)}(n) \end{bmatrix}。$$

解 GM（1，1）的微分方程得：

$$\hat{x}^{(0)}(k+1) = \hat{x}^{(1)}(k+1) - \hat{x}^{(1)}(k), k = 2,3,4,\cdots,n \quad (8-7)$$

最后通过累减还原，得出预测结果：

$$\hat{x}^{(0)}(k+1) = \hat{x}^{(1)}(k+1) - \hat{x}^{(1)}(k), k = 2,3,4,\cdots,n \quad (8-8)$$

（二）GM（1，1）预测模型精确度检验

预测一组数据未来的变化规律有着多种方法，可以建立不同的预测模型来进行预测。但是我们需要考虑的一个关键问题就是预测结果的精确度，以精确度的高低来判断模型的优劣。建模的目的在于根据已有的数据来判断或者描述这组数据未来的变化规律，包括升降、周期、极值点、凹凸性等规律。目前对 GM（1，1）预测模型精确度的检验方法通常采用平均相对误差、误差平方和、均值—方差法、关联度检验法等。

1. 平均相对误差、误差平方和

设原始数据值为 $x^{(0)}(k)$，预测数据值为 $\hat{x}^{(0)}(k)$，预测模型误差为 $d(k)$，预测模型绝对误差为 $|d(k)|$，预测模型相对误差为 $e(k)$，预测模型相对误差平均值为 $e(avg)$，模型误差平方和为 s。

模型误差：

$$d(k) = x^{(0)}(k) - \hat{x}^{(0)}(k) \quad (8-9)$$

模型绝对误差：

$$|d(k)| = |x^{(0)}(k) - \hat{x}^{(0)}(k)| \quad (8-10)$$

模型相对误差：

$$e(k) = \frac{|d(k)|}{x^{(0)}(k)} \quad (8-11)$$

模型平均相对误差：

$$e(avg) = \frac{1}{n-1} \sum_{k=2}^{n} e(k) \qquad (8-12)$$

模型误差平方和：

$$s = \sum_{k=2}^{n} d^2(k) \qquad (8-13)$$

一般而言，预测模型的平均相对误差和误差平方和较小时，表示该预测模型的预测结果更加准确，反之，则表示原始数据的规律性比较差，预测的结果与实际值会有一定的差距，精确度比较低，具体精确度检验标准如表 8-1 所示。

表 8-1　　　　　　　　精确度检验等级参考

精确度等级	平均相对误差	均方差比值	关联度
一级	0.01	0.35	0.90
二级	0.05	0.50	0.80
三级	0.10	0.65	0.70
四级	0.20	0.80	0.60
五级	> 0.20	> 0.80	< 0.60

2. 均值—方差法

设原始数据序列为 $x^{(0)}(k)$，预测数据序列为 $\hat{x}^{(0)}(k)$，误差序列为 $d^{(0)}(k)$。

$x^{(0)}(k)$ 的均值：

$$\bar{x} = \frac{1}{n} \sum_{k=1}^{n} x^{(0)}(k) \qquad (8-14)$$

$x^{(0)}(k)$ 的方差：

$$s_1^2 = \frac{1}{n} \sum_{k=1}^{n} \left[x^{(0)}(k) - \bar{x} \right]^2 \qquad (8-15)$$

$d^{(0)}(k)$ 的均值：

$$\bar{d} = \frac{1}{n} \sum_{k=1}^{n} d^{(0)}(k) \qquad (8-16)$$

$d^{(0)}(k)$ 的方差：

$$s_2^2 = \frac{1}{n} \sum_{k=1}^{n} \left[d^{(0)}(k) - \bar{d} \right]^2 \qquad (8-17)$$

均方差比值：

$$c = \frac{s_2}{s_1} \qquad (8-18)$$

对于均值—方差法来说，其数值越小表示相对同一组原始数据而言其预测结果的误差越小，预测模型的精确度越高；反之，表示预测结果与实际偏离较大，预测不精确，具体精确度检验标准如表 8－1 所示。

3. 关联度检验法

关联度检验法的关键一步是关于绝对差的计算，具体计算过程如下：

首先将 $\hat{x}^{(1)}(k)$ 与 $x^{(0)}$ 进行关联：

$$\hat{x}^{(1)}(k) = \left[x^{(1)}(1) - \frac{b}{a} \right] e^{-ak} + \frac{b}{a} \qquad (8-19)$$

其次对该式进行求导离散化，可得：

$$\hat{x}^{(0)}(k+1) = -a \left[x^{(1)}(1) - \frac{b}{a} \right] e^{-ak} \qquad (8-20)$$

最后计算绝对差：

$$\Delta(k) = \left| x^{(0)}(k) - \hat{x}^{(0)}(k) \right| \qquad (8-21)$$

关联度为：

$$r = \sum_{k=1}^{n} \frac{1}{n} \frac{\Delta\min + \rho\Delta\max}{\Delta(k) + \rho\Delta\max} \qquad (8-22)$$

其中 $\Delta\min$ 和 $\Delta\max$ 分别为 $\Delta(k)$ 中的最大值和最小值，ρ 一般情况下取 0.5。

（三）最优化问题

最优化问题一般指在一定约束条件下，确定变量的取值，以使目标函数达到最优。最优化问题通常包括决策变量或参数、目标函数和约束条件三部分。最优化问题用数学规划形式可以表示为：

$$\begin{cases} \min F(X)(X \in K) \\ \text{s. t.} \quad g_i(x) \leqslant 0(i = 1,2,3,\cdots,n) \\ h_j(x) = 0(j = 1,2,3,\cdots,n) \end{cases} \qquad (8-23)$$

在式（8-23）中，X 为变量，其可行域为 K。$F(X)$ 为目标函数，通常分为两类：一类是最大化问题，一类是最小化问题。$g_i \leqslant 0$ 为不等式约束条件。$h_j = 0$ 为等式约束条件。最优化问题的解就是在满足约束条件下目标函数的最优解。目标函数通常涉及成本、利润、时间、效用等，约束条件通常涉及容量、资金预算、需求量、非负限制等。

在对最优化问题求解时，可以采用拉格朗日乘子法，将式（8-23）引用拉格朗日乘子转化为无约束问题，可以表示为：

$$L(Xu,v) = F(X) + \sum_{i=1}^{n} u_i g_i(X) + \sum_{j=1}^{n} v_j h_j(X) \qquad (8-24)$$

其中，u_i, v_j 为拉格朗日乘子。

（四）变分不等式理论

变分不等式理论在 19 世纪 60 年代才初步建立并逐渐形成专门

的数学学科，变分不等式理论源于对力学问题的研究，经过许多数学家的杰出贡献，变分不等式的理论及应用取得重要发展，日臻完善，已经成为一门内容十分丰富并有广阔应用前景的重要边缘性学科。变分不等式作为变分学的一个重要分支，是将经典的变分问题的约束条件松弛化，减少约束条件，利用变分不等式代替约束条件的一种变分方法。在 1979 年，Smith 首次利用变分不等式对均衡问题进行求解，从此，变分不等式被逐渐应用到多个领域，如经济学、管理学、工程学等。例如，2002 年 Nagurney A. 利用变分不等式，解决了供应链网络的均衡问题。下面给出变分不等式的数学表达式。

有限维变分不等式问题 VI（F，K），就是求解一个向量 $X^* \in K$ 满足以下式子：

$$\langle F(X^*), X - X^* \rangle \geq 0, \forall X \in K \qquad (8-25)$$

其中，F 是 K 到 RN（N 维实数集）的连续函数，K 是闭凸集，$\langle \cdot, \cdot \rangle$ 表示其定义在 RN 上的内积。

接下来给出变分不等式解存在性和唯一性的充分条件，证明过程请查阅 Nagurney A. 的相关文章，这里不再阐述。

存在性定理：如果 $F(X)$ 为单调函数，则变分不等式（$8-25$）的解存在。

唯一性定理：如果 $F(X)$ 为严格单调函数，则变分不等式（$8-25$）的解唯一。

求最优化问题的最优解时通常可以转化为变分不等式进行求解，同样也可以将变分不等式转化为最优化问题进行求解，其定理可以表示为：

定理 8 – 1：令 X^* 是下述最优化问题的解，

$$\begin{cases} \min F(X) \\ \text{s. t.} \quad X \in K \end{cases} \tag{8-26}$$

如果 $F(X)$ 为连续可微函数，K 为闭凸集。则 X^* 是下面变分不等式的解。

$$\langle \nabla F(X^*), X - X^* \rangle \geqslant 0, \forall X \in K \tag{8-27}$$

其中，$\nabla F(X)$ 表示 $F(X)$ 关于 X 的偏导数。

定理 8 – 2：如果 $F(X)$ 为凸函数，X^* 为变分不等式（8 – 25）的解，则 X^* 为最优化问题（8 – 23）的解。

（五）基于 GM（1，1）的新息区间预测模型

应急物资的需求量大多是由受灾人数决定的，因此，本章首先对受灾人数进行预测，再根据应急物资数量与受灾人数的数量关系确定应急物资的需求量。本章将基于 GM（1，1）预测模型创建基于 GM（1，1）的新息区间预测模型，对受灾人数进行区间预测，从而确定应急物资需求量的上下限，为制订应急资源调度方案提供可靠依据。

当给定一组原始数据 $x^{(0)}(k)$ 时，并不是意味着我们要将所有的数据都一次性用来建模，我们可以对数据进行一定取舍。如何对数据进行取舍就是接下来本章所述的基于 GM（1，1）的新息区间预测模型的关键。

$$x^{(0)}(k + 1) = \{x(1), x(2), x(3), \cdots, x(n), x(n + 1)\}$$

$$\tag{8-28}$$

当出现新的数据时，对原始数据 $x^{(0)}(k)$ 进行及时调整，将新信

息加入原始数据中去，才能更好地反映预测模型的动态性，同时也能提高预测结果的准确性。比如原始数据 $x^{(0)}(k)$ 中有 n 个样本数据。

此时，我们用 $x^{(0)}(k+1)$ 作为原始数据建模所得的模型称为新息模型。

新息模型的优点在于能够及时反映系统的最新变化动态，更好地贴近实际情况。但是我们需要考虑的一点就是，随着时间的延长，系统在不断出现新的动态信息数据，数据必然会越来越多，旧数据对预测结果的影响在不断减弱，因此就需要在增加新数据的同时对老数据进行删减处理。比如对 $x^{(0)}$ 进行等维新息处理，将会得到：

$$x_0^{(0)} = \{x(1),x(2),x(3),x(4),\cdots,x(n)\} \tag{8-29}$$

$$x_1^{(0)} = \{x(2),x(3),x(4),\cdots,x(n),x(n+1)\} \tag{8-30}$$

$$x_2^{(0)} = \{x(3),x(4),\cdots,x(n+1),x(n+2)\} \tag{8-31}$$

$$x_3^{(0)} = \{x(4),\cdots,x(n+1),x(n+2),x(n+3)\} \tag{8-32}$$

$$\vdots$$

$$x_i^{(0)} = \{x(i+1),\cdots,x(n+1),\cdots,x(n+i)\} \tag{8-33}$$

通过这种方式对 GM（1，1）预测模型进行改进所得的模型为等维新息模型，也叫作新陈代谢模型。

从上面可以看出，每一组 $x^{(0)}$ 通过等维新息处理可以得到一簇新息模型，下面我们将利用这一簇新息模型采用 GM（1，1）预测，得：

$$GM = \{GM_1,GM_2,GM_3,\cdots,GM_i\} \tag{8-34}$$

其中，GM 表示预测数据序列的集合，GM_i 表示第 i 个新息模型通过 $GM(1,1)$ 预测模型所得的预测数据序列。

当 k 时刻时，可以得到一簇预测数据：

$$\hat{x}(k) = \{\hat{x}_0(k),\hat{x}_1(k),\hat{x}_2(k),\cdots,\hat{x}_i(k)\} \qquad (8-35)$$

因此，k 时刻的新息区间预测结果为：

$$\hat{x}(k) = [\hat{x}_{\min}(k),\hat{x}_{\max}(k)] \qquad (8-36)$$

其中，$\hat{x}_{\min}(k)$ 和 $\hat{x}_{\max}(k)$ 分别表示 $\hat{x}(k)$ 中的最小值和最大值，本章将这种模型称为灰色新息区间预测模型。

三、突发公共卫生事件预测实证分析

本章以新冠疫情为例，建立灰色新息区间预测模型，对新冠病毒感染人数进行区间预测，并且后续内容也将在此基础上进行研究。

我们通过对表 8-2 的数据进行处理，得到表 8-3 中武汉市、黄冈市和孝感市现有确诊人数的实际数据，以此对 2020 年 2 月 10 日至 14 日三市的确诊人数进行预测。首先，我们确定以 2 月 7 日的数据为邻域中心，以 2 月 1 日为开端、2 月 7 日为末端的区间数据作为第一个原始数据序列进行预测，预测到 2 月 14 日的确诊人数，每次左右两端等距离移动一天，以此类推，直至 2 月 7 日成为区间开端为止，每次都预测到 2 月 14 日，具体如图 8-1 所示，在该图中，2 月 1 日到 9 日为真实数据，从第四个数据区间序列开始，每个区间的最后一个数据就是前一个区间的第一个预测的数据。

表 8-2　武汉市、黄冈市、孝感市新冠病毒感染情况统计　　（单位：人）

日期	武汉市			黄冈市			孝感市		
	确诊人数	治愈人数	死亡人数	确诊人数	治愈人数	死亡人数	确诊人数	治愈人数	死亡人数
2月1日	4109	224	138	1002	15	27	749	14	2
2月2日	5142	265	191	1246	17	32	918	14	2
2月3日	6384	313	270	1422	19	41	1120	17	4
2月4日	8351	362	335	1645	25	52	1462	18	6
2月5日	10117	414	398	1807	29	62	1886	25	9
2月6日	11618	478	501	1897	32	68	2141	25	25
2月7日	13603	545	665	2041	36	105	2313	26	38
2月8日	14981	608	877	2137	43	137	2436	29	45
2月9日	16902	681	1044	2252	45	189	2541	33	81

资料来源：国家及各地卫健委每日发布的信息。

表 8-3　武汉市、黄冈市、孝感市现有新冠病毒感染确诊人数统计（单位：人）

日期	2月1日	2月2日	2月3日	2月4日	2月5日	2月6日	2月7日	2月8日	2月9日
武汉市	3747	4686	5801	7654	9305	10639	12393	13496	15177
黄冈市	960	1197	1362	1568	1716	1797	1900	1957	2018
孝感市	733	902	1099	1438	1852	2091	2249	2362	2427

```
[1，7]··················
 [2，8]··················
  [3，9]··················
   [4，10]··················
    [5，11]··················
     [6，12]··················
      [7，13]··················
```

图 8-1　位移区间

示例：我们以武汉市 2 月 1 日至 7 日的数据来建立灰色新息区间预测模型，第一个位移区间为：

$$X_0^{(0)} = \{3747, 4686, 5801, 7654, 9305, 10639, 12393\}$$

得到的累加序列为：

$$X_0^{(1)} = \{3747, 8433, 14234, 21888, 31193, 41832, 54225\}$$

$X_0^{(1)}$ 的紧邻生成序列为：

$$Z_0^{(1)} = \{6090, 11333.5, 18061, 26540.5, 36512.5, 48028.5\}$$

得：

$$\boldsymbol{B} = \begin{bmatrix} -6090 & 1 \\ -11333.5 & 1 \\ -18061 & 1 \\ -26540.5 & 1 \\ -36512.5 & 1 \\ -48028.5 & 1 \end{bmatrix}, \boldsymbol{Y} = \begin{bmatrix} 4686 \\ 5801 \\ 7654 \\ 9305 \\ 10639 \\ 12393 \end{bmatrix}$$

根据 $[ab]^{\mathrm{T}} = (\boldsymbol{B}^{\mathrm{T}}\boldsymbol{B})^{-1}\boldsymbol{B}^{\mathrm{T}}\boldsymbol{Y}$，可得：

$$a = -0.1832, \quad b = 3937.0966$$

因此，代入式（8 - 7）可得：

$$\hat{x}^{(1)}(k+1) = 25737.702\, e^{0.1832k} - 21490.702 \qquad （8 - 37）$$

最后根据式（8 - 8）进行累减还原，得出 2 月 10 日至 14 日的确诊人数预测结果：

$$\hat{x}^{(0)}(k+1) = \hat{x}^{(1)}(k+1) - \hat{x}^{(1)}(k) \qquad （8 - 38）$$

预测 2 月 10 日至 14 日的确诊人数结果为：

$$GM_1 = \{21978, 26398, 31706, 38082, 45740\}$$

本章采用两种精确度检验方法：平均相对误差为0.1439，可知该模型预测精确度为四级；均方差比值为0.2853，可知该模型预测精确度为一级；因此该模型具有一定的可行性。

（一）武汉市新冠病毒感染确诊人数区间预测

同理，我们根据上面的示例对武汉市确诊人数进行区间预测，结果如表8-4和表8-5所示。

表8-4 武汉市确诊人数预测结果 （单位：人）

日期	GM_1	GM_2	GM_3	GM_4	GM_5	GM_6	GM_7
2月10日	21978	18983	17494	17353	17333	17335	17271
2月11日	26398	22105	19887	19610	19553	19533	19495
2月12日	31706	25740	22608	22161	22057	22009	22005
2月13日	38082	29974	25701	25043	24882	24799	24839
2月14日	45740	34903	29217	28301	28069	27942	28037

表8-5 武汉市确诊人数预测结果精确度检验

预测结果	GM_1	GM_2	GM_3	GM_4	GM_5	GM_6	GM_7
平均相对误差	0.1439	0.0777	0.0790	0.0823	0.0909	0.1011	0.1081
精确度等级	四级	三级	三级	三级	三级	四级	四级
均方差比值	0.2853	0.2238	0.4361	0.5361	0.6071	0.6807	0.7544
精确度等级	一级	一级	二级	三级	三级	四级	四级

根据表8-5显示，七次新息区间预测结果都在精确度检验标准之内，说明所得的预测结果都是有可能实现的，因此我们可以得到2月10日到14日武汉市确诊人数的上下限，如表8-6所示，并根据该表画出如图8-2所示的包络图。

表8-6　　　武汉市确诊人数的灰色新息区间预测结果　　（单位：人）

日期	2月10日	2月11日	2月12日	2月13日	2月14日
确诊人数上限	21978	26398	31706	38082	45740
确诊人数下限	17333	19495	22005	24799	27942

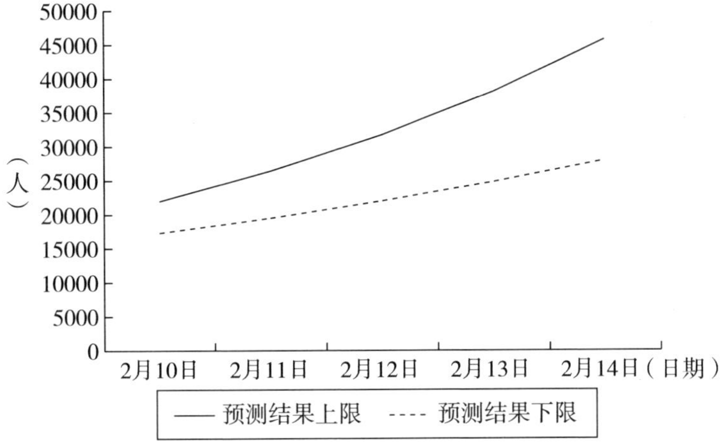

图8-2　武汉市确诊人数的灰色新息区间预测结果包络图

（二）黄冈市新冠病毒感染确诊人数区间预测

黄冈市确诊人数的区间预测结果如表8-7、表8-8所示。

表8-7　　　　　　黄冈市确诊人数预测结果　　　　　（单位：人）

日期	GM_1	GM_2	GM_3	GM_4	GM_5	GM_6	GM_7
2月10日	2540	2295	2149	2135	2134	2134	2129
2月11日	2772	2451	2254	2228	2226	2225	2224
2月12日	3024	2618	2364	2326	2322	2320	2322
2月13日	3300	2797	2479	2428	2422	2419	2424
2月14日	3600	2987	2599	2534	2527	2523	2531

表8-8　　　　　黄冈市确诊人数预测结果精确度检验

预测结果	GM_1	GM_2	GM_3	GM_4	GM_5	GM_6	GM_7
平均相对误差	0.1896	0.1137	0.0599	0.0517	0.0558	0.0612	0.0676
精确度等级	四级	四级	三级	三级	三级	三级	三级
均方差比值	0.6125	0.5270	0.4176	0.4380	0.4932	0.5410	0.6024
精确度等级	三级	三级	二级	二级	二级	三级	三级

根据表8-8显示，七次新息区间预测结果都在精确度检验标准之内，说明所得的预测结果都是有可能实现的，因此我们可以得到2月10日到14日黄冈市确诊人数的上下限，如表8-9所示，并根据该表画出如图8-3所示的包络图。

表8-9　　　　黄冈市确诊人数的灰色新息区间预测结果　　　　（单位：人）

日期	2月10日	2月11日	2月12日	2月13日	2月14日
确诊人数上限	2540	2772	3024	3300	3600
确诊人数下限	2129	2224	2320	2419	2523

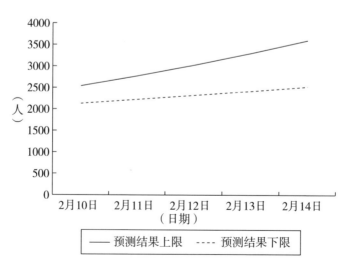

图8-3　黄冈市确诊人数的灰色新息区间预测结果包络图

（三）孝感市新冠病毒感染确诊人数区间预测

孝感市确诊人数的区间预测结果如表 8 - 10、表 8 - 11 所示。

表 8 - 10　　　　孝感市确诊人数预测结果　　　　（单位：人）

日期	GM_1	GM_2	GM_3	GM_4	GM_5	GM_6	GM_7
2 月 10 日	4021	3268	2782	2724	2720	2717	2705
2 月 11 日	4787	3728	3037	2928	2912	2913	2908
2 月 12 日	5698	4252	3315	3146	3118	3123	3126
2 月 13 日	6783	4850	3618	3381	3339	3349	3360
2 月 14 日	8075	5532	3949	3634	3575	3590	3612

表 8 - 11　　　　孝感市确诊人数预测结果精确度检验

预测结果	GM_1	GM_2	GM_3	GM_4	GM_5	GM_6	GM_7
平均相对误差	0.2913	0.1491	0.124	0.106	0.1068	0.1185	0.1317
精确度等级	五级	四级	四级	四级	四级	四级	四级
均方差比值	0.7708	0.6712	0.5156	0.4900	0.5497	06142	0.6633
精确度等级	四级	四级	三级	二级	三级	三级	四级

根据表 8 - 11 显示，七次新息区间预测结果中，第一次的预测结果精确度为五级，发生的可能性很小，所以我们将此次预测结果排除，其余的预测结果都在精确度检验标准之内，预测结果都是有可能实现的，因此我们可以得到 2 月 10 日到 14 日孝感市确诊人数的上下限，如表 8 - 12 所示，并根据该表画出如图 8 - 4 所示的包络图。

表 8 – 12　　孝感市确诊人数的灰色新息区间预测结果　　（单位：人）

日期	2月10日	2月11日	2月12日	2月13日	2月14日
确诊人数上限	3268	3728	4252	4850	5532
确诊人数下限	2705	2908	3118	3339	3575

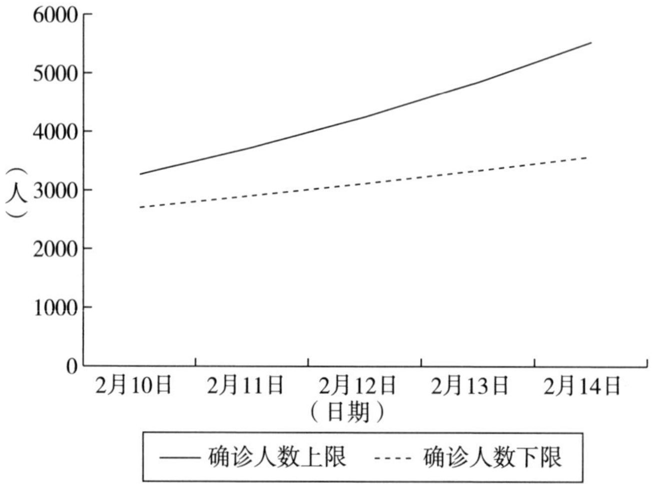

图 8 – 4　孝感市确诊人数的灰色新息区间预测结果包络图

（四）突发公共卫生事件下应急物资需求预测——以新冠疫情为例

2020 年 2 月至 3 月，新冠病毒感染确诊人数在短时间内急剧增加，特别是在湖北地区，导致各种医用物资大量短缺。根据国家发展改革委疫情防控重点保障物资清单的规定，疫情期间需要的医用物资主要有：应对疫情使用的防护服、隔离服、隔离面罩、医用及具有防护作用的民用口罩、医用护目镜、新型冠状病毒检测试剂盒、负压救护车、消毒机、消杀用品、红外测温仪、智能监测检测系统、相关医疗器械、酒精和药品等重要医用物资；生产上述物资所需的重要原辅材料、重要设备和相关配套设备。在这里我们对这些物资分为两类：

一类是日耗品物资，包括医用口罩、防护服、消杀用品等；另一类是非日耗品物资，包括消毒机、相关医疗器械等，参照白雪的研究可具体分为以下几类（见表 8-13）。

表 8-13　　　　　　　　　新冠疫情所需应急物资分类

物资用途或属性	日耗品物资	非日耗品物资
防护用品	防护服、医用口罩等	测温仪
生命支持	药品、新冠病毒检测试剂	医疗器械
救援运载	无	救护车
临时食宿	日常生活必需品（水、食物）	棉衣、移动房屋
污染处理	消杀用品等	消毒机
特殊物资	疫苗	无

本章主要对日耗品物资、非日耗品物资进行预测，这两类物资的需求量和确诊人数具有相关性，因此建立确诊人数与两类物资之间的数量关系，根据预测的确诊人数预测应急物资的需求量。

应急物资需求模型如下：

$$D_i = \sum_{t=1}^{n} \sum_{k=1}^{n} x_t^k a_i^k \quad i \in 日耗品物资 \quad\quad (8-39)$$

$$D_j = \sum_{t=1}^{n} \sum_{k=1}^{n} (x_t^k - x_{t-1}^k) a_i^k - B_j \quad j \in 非日耗品物资 \quad (8-40)$$

其中，i、j 分别表示日耗品物资和非日耗品物资；k 表示人员的类型，包括患者、医护人员；D_i 表示应急物资 i 的需求总量；D_j 表示应急物资 j 的需求总量；x_t^j 表示第 t 天 j 类型人员的数量；a_i^k 表示 k 类型人员每日对应急物资 i 的需求量；B_j 表示应急物资 j 的初始量。

本章以两种日耗品物资（防护服、消毒液）和两种非日耗品物资

（床铺、呼吸机）为代表，进行算例分析。根据统计，截至 2020 年 2 月 9 日，武汉市医护人员有 11.4 万人，常住人口 1121.20 万人；黄冈市医护人员有 2.83 万人；孝感市医护人员有 2.56 万人；计算应急物资需求预测公式中所需的参数及其值如表 8-14 所示。

表 8-14　　　　　　　　　主要参数及其值

参数	a_1^1	a_2^1	a_3^1	a_4^1	a_1^2
值	1	1	0.33	10	1

表 8-14 中，a_1^1、a_2^1、a_3^1 分别表示每个确诊患者每天需要防护服 1 套、病床 1 个、呼吸机 0.33 个；a_4^1 表示对每个患者确诊前活动区域进行消毒需要 10 千克的消毒液；每个 a_1^2 表示医护人员每天需要防护服 1 套；同时假设现有的病床和呼吸机正好处于饱和状态，即正好满足当前确诊患者的需求。根据上述内容，代入式（8-39）和式（8-40）可预测出每种应急物资的需求量，预测结果如表 8-15、表 8-16 和表 8-17 所示。

表 8-15　　　　　武汉市日增应急物资需求量预测结果

日期	防护服（套）		病床（个）		呼吸机（台）		消毒液（千克）	
	下限	上限	下限	上限	下限	上限	下限	上限
2 月 10 日	131333	135978	2156	6801	711	2244	21560	68010
2 月 11 日	133495	140398	2162	4420	713	1459	21620	44200
2 月 12 日	136005	145706	2510	5308	828	1752	25100	53080
2 月 13 日	138799	152082	2794	6376	922	2104	27940	63760
2 月 14 日	141942	159740	3143	7658	1037	2527	31430	76580
合计	681574	733904	12765	30563	4211	10086	127650	305630

表 8-16　　黄冈市日增应急物资需求量预测结果

日期	防护服（套）		病床（个）		呼吸机（台）		消毒液（kg）	
	下限	上限	下限	上限	下限	上限	下限	上限
2月10日	30429	30840	111	522	37	172	1110	5220
2月11日	30524	31072	95	232	31	77	950	2320
2月12日	30620	31324	96	252	32	83	960	2520
2月13日	30719	31600	99	276	33	91	990	2760
2月14日	30823	31900	104	300	34	99	1040	3000
合计	153115	156736	505	1582	167	522	5050	15820

表 8-17　　孝感市日增应急物资需求量预测结果

日期	防护服（套）		病床（个）		呼吸机（台）		消毒液（kg）	
	下限	上限	下限	上限	下限	上限	下限	上限
2月10日	28305	28868	233	796	77	263	2330	7960
2月11日	28508	29328	203	460	67	152	2030	5240
2月12日	28718	29852	210	524	69	173	2100	5240
2月13日	28939	30450	221	598	73	197	2210	5980
2月14日	29175	31132	236	682	78	225	2360	6820
合计	143645	149630	1103	3060	364	1010	11030	31240

　　新冠疫情的突发性和不确定性，对确诊人数不能很好预测，造成应急物资分配不合理、运输不及时等问题，导致应急救援效率低。因此，本节基于该问题，通过改进GM（1，1）模型建立灰色新息区间预测模型，对疫区未来一段时间内的确诊人数进行预测，并通过平均相对误差和均方差比法进行检验，得到武汉市、黄冈市和孝感市2月10日至14日确诊人数的累计数量。最后给出各类应急物资与确诊人数的数量关系，并对应急物资需求量进行预测。

第二节　突发公共卫生事件下应急物资供应链网络基准模型设计

本节重点是建立一个针对突发公共卫生事件发生之后的应急物资供应链网络基准模型，在该模型中考虑应急物资的采购、配置和运输，根据预测结果对灾区应急物资的需求量进行约束，保证应急物资的合理配置。

一、突发公共卫生事件下应急物资供应链网络基准模型

该模型以最大化救援效用为目的，同时考虑应急物资供应链的多个环节，并且以定量化的形式纳入模型之中。

（一）物资购买地

突发公共卫生事件具有突发性、破坏性和不确定性，在发生突发公共卫生事件后，会造成短时间内的各种应急物资大量紧缺。当地政府或者组织的经费预算中很大一部分会用来购买应急物资。物资购买地可以广义地分为两类：一类是灾区本地，灾区本地可提供的物资数量和种类很难满足灾区需求，而且价格相对较高，但优点是物流成本较低；另一类是非灾区，与第一类相比较，非灾区供应商可提供足够的应急物资，且价格相对较低，但是物流成本较高。

（二）物资种类

当发生突发公共卫生事件后，所需的应急物资的种类是多样的，

不同种类的物资在模型中会有不同的购买价格和运输成本，不同种类的物资所带来的救援效用也是不同的。在该模型中，为了更好地将救援效用定量化，根据实际情况，我们会给应急物资进行定价并确定收益成本函数，以此来衡量救援效用。

（三）物流公司

将应急物资从物资购买地运送到灾区需求地是整个应急救援活动中至关重要的一个环节，因此，在模型中很有必要将物流公司的选择考虑其中。不同的物流公司有着各自的优缺点，根据相应的优缺点会有不同的收费标准。同时，物流公司会有运量的限制，在物资购买地购买应急物资时，要考虑物流公司运量的限制和运输成本。

（四）灾区需求

应急救援的目的是减少灾区的财产损失和人员伤亡，准确预测应急物资需求量对合理配置应急物资的数量至关重要。因此，要对各个灾区的应急物资需求进行上下限的约束，在保证最低需求的同时，避免出现重复运输物资从而导致应急物资浪费的情况。

综上所述，在本章建立的应急物资供应链网络基准模型中，存在 I 个物资购买地，单个物资购买地可以用 $i(i = 1,2,3,\cdots,I)$ 表示；在物资购买地可购买灾区所需要的 K 种应急物资，单类物资可以用 $k(k = 1,2,3,\cdots,K)$ 表示；有 L 个物流公司可供选择来运输应急物资，单个物流公司可以用 $l(l = 1,2,3,\cdots,L)$ 表示；有 J 个灾区需求地需要应急物资，单个灾区需求地可以用 $j(j = 1,2,3,\cdots,J)$ 表示。应急物资供应链网络如图 8 - 5 所示。

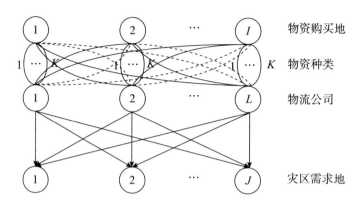

图 8 - 5　应急物资供应链网络

二、模型构建与变量解释

(一) 模型构建

x_{ijkl} 表示在物资购买地 i 购买应急物资 k 的数量，并且由物流公司 l 运输到灾区需求地 j，所有的 x 构成了一个决策集合 $X, x_{ijkl} \in X_{\circ}\rho_{ik}$ 表示应急物资 k 在物资购买地 i 的价格，因此应急物资的采购成本可以表示为：

$$C_1 = \sum_{i=1}^{I} \sum_{k=1}^{K} \rho_{ik} \sum_{j=1}^{J} \sum_{l=1}^{L} x_{ijkl} \qquad (8 - 41)$$

除了购买成本，还需要考虑的是应急物资从物资购买地运输到灾区需求地的运输成本。我们用 c_{ijkl} 来表示物流公司 l 将应急物资 k 从物资购买地 i 运输到灾区需求地 j 的运输成本。总运输成本可以表示为：

$$C_2 = \sum_{i=1}^{I} \sum_{j=1}^{J} \sum_{k=1}^{K} \sum_{l=1}^{L} c_{ijkl}(x) \qquad (8 - 42)$$

运输成本的大小取决于运输应急物资的数量，并且我们假设成本函数是连续可微的凸函数。

因此，应急物资的总成本可以表示为：

$$C = C_1 + C_2 = \sum_{i=1}^{I} \sum_{k=1}^{K} \rho_{ik} \sum_{j=1}^{J} \sum_{l=1}^{L} x_{ijkl} + \sum_{i=1}^{I} \sum_{j=1}^{J} \sum_{k=1}^{K} \sum_{l=1}^{L} c_{ijkl}(x) \quad (8-43)$$

本章所建立的模型是以最大化救援效用为目的，因此我们用利润来将救援效用定量化，其中，收入函数用 $B(x)$ 来表示：

$$B(x) = \sum_{j=1}^{J} \sum_{k=1}^{K} b_{jk} \sum_{i=1}^{I} \sum_{l=1}^{L} x_{ijkl} \quad (8-44)$$

同时，我们用 φ 来表示利润转化为效用的比率，因此本章目标函数可以表示为：

$$\max U(x) = \varphi \left[B(x) - \sum_{i=1}^{I} \sum_{k=1}^{K} \rho_{ik} \sum_{j=1}^{J} \sum_{l=1}^{L} x_{ijkl} - \sum_{i=1}^{I} \sum_{j=1}^{J} \sum_{k=1}^{K} \sum_{l=1}^{L} c_{ijkl}(x) \right]$$

$$(8-45)$$

约束条件如下：

$$x_{ijkl} \geq 0 \quad (8-46)$$

$$\sum_{i=1}^{I} \sum_{k=1}^{K} \rho_{ik} \sum_{j=1}^{J} \sum_{l=1}^{L} x_{ijkl} + \sum_{i=1}^{I} \sum_{j=1}^{J} \sum_{k=1}^{K} \sum_{l=1}^{L} c_{ijkl}(x) \leq b \quad (8-47)$$

$$\sum_{i=1}^{I} \sum_{j=1}^{J} x_{ijkl} \leq u_{kl}, k = 1, \cdots, K; l = 1, \cdots, L \quad (8-48)$$

$$\sum_{i=1}^{I} \sum_{l=1}^{J} x_{ijkl} \leq \overline{d_{jk}}, j = 1, \cdots, K; l = 1, \cdots, L \quad (8-49)$$

$$\sum_{i=1}^{I} \sum_{l=1}^{J} x_{ijkl} \geq \underline{d_{jk}}, j = 1, \cdots, K; l = 1, \cdots, L \quad (8-50)$$

其中，式（8-46）表示非负限制，即必须有应急物资运送到灾区需求地；式（8-47）表示应急物资的采购成本和运输成本不得高于资金预算，b 表示政府或者救援组织的资金预算；式（8-48）表示物流公司运输容量限制，u_{kl} 表示物流公司 l 运输应急物资 k 的能力；式（8-49）和式（8-50）表示应急物资需求限制，运送到灾区需求地 j 的应急物资 k 不得低于该灾区对应急物资 k 的最低需求量，同时也不得超过其最大需求量，$\overline{d_{jk}}$、$\underline{d_{jk}}$ 分别表示灾区需求地 j 对应急物资 k 的需求量上下限。

根据式（8-24），将目标函数转化为拉格朗日函数：

$$L(x,\alpha,\beta_{kl},\gamma_{jk},\sigma_{jk}) =$$

$$\varphi\Big[B(x) - \sum_{i=1}^{I}\sum_{k=1}^{K}\rho_{ik}\sum_{j=1}^{J}\sum_{l=1}^{L}x_{ijkl} - \sum_{i=1}^{I}\sum_{j=1}^{J}\sum_{k=1}^{K}\sum_{l=1}^{L}c_{ijkl}(x)\Big] +$$

$$\alpha\Big[\sum_{i=1}^{I}\sum_{k=1}^{K}\rho_{ik}\sum_{j=1}^{J}\sum_{l=1}^{L}x_{ijkl} - \sum_{i=1}^{I}\sum_{j=1}^{J}\sum_{k=1}^{K}\sum_{l=1}^{L}c_{ijkl}(x) - b\Big] +$$

$$\sum_{k=1}^{K}\sum_{l=1}^{L}\beta_{kl}\Big(\sum_{i=1}^{I}\sum_{j=1}^{J}x_{ijkl} - u_{kl}\Big) + \sum_{j=1}^{J}\sum_{k=1}^{K}\gamma_{jk}\Big(\sum_{i=1}^{I}\sum_{l=1}^{L}x_{ijkl} - \overline{d_{jk}}\Big) +$$

$$\sum_{j=1}^{J}\sum_{k=1}^{K}\delta_{jk}\Big(d_{jk} - \sum_{i=1}^{I}\sum_{l=1}^{L}x_{ijkl}\Big) \qquad (8-51)$$

其中，α、β_{kl}、γ_{jk}、δ_{jk} 分别表示约束条件式（8-47）、式（8-48）、式（8-49）和式（8-50）的拉格朗日乘子。

根据定理 8-1 可知，求最优化问题的解时，可以将最优化问题转化为变分不等式进行求解，所以可以将式（8-51）转化为如下变分不等式：

$$\sum_{i=1}^{I}\sum_{j=1}^{J}\sum_{k=1}^{K}\sum_{l=1}^{L}\varphi\Big[\Big(\frac{\partial c_{ijkl}(x^{*})}{\partial x_{ijkl}} + \rho_{ik}\Big)(1 + \alpha^{*}) - \frac{\partial B(x^{*})}{\partial x_{ijkl}} + \alpha + \gamma_{jk} - \delta_{jk}\Big] \times$$

$$(x_{ijkl} - x^{*}_{ijkl}) + \Big[b - \sum_{i=1}^{I}\sum_{k=1}^{K}\rho_{ik}\sum_{j=1}^{J}\sum_{l=1}^{L}x^{*}_{ijkl} - \sum_{i=1}^{I}\sum_{j=1}^{J}\sum_{k=1}^{K}\sum_{l=1}^{L}c_{ijkl}(x^{*})\Big] \times$$

$$(\alpha - \alpha^{*}) + \sum_{k=1}^{K}\sum_{l=1}^{L}\Big(u_{kl} - \sum_{i=1}^{I}\sum_{j=1}^{J}x_{ijkl}\Big) \times (\beta_{kl} - \beta^{*}_{kl}) +$$

$$\sum_{j=1}^{J}\sum_{k=1}^{K}\Big(\overline{d_{jk}} - \sum_{i=1}^{I}\sum_{l=1}^{L}x_{ijkl}\Big) \times (\gamma_{kl} - \gamma^{*}_{kl}) + \sum_{j=1}^{J}\sum_{k=1}^{K}\Big(\sum_{i=1}^{I}\sum_{l=1}^{L}x_{ijkl} - \underline{d_{jk}}\Big) \times$$

$$(\delta_{kl} - \delta^{*}_{kl}) \geqslant 0 \qquad (8-52)$$

对于该变分不等式解的存在性和唯一性的证明请参考 AnnaNagurney，这里不再详述。

（二）算法设计

本章将采用欧拉算法对变分不等式（8－52）进行算法设计，同时因为应急物资的需求量是非负的，可以对欧拉算法进行简化处理，具体如下。

1. 初始化

令 $X^0 \in K, t = 0$，迭代步长为 $\{a_t\}$ 且 $\sum\limits_{t=1}^{\infty} a_t = \infty$，$a_t > 0$，$a_t \to \infty$，精度 $\varepsilon > 0.001$。

2. 计算

$$x_{ijkl}^{t+1} = \max\left\{0, x_{ijkl}^t + a_t\varphi\left[\frac{\partial B(x^t)}{\partial x_{ijkl}} - \left(\sum_{i=1}^{I}\sum_{j=1}^{J}\sum_{k=1}^{K}\sum_{l=1}^{L}\frac{\partial c_{ijkl}(x^t)}{\partial x_{ijkl}} + \rho_{ik}\right)\right.\right.$$

$$\left.\left.(1+\alpha^t) - \beta_{kl}^t + \gamma_{jk} - \delta_{jk}\right]\right\}$$

(8－53)

$$\alpha^{t+1} = \max\left\{0, \alpha^t + a_t\left[-b + \sum_{i=1}^{I}\sum_{k=1}^{K}\rho_{ik}\sum_{j=1}^{J}\sum_{l=1}^{L}x_{ijkl}^t - \right.\right.$$

$$\left.\left.\sum_{i=1}^{I}\sum_{j=1}^{J}\sum_{k=1}^{K}\sum_{l=1}^{L}c_{ijkl}(x^t)\right]\right\}$$

(8－54)

$$\beta_{kl}^{t+1} = \max\left\{0, \beta_{kl}^t + a_t[\sum_{i=1}^{I}\sum_{j=1}^{J}x_{ijkl}^t - u_{kl}]\right\}$$

(8－55)

$$\gamma_{jk}^{t+1} = \max\left\{0, \gamma_{jk}^t + a_t[\sum_{i=1}^{I}\sum_{j=1}^{J}\sum_{k=1}^{K}\sum_{l=1}^{L}x_{ijkl}^t - \overline{d_{jk}}]\right\}$$

(8－56)

$$\delta_{jk}^{t+1} = \max\left\{0, \delta_{jk}^{t} + a_{t}\left[\underline{d_{jk}} - \sum_{i=1}^{I}\sum_{j=1}^{J}\sum_{k=1}^{K}\sum_{l=1}^{L} x_{ijkl}^{t}\right]\right\} \qquad (8-57)$$

3. 收敛性判断

当出现 $|X^{(t+1)} - X^{(t)}| \leqslant \varepsilon$ 时,迭代停止,结束运算,否则令 $t = t+1$,继续进行下一步,直到满足精度为止。

三、模型应用及实证

(一) 供应链网络结构对调度决策的影响

1. 单物资购买地、单物资、单物流公司、三个需求地供应链网络结构

我们以如图 8-6 所示的应急物资供应链网络结构为例。在该网络中,由一个物资购买地、一种应急物资、一个物流公司和三个物资需求地构成,该供应链网络包括三条供应链,分别是供应链 1-1-1-1(表示从物资购买地 1 通过物流公司 1 向需求地 1 运输应急物资 1)、供应链 1-2-1-1(表示从物资购买地 1 通过物流公司 1 向需求地 2 运输应急物资 1)、供应链 1-3-1-1(表示从物资购买地 1 通过物流公司 1 向需求地 3 运输应急物资 1)。为方便计算本章假设一台呼吸机为一个运输单位。

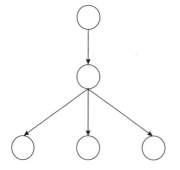

一个物资购买地:A市

一种应急物资:呼吸机

一个物流公司:E公司

三个物资需求地:1. 武汉市、2. 黄冈市、3. 孝感市

图 8-6 供应链网络结构

接下来我们根据上文预测的结果和实际情形给定以下函数设置。

（1）呼吸机购买成本：

$$C_{11} = 100000 \sum_{j=1}^{3} x_{1j11}$$

（2）呼吸机运输成本：

$$C_{21} = 0.3 x_{1111}^2 + 0.28 x_{1211}^2 + 0.29 x_{1311}^2$$

（3）呼吸机收入函数：

$$B_1 = 150000 x_{1111} + 140000 x_{1211} + 145000 x_{1311}$$

（4）约束：

武汉市、黄冈市和孝感市的需求约束根据上文的预测结果确定；资金约束 $b = 10^{10}$ 元；物流公司的容量约束 $u_{11} = 6000$。

假设应急物资全部通过政府部门采购获得，不考虑民间捐赠；假设利润效用转化率 $\varphi = 1$，精度设为 0.001。通过 VC++ 计算，结果如表 8-18 所示。

表 8-18　算例一：应急物资调度决策方案与相关数据　（单位：元）

调度方案	数量（台）	购买成本	运输成本	总成本	总效用
1-1-1-1	5469	546900000	8973240	555873240	264476760
1-2-1-1	167	16700000	7812	16707812	6672188
1-3-1-1	364	36400000	38411	36438411	16341589
合计	6000	600000000	9019463	609019463	287490537

注：四舍五入。

如表 8-18 所示，应急物资的调度决策方案为：从物资购买地 A 市购买 6000 台呼吸机，并通过物流公司 E 分别向武汉市运输 5469 台呼吸机、向黄冈市运输 167 台呼吸机、向孝感市运输 364 台呼吸机。该算例中，购买呼吸机的总成本为 6×10^8 元，运输成本为 9.02×10^6 元，总成本为 6.09×10^8 元，这批呼吸机所带来的救援效用为 2.87×10^8 元。

2. 单物资购买地、双物资、单物流公司、三个需求地供应链网络结构

该算例以图 8-7 所示的应急物资供应链网络来验证本节所建立的供应链网络基准模型的有效性。与前面算例不同之处是在该算例中增加了防护服这种应急物资，防护服和呼吸机从同一地点 A 市购买且通过物流公司 E 来向武汉市、黄冈市和孝感市运输。针对防护服这种应急物资往往采用打包运输的方式，因此，防护服的运输价格相对呼吸机的运输价格偏低，同时为方便计算本章假设 100 单位防护服为一个运输单位。在该供应链网络中包括 6 条供应链分别是：供应链 1-1-1-1（表示从物资购买地 1 通过物流公司 1 向需求地 1 运输应急物资 1）、供应链 1-2-1-1（表示从物资购买地 1 通过物流公司 1 向需求地 2 运输应急物资 1）、供应链 1-3-1-1（表示从物资购买地 1 通过物流公司 1 向需求地 3 运输应急物资 1）、供应链 1-1-2-1（表示从物资购买地 1 通过物流公司 1 向需求地 1 运输应急物资 2）、供应链 1-2-2-1（表示从物资购买地 1 通过物流公司 1 向需求地 2 运输应急物资 2）、供应链 1-3-2-1（表示从物资购买地 1 通过物流公司 1 向需求地 3 运输应急物资 2）。

因此，给定以下防护服的相关函数设置：

（1）防护服购买成本：

$$C_{12} = 2000 \sum_{j=1}^{3} x_{1j21}$$

（2）防护服运输成本：

$$C_{22} = 0.015 x_{1121}^2 + 0.013 x_{1221}^2 + 0.014 x_{1321}^2$$

（3）防护服收入函数：

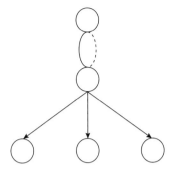

一个物资购买地：A市

两种应急物资：1. 呼吸机、2. 防护服

一个物流公司：E公司

三个物资需求地：1. 武汉市、
2. 黄冈市、3. 孝感市

图 8 - 7 供应链网络结构

$$B_2 = 3000 \, x_{1121} + 2700 \, x_{1221} + 2800 \, x_{1321}$$

（4）约束：

武汉市、黄冈市和孝感市的需求约束根据上文的预测结果确定；物流公司的容量约束 $u_{21} = 11000$；资金约束 $b = 10^{10}$ 元。

假设应急物资全部通过政府部门采购获得，不考虑民间捐赠；假设利润效用转化率 $\varphi = 1$，精度设为 0.001。通过 VC + + 计算，结果如表 8 - 19 所示。

表 8 - 19　算例二：应急物资调度决策方案与相关数据 （单位：元）

调度方案	数量（台/套）	购买成本	运输成本	总成本	总效用
1 - 1 - 1 - 1	5469	546900000	8973240	555873240	264476760
1 - 2 - 1 - 1	167	16700000	7812	16707812	6672188
1 - 3 - 1 - 1	364	36400000	38411	36438411	16341589
1 - 1 - 2 - 1	681574	13631480	696815	14328295	6118925
1 - 2 - 2 - 1	154925	3098500	31202	3129702	1053273
1 - 3 - 2 - 1	149663	2993260	28402	3021662	1168902
合计	—	619723240	9775882	629499122	295831637

注：四舍五入。

如表 8 - 19 所示，应急物资的调度决策方案为：从 A 市购买 6000

台呼吸机和986162套防护服，通过物流公司E向武汉市、黄冈市和孝感市分别运输5469台、167台和364台呼吸机及681574套、154925套和149663套防护服，以援助该三个地区的防疫工作。购买呼吸机和防护服的总成本为6.20×10^8元，运输成本为9.78×10^6元，总成本为6.30×10^8元，这批应急物资所带来的救援效用为2.96×10^8元。

3. 双物资购买地、双物资、单物流公司、三个需求地供应链网络

为了更好地验证本章所建模型的适用性和灵活性，我们继续对算例一和算例二进行拓展，进行更为复杂的算例分析。以便于能够及时地为应急决策提供应急方案，降低疫情给社会带来的损害。

如图8-8所示，该算例在前两个算例的基础之上进一步复杂化供应链网络，新增加了一个物资购买地B市。与A市相比较B市距离疫区的路程更近，因此应急物资的价格较高、单位运输价格较低。在A市和B市都可以购买应急物资，并通过物流公司E向武汉市、黄冈市和孝感市运输。该供应链网络包括12条供应链，如图8-8所示。分别是：供应链1-1-1-1、供应链1-2-1-1、供应链1-3-1-1、供应链1-1-2-1、供应链1-2-2-1、供应链1-3-2-1、供应链2-1-1-1、供应链2-2-1-1、供应链2-3-1-1、供应链2-1-2-1、供应链2-2-2-1、供应链2-3-2-1，具体内容不再详述。

下面给出在B市购买物资的相关函数设置。

（1）呼吸机购买成本：

$$C_{11} = 120000 \sum_{j=1}^{3} x_{2j11}$$

（2）呼吸机运输成本：

$$C_{21} = 0.24 x_{2111}^2 + 0.22 x_{2211}^2 + 0.23 x_{2311}^2$$

（3）呼吸机收入函数：

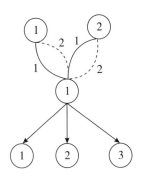

两个物资购买地: 1. A市、B市

两种应急物资: 1. 呼吸机、2. 防护服

一个物流公司: E公司

三个物资需求地: 1. 武汉市、
2. 黄冈市、3. 孝感市

图 8 – 8　供应链网络结构

$$B_1 = 150000\, x_{2111} + 140000\, x_{2211} + 145000\, x_{2311}$$

（4）防护服购买成本：

$$C_{12} = 2200 \sum_{j=1}^{3} x_{2j21}$$

（5）防护服运输成本：

$$C_{22} = 0.012\, x_{2121}^{2} + 0.010\, x_{2221}^{2} + 0.011\, x_{2321}^{2}$$

（6）防护服收入函数：

$$B_2 = 3000\, x_{2121} + 2700\, x_{2221} + 2800\, x_{2321}$$

（7）约束：

武汉市、黄冈市和孝感市的需求约束根据本章第一节的预测结果确定；物流公司的容量约束 $u_{11} = 6000$、$u_{21} = 11000$；资金约束 $b = 10^{10}$ 元。

假设应急物资全部通过政府部门采购获得，不考虑民间捐赠；假设利润效用转化率 $\varphi = 1$，精度设为 0.001。通过 VC + +计算，结果如表 8 – 20 所示。

从 A 市购买 6000 台呼吸机，通过物流公司 E 向武汉市、黄冈市和孝感市分别运输 5469 台、167 台和 364 台呼吸机；从 A 市购买 567086 套防护服，通过物流公司 E 向武汉市、黄冈市和孝感市分别运输 351612 套、110911 套和 104563 套防护服；从 B 市购买 442496

套防护服，通过物流公司 E 向武汉市、黄冈市和孝感市分别运输 356175 套、44162 套和 42159 套防护服。要注意的是呼吸机全部是从 A 市购买的，其原因可能是从 B 市购买呼吸机的成本远高于其运费低所节约的成本。购买呼吸机和防护服的总成本为 6.21×10^8 元，运输成本为 9.39×10^6 元，总成本为 6.30×10^8 元，这批救援物资所带来的救援效用为 2.96×10^8 元。

表 8－20　　算例三：应急物资调度决策方案与相关数据　　（单位：元）

调度方案	数量（台/套）	购买成本	运输成本	总成本	总效用
1－1－1－1	5469	546900000	8972988	555872988	264477012
1－2－1－1	167	16699600	7809	16707409	6672031
1－3－1－1	364	36390400	38404	36428804	16337276
1－1－2－1	351612	7032240	185446	7217686	3330674
1－2－2－1	110911	2218220	15992	2234212	760385
1－3－2－1	104563	2091260	15307	2106567	821197
2－1－1－1	0	0	0	0	0
2－2－1－1	0	0	0	0	0
2－3－1－1	0	0	0	0	0
2－1－2－1	356175	7835850	152233	7988083	2697167
2－2－2－1	44162	971564	1950	973514	218860
2－3－2－1	42159	927498	1955	929453	250999
合计	—	621066632	9392084	630458716	295565601

注：四舍五入。

（二）应急物资定价对调度决策影响的灵敏度分析

在前面三个算例中，我们主要是针对应急物资供应链网络结构发生改变而及时地提供物资调度策略，接下来我们将调整物资的购买成本函数，目的是：一方面更好地体现本章所建立的应急物资供应链网络基准模型的及时性和灵活性，另一方面探究变量的变化对应急物资调度决策的影响，从而体现模型的合理性。

我们以上文的算例为基础，以防护服为例，对 B 市防护服的购买成本函数进行调整：防护服购买价格分别为 20 元、20.5 元、21 元、……、25 元，进行 11 次运算，序号为 1、2、…、11，其他条件保持不变，通过 VC＋＋计算，结果如表 8-21 所示。

表 8-21　A、B 市防护服不同价格下的应急物资调度决策　　（单位：套）

序号	1-1-2-1	1-2-2-1	1-3-2-1	2-1-2-1	2-2-2-1	2-3-2-1
1	314556	67380	64531	393194	87587	82127
2	323815	78249	74531	383934	76717	72127
3	333074	89118	84531	374675	65847	62128
4	342334	99988	94531	365416	54978	52127
5	351612	110911	104563	356175	44162	42159
6	360852	121727	114530	346897	33239	32127
7	370111	132596	124530	337637	22368	22126
8	379370	143464	134529	328378	11497	12126
9	388628	154319	144521	319117	613	2100
10	397886	154924	146637	309857	0	0
11	407145	154923	146636	300597	0	0

注：四舍五入。

为了直观表现出 A、B 市防护服价格上升对购买数量的影响，我们将

表 8 - 21 用图 8 - 9 表示。

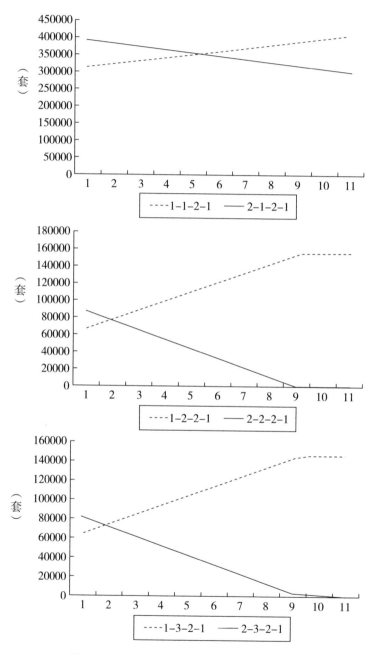

图 8 - 9 A、B 两市防护服购买数量对比

从图 8 - 9 中能够很直观地得出以下结论。

结论 1：随着某地应急物资的价格不断上涨，从该地购买物资的数量在不断减少，当增加到一定限度时将不会在此地购买物资。

结论 2：在疫区当地或者附近购买应急物资往往价格较高，运费较低。在不考虑时间成本的前提下，当在运费上节省的费用不足以弥补高昂的购买价格时，决策者会选择在更远的地方购买廉价的物资。

本节基于提高突发公共卫生事件发生后的应急物资调度决策水平，避免造成应急物资的重复运输或者运输不足的问题，首先考虑应急物资供应链网络的多个环节，以最大化救援效用为目标建立了应急物资供应链网络基准模型；其次结合变分不等式和最优化理论对模型进行求解，并通过欧拉算法进行算法设计；最后通过数值算例验证了该模型的合理性、灵活性和及时性，能够及时有效地为应急管理决策者提供应急物资调度方案。

第三节　突发公共卫生事件下具有随机成本的应急物资决策

一、突发公共卫生事件下应急物资决策问题分析

在供应链系统运行过程中往往会出现两种不确定性：一种是内部不确定性，如供应不确定性、需求不确定性等；另一种是外部不确定性，主要是由于各种突发事件所引起的运输不确定性，如地震、洪水、疫情、国际关系等。这两种情况会对供应链的运行造成很大的影

响。本节主要针对突发公共卫生事件引起的供应链运输环节的外部不确定性。当突发事件发生后，如地震、洪水等自然灾害势必会造成路网、交通设施、通信设施等基础设施受到不同程度破坏。新冠期间多省市采取封路、封城等措施，对应急物资的运输、装卸搬运也会造成极大影响。如何消除或者降低这些不确定因素带来的风险是当前供应链理论和应用中要解决的重要议题，也是影响应急物资调度决策的一个重要原因。因此，研究随机运输成本下应急物资供应链网络是很有必要的。

本节采用随机变量来表示应急物资运输途中的不确定性因素对运输成本的影响。假设运输成本函数中代表不确定因素的随机变量是独立的，并且其概率分布是已知的。供应链网络中的各个参与者对随机成本带来的风险是有不同态度的，在本节模型中采用均值—方差（mean – variance）法来评估政府或救援组织决策者的风险态度对应急物资调度决策的影响。

均值—方差模型是由哈里·马科维茨（H. M. Markowitz）在 1952年首次提出，主要应用于经济学中的风险投资领域。经过几十年的发展，该模型的应用越来越广泛。部分学者使用该方法来解决供应链中的不确定性问题。Hodder 和 Dincer 利用均值—方差法来研究不确定环境下设施选址的决策问题。Liu Zugang 等利用均值—方差法来研究需求不确定时横向并购供应链网络整合的决策问题。张庆红针对供应链网络环境中的不确定因素，同时考虑供应链网络中企业决策者的风险态度，建立了横向并购供应链网络的均值方差模型。王楠楠针对供应链网络中的产出不确定性，同时考虑决策者风险态度，利用均值—方差法建立了风险量化模型来解决生产投入决策问题。

综上所述，本章针对突发公共卫生事件下应急物资运输成本的不确定性，引入随机变量来表示运输成本，同时利用均值—方差法来评估决策者的风险态度对应急物资调度决策的影响。

二、突发公共卫生事件下具有随机成本的应急模型

(一) 模型建立

突发事件下，应急物资供应链网络会受到内外部不确定因素的影响，如应急物资供应不确定性、应急物资需求不确定性和应急物资运输不确定性。

针对应急物资供应不确定性，假设物资购买地可以供应的物资数量没有限制，而且可以提供所有种类的应急物资。

针对应急物资需求不确定性，采用灰色新息区间预测模型对应急物资的不确定需求进行确定化。

针对应急物资运输不确定性，我们用随机变量 a_{ij} 表示不确定因素对运输成本的影响，$f_{ij}(a_{ij})$ 表示其密度函数，$F_{ij}(a_{ij})$ 表示其分布函数；$c_{ijkl}(x, a_{ij})$ 表示物流公司 l 将应急物资 k 从物资购买地 i 运输到灾区需求地 j 的运输成本函数，$\bar{c}_{ijkl}(x, a_{ij})$ 表示其期望，简称期望运输成本，$Vc_{ijkl}(x, a_{ij})$ 表示运输成本的方差；假设 ω 表示政府或救援组织决策者的风险态度系数，其主要作用是用来衡量决策者对随机成本带来风险的态度，系数越大说明决策者是风险规避者，在决策时更偏向于稳定，反之说明决策者是风险爱好者。

因此，根据突发公共卫生事件下应急物资供应链网络基准模型可以建立以下具有随机成本的应急物资供应链网络模型：

$$\max U(x) = \varphi \left[B(x) - \sum_{i=1}^{I} \sum_{k=1}^{K} \rho_{ik} \sum_{j=1}^{J} \sum_{l=1}^{L} x_{ijkl} - \sum_{i=1}^{I} \sum_{j=1}^{J} \sum_{k=1}^{K} \sum_{l=1}^{L} \bar{c}_{ijkl}(x, a_{ij}) - \right.$$

$$\left. \omega \sum_{i=1}^{I} \sum_{j=1}^{J} \sum_{k=1}^{K} \sum_{l=1}^{L} V c_{ijkl}(x, a_{ij}) \right] \qquad (8-58)$$

约束条件如下:

$$x_{ijkl} \geq 0 \qquad (8-59)$$

$$\sum_{i=1}^{I} \sum_{k=1}^{K} \rho_{ik} \sum_{j=1}^{J} \sum_{l=1}^{L} x_{ijkl} + \sum_{i=1}^{I} \sum_{j=1}^{J} \sum_{k=1}^{K} \sum_{L=1}^{L} \bar{c}_{ijkl}(x, a_{ij}) +$$

$$\omega \sum_{i=1}^{I} \sum_{j=1}^{J} \sum_{k=1}^{K} \sum_{l=1}^{L} V(x, a_{ij}) \leq b \qquad (8-60)$$

$$\sum_{i=1}^{I} \sum_{j=1}^{J} x_{ijkl} \leq u_{kl}, k = 1, \cdots, K; l = 1, \cdots, L \qquad (8-61)$$

$$\sum_{i=1}^{I} \sum_{l=1}^{L} x_{ijkl} \leq \overline{d_{jk}}, j = 1, \cdots, J; k = 1, \cdots, K \qquad (8-62)$$

$$\sum_{i=1}^{I} \sum_{l=1}^{L} x_{ijkl} \leq \underline{d_{jk}}, j = 1, \cdots, J; k = 1, \cdots, K \qquad (8-63)$$

其中,式(8-59)表示非负限制,即必须有应急物资运送到需求地;式(8-60)表示应急物资的采购成本和运输成本不得高于资金预算,b 表示某政府或者组织的资金预算;式(8-61)表示物流公司运输容量限制,u_{kl} 表示物流公司 l 运输应急物资 k 的能力;式(8-62)、式(8-63)表示应急物资需求限制,运送到需求地 j 的应急物资 k 不得低于该灾区对应急物资 k 的最低需求量,同时也不得超过其最大需求量,$\overline{d_{jk}}$、$\underline{d_{jk}}$ 分别表示需求地 j 对应急物资 k 的需求量上下限。

将目标函数转化为拉格朗日函数:

$$L(x, \alpha, \beta_{kl}, \gamma_{jk}, \delta_{jk}) = \varphi \left[B(x) - \sum_{i=1}^{I} \sum_{k=1}^{K} \rho_{ik} \sum_{j=1}^{J} \sum_{l=1}^{L} x_{ijkl} - \right.$$

$$\sum_{i=1}^{I} \sum_{j=1}^{J} \sum_{k=1}^{K} \sum_{l=1}^{L} \left[\bar{c}_{ijkl}(x,a_{ij}) + \omega V c_{ijkl}(x,a_{ij}) \right] \Big] +$$

$$\alpha \Bigg[\sum_{i=1}^{I} \sum_{k=1}^{K} \rho_{ik} \sum_{j=1}^{J} \sum_{l=1}^{L} x_{ijkl} - \sum_{i=1}^{I} \sum_{j=1}^{J} \sum_{k=1}^{K} \sum_{l=1}^{L}$$

$$\left[\bar{c}_{ijkl}(x,a_{ij}) + \omega V c_{ijkl}(x,a_{ij}) \right] - b \Bigg] +$$

$$\sum_{k=1}^{K} \sum_{l=1}^{L} \beta_{kl} \sum_{i=1}^{I} \sum_{j=1}^{J} (x_{ijkl} - u_{kl}) + \sum_{i=1}^{I} \sum_{k=1}^{K} \gamma_{jk} \Big(\sum_{i=1}^{I} \sum_{l=1}^{L} (x_{ijkl} - \overline{d_{jk}}) \Big) +$$

$$\sum_{j=1}^{J} \sum_{k=1}^{K} \delta_{jk} \Big(d_{jk} - \sum_{i=1}^{I} \sum_{l=1}^{L} x_{ijkl} \Big) \qquad (8-64)$$

其中，α、β_{kl}、γ_{jk}、δ_{jk} 分别表示（8-60）、（8-61）、（8-62）、（8-63）的拉格朗日乘子。

求最优化问题的解时，可以将最优化问题转化为变分不等式进行求解，所以可以将式（8-64）转化为如下变分不等式：

$$\sum_{i=1}^{I} \sum_{j=1}^{J} \sum_{k=1}^{K} \sum_{l=1}^{L} \varphi \Bigg[\Bigg(\frac{\partial \bar{c}_{ijkl}(x^*,a_{ij})}{\partial x_{ijkl}} + \omega \frac{\partial V c_{ijkl}(x^*,a_{ij})}{\partial x_{ijkl}} + \rho_{ik} \Bigg)(1 + \alpha^*) -$$

$$\frac{\partial B(x^*)}{\partial x_{ijkl}} + \alpha + \gamma_{jk} - \delta_{jk} \Bigg] \times (x_{ijkl} - x_{ijkl}^*) + \Bigg[b - \sum_{i=1}^{I} \sum_{j=1}^{J} \sum_{k=1}^{K} \sum_{l=1}^{L}$$

$$\left[\rho_{ik} x_{ijkl}^* + \bar{c}_{ijkl}(x^*,a_{ij}) + \omega V c_{ijkl}(x^*,a_{ij}) \right] \Bigg] \times (\alpha - \alpha^*) +$$

$$\sum_{k=1}^{K} \sum_{l=1}^{L} \Big(u_{kl} - \sum_{i=1}^{I} \sum_{j=1}^{J} x_{ijkl} \Big) \times (\beta_{kl} - \beta_{kl}^*) + \sum_{j=1}^{J} \sum_{k=1}^{K}$$

$$\Big(\overline{d_{jk}} - \sum_{i=1}^{I} \sum_{l=1}^{L} x_{ijkl} \Big) \times (\gamma_{kl} - \gamma_{kl}^*) + \sum_{j=1}^{J} \sum_{k=1}^{K} \Big(\sum_{i=1}^{I} \sum_{l=1}^{L} x_{ijkl} - \underline{d_{jk}} \Big) \times$$

$$(\delta_{kl} - \delta_{kl}^*) \geqslant 0 \qquad (8-65)$$

对于该变分不等式解的存在性和唯一性的证明请参考 Anna Nagurney，这里不再详述。

（二）算法设计

本节将采用欧拉算法对变分不等式（8-65）进行算法设计，同时因为应急物资的需求量是非负的，所以可以对欧拉算法进行简化处理，具体如下。

1. 初始化

令 $X^0 \in K, t = 0$，迭代步长为 $\{a_t\}$，且 $\sum_{t=1}^{\infty} a_t = \infty, a_t > 0, a_t \to \infty$，精度 $\varepsilon > 0.001$。

2. 计算

$$x_{ijkl}^{t+1} = \max \left\{ 0, x_{ijkl}^t + a_t \varphi \left[\frac{\partial B(x^t)}{\partial x_{ijkl}} - \left(\sum_{i=1}^{I} \sum_{j=1}^{J} \sum_{k=1}^{K} \sum_{l=1}^{L} \frac{\partial c_{ijkl}(x^t, a_{ij})}{\partial x_{ijkl}} \right. \right. \right.$$

$$\left. \left. \left. \omega \frac{\partial Vc_{ijkl}(x^*, a_{ij})}{\partial x_{ijkl}} + \rho_{ik} \right) (1 + \alpha^t) - \beta_{kl}^t + \gamma_{jk} - \delta_{jk} \right] \right\} \qquad (8-66)$$

$$\alpha^{t+1} = \max \left(0, \alpha^t + a_t \left\{ -b + \sum_{i=1}^{I} \sum_{j=1}^{J} \sum_{k=1}^{K} \sum_{l=1}^{L} \left[\rho_{ik} x_{ijkl}^t + \bar{c}_{ijkl}(x^t, a_{ij}) + \right. \right. \right.$$

$$\left. \left. \left. \omega V c_{ijkl}(x^t, a_{ij}) \right] \right\} \right) \qquad (8-67)$$

$$\beta_{kl}^{t+1} = \max \left\{ 0, \beta_{kl}^t + a_t \left[\sum_{i=1}^{I} \sum_{j=1}^{J} x_{ijkl}^t - u_{kl} \right] \right\} \qquad (8-68)$$

$$\gamma_{jk}^{t+1} = \max \left\{ 0, \gamma_{jk}^t + a_t \left[\sum_{i=1}^{I} \sum_{j=1}^{J} \sum_{k=1}^{K} \sum_{l=1}^{L} x_{ijkl}^t - \overline{d_{jk}} \right] \right\} \qquad (8-69)$$

$$\delta_{jk}^{t+1} = \max \left\{ 0, \delta_{jk}^t + a_t \left[\underline{d_{jk}} - \sum_{i=1}^{I} \sum_{j=1}^{J} \sum_{k=1}^{K} \sum_{l=1}^{L} x_{ijkl}^t \right] \right\} \qquad (8-70)$$

3. 收敛性判断

当出现 $|X^{(t+1)} - X^{(t)}| \leqslant \varepsilon$ 时，迭代停止，结束运算，否则令 $t = t + 1$，

继续进行下一步，直到满足精度为止。

三、模型应用与实证分析

（一）双购买地、双物资、双物流公司、三个需求地供应链网络

我们针对如图 8 - 10 所示的供应链网络结构进行算例分析，在该供应链网络结构中，分别从 A 市和 B 市购买应急物资，并且通过物流公司 E 和 F 来完成向需求点武汉市、黄冈市和孝感市的运送任务。假设 A 市距离疫区较远，疫情对应急物资的价格几乎没有影响，但是其运费较高，相对应的 B 市距离疫区近，物资价格高，运输成本低。两家物流公司的不同之处体现在物流公司的运量和运费两方面，假设 E 公司比 F 公司的运费高且运量低。

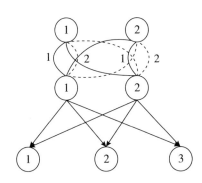

两个物资购买地：1. A市、2. B市

两种应急物资：1. 呼吸机、2. 防护服

两个物流公司：1. E公司、2. F公司

三个物资需求地：1. 武汉市、
2. 黄冈市、3. 孝感市

图 8 - 10　供应链网络结构

该供应链网络中包含 24 条供应链，分别为：供应链 1 - 1 - 1 - 1、供应链 1 - 2 - 1 - 1、供应链 1 - 3 - 1 - 1、供应链 1 - 1 - 2 - 1、供应链 1 - 2 - 2 - 1、供应链 1 - 3 - 2 - 1、供应链 2 - 1 - 1 - 1、供应链 2 - 2 - 1 - 1、供应链 2 - 3 - 1 - 1、供应链 2 - 1 - 2 - 1、供应链 2 - 2 - 2 - 1、供应链 2 -

3 - 2 - 1、供应链 1 - 1 - 1 - 2、供应链 1 - 2 - 1 - 2、供应链 1 - 3 - 1 - 2、供应链 1 - 1 - 2 - 2、供应链 1 - 2 - 2 - 2、供应链 1 - 3 - 2 - 2、供应链 2 - 1 - 1 - 2、供应链 2 - 2 - 1 - 2、供应链 2 - 3 - 1 - 2、供应链 2 - 1 - 2 - 2、供应链 2 - 2 - 2 - 2、供应链 2 - 3 - 2 - 2，具体含义不再详述。

图中每条供应链都含有随机变量的成本函数，具体详述如下。

（1）E 公司运输呼吸机的总成本：

$$C_{ij11} = 0.3\,x_{1111}^2 + 0.28\,x_{1211}^2 + 0.29\,x_{1311}^2 + 0.24\,x_{2111}^2 +$$
$$0.22\,x_{2211}^2 + 0.23\,x_{2311}^2 + \sum_{i=1}^{2}\sum_{j=1}^{3}(a_{ij} * x_{ij11})$$

（2）E 公司运输防护服的总成本：

$$C_{ij21} = 0.015\,x_{1121}^2 + 0.013\,x_{1221}^2 + 0.014\,x_{1321}^2 + 0.012\,x_{2121}^2 +$$
$$0.010\,x_{2221}^2 + 0.011\,x_{2321}^2 + \sum_{i=1}^{2}\sum_{j=1}^{3}(a_{ij} * x_{ij21})$$

（3）F 公司运输呼吸机的总成本：

$$C_{ij12} = 0.28\,x_{1112}^2 + 0.26\,x_{1212}^2 + 0.27\,x_{1312}^2 + 0.22\,x_{2112}^2 +$$
$$0.20\,x_{2212}^2 + 0.21\,x_{2312}^2 + \sum_{i=1}^{2}\sum_{j=1}^{3}(a_{ij} * x_{ij12})$$

（4）F 公司运输防护服的总成本：

$$C_{ij22} = 0.013\,x_{1122}^2 + 0.011\,x_{1222}^2 + 0.012\,x_{1322}^2 + 0.011\,x_{2122}^2 +$$
$$0.009\,x_{2222}^2 + 0.010\,x_{2322}^2 + \sum_{i=1}^{2}\sum_{j=1}^{3}(a_{ij} * x_{ij22})$$

（5）呼吸机收入函数：

$$B_1 = 150000\sum_{i=1}^{2}\sum_{l=1}^{2}x_{i11l} + 140000\sum_{i=1}^{2}\sum_{l=1}^{2}x_{i21l} + 145000\sum_{i=1}^{2}\sum_{l=1}^{2}x_{i31l}$$

（6）防护服收入函数：

$$B_2 = 3000\sum_{i=1}^{2}\sum_{l=1}^{2}x_{i12l} + 2700\sum_{i=1}^{2}\sum_{l=1}^{2}x_{i22l} + 2800\sum_{i=1}^{2}\sum_{l=1}^{2}x_{i32l}$$

（7）约束：

武汉市、黄冈市和孝感市的需求约束根据本章第一节的预测结果确定；E 物流公司的容量约束 $u_{11} = 2000$、$u_{21} = 4000$；F 物流公司的容量约束 $u_{11} = 4000$、$u_{21} = 7000$；资金约束 $b = 10^{10}$ 元。

假设应急物资全部通过政府部门采购获得，不考虑民间捐赠；假设决策者对各疫区的风险态度系数都为 1；假设随机变量服从均匀分布，为了计算简便不妨假设上述随机变量的期望为 1，方差 $\sigma^2 = 0$，其他条件不变，通过 VC + + 计算。

如表 8 – 22 所示，呼吸机应急调度方案为：在 A 市共购买 6000 台呼吸机，运往武汉市呼吸机总计 5291 台，选择 E 物流公司运输 2000 台，选择 F 物流公司运输 3291 台；运往黄冈市呼吸机计 345 台，选择 F 公司运输；运往孝感市呼吸机计 364 台，选择 F 公司运输。

表 8 – 22　武汉市、黄冈市和孝感市呼吸机应急调度决策　　（单位：台）

调度方案	物资数量	调度方案	物资数量	调度方案	物资数量
1 – 1 – 1 – 1	2000	1 – 2 – 1 – 1	0	1 – 3 – 1 – 1	0
1 – 1 – 1 – 2	3291	1 – 2 – 1 – 2	345	1 – 3 – 1 – 2	364
2 – 1 – 1 – 1	0	2 – 2 – 1 – 1	0	2 – 3 – 1 – 1	0
2 – 1 – 1 – 2	0	2 – 2 – 1 – 2	0	2 – 3 – 1 – 2	0
合计	5291	—	345	—	364

如表 8 – 23 所示，防护服应急调度方案为：在 A 市共购买 684622 套防护服，其中，选择物流公司 E 分别向武汉市、黄冈市和孝感市运输 170682 套、50764 套和 48303 套，选择物流公司 F 分别向武汉市、黄冈市和孝感市运输 228054 套、96764 套和 90055 套；在 B 市共购买

323932 套防护服，其中，选择物流公司 E 向武汉市运输 130038 套，选择物流公司 F 分别向武汉市、黄冈市和孝感市运输 178631 套、7180 套和 8083 套。武汉市总计收到防护服 707405 套，黄冈市收到 154708 套，孝感市收到 146441 套。按照以上方案进行应急物资调度，能够在一定约束下达到最优救援效用为 2.97×10^8 元。

表 8-23　武汉市、黄冈市和孝感市防护服应急调度决策　（单位：套）

调度方案	物资数量	调度方案	物资数量	调度方案	物资数量
1-1-2-1	170682	1-2-2-1	50764	1-3-2-1	48303
1-1-2-2	228054	1-2-2-2	96764	1-3-2-2	90055
2-1-2-1	130038	2-2-2-1	0	2-3-2-1	0
2-1-2-2	178631	2-2-2-2	7180	2-3-2-2	8083
合计	707405	—	154708	—	146441

该算例考虑的供应链网络结构更加复杂，一方面是对本节建立的具有随机成本的应急物资供应链网络模型合理性和有效性的验证，另一方面是为下一小节的数值算例做准备，下面的算例将在此算例的基础上进行。

（二）风险态度和方差对调度决策影响的灵敏度分析

本节数值算例主要是探讨决策者的风险态度和随机成本对应急物资调度决策的影响。同样假设随机成本的期望值都为 1，我们来探讨 σ^2 与风险态度系数 ω 对应急物资调度决策的影响性分析。通过 VC++ 计算，共进行 121 次计算。结果如表 8-24 至表 8-47 所示。

表 8-24　具有随机成本的供应链 1-1-1-1 调度策略

（单位：台）

方差＼风险系数	0	0.1	0.2	0.3	0.4	0.5	0.6	0.7	0.8	0.9	1
0	2000	2000	2000	2000	2000	2000	2000	2000	2000	2000	2000
0.01	2000	2000	2000	2000	2000	2000	2000	2000	2000	2000	2000
0.02	2000	2000	2000	2000	2000	2000	2000	2000	2000	2000	2000
0.03	2000	2000	2000	2000	2000	2000	2000	2000	2000	2000	2000
0.04	2000	2000	2000	2000	2000	2000	2000	2000	2000	2000	2000
0.05	2000	2000	2000	2000	2000	2000	2000	2000	2000	2000	2000
0.06	2000	2000	2000	2000	2000	2000	2000	2000	2000	2000	2000
0.07	2000	2000	2000	2000	2000	2000	2000	2000	2000	2000	2000
0.08	2000	2000	2000	2000	2000	2000	2000	2000	2000	2000	2000
0.09	2000	2000	2000	2000	2000	2000	2000	2000	2000	2000	2000
0.1	2000	2000	2000	2000	2000	2000	2000	2000	2000	2000	2000

表 8 - 25　具有随机成本的供应链 1 - 2 - 1 - 1 调度策略　（单位：台）

风险系数 / 方差	0	0.1	0.2	0.3	0.4	0.5	0.6	0.7	0.8	0.9	1
0	0	0	0	0	0	0	0	0	0	0	1
0.01	0	0	0	0	0	0	0	0	0	0	0
0.02	0	0	0	0	0	0	0	0	0	0	0
0.03	0	0	0	0	0	0	0	0	0	0	0
0.04	0	0	0	0	0	0	0	0	0	0	0
0.05	0	0	0	0	0	0	0	0	0	0	0
0.06	0	0	0	0	0	0	0	0	0	0	0
0.07	0	0	0	0	0	0	0	0	0	0	0
0.08	0	0	0	0	0	0	0	0	0	0	0
0.09	0	0	0	0	0	0	0	0	0	0	0
0.1	0	0	0	0	0	0	0	0	0	0	0

表 8 - 26　具有随机成本的供应链 1 - 3 - 1 - 1 调度策略

（单位：台）

风险系数 方差	0	0.1	0.2	0.3	0.4	0.5	0.6	0.7	0.8	0.9	1
0	0	0	0	0	0	0	0	0	0	0	1
0.01	0	0	0	0	0	0	0	0	0	0	0
0.02	0	0	0	0	0	0	0	0	0	0	0
0.03	0	0	0	0	0	0	0	0	0	0	0
0.04	0	0	0	0	0	0	0	0	0	0	0
0.05	0	0	0	0	0	0	0	0	0	0	0
0.06	0	0	0	0	0	0	0	0	0	0	0
0.07	0	0	0	0	0	0	0	0	0	0	0
0.08	0	0	0	0	0	0	0	0	0	0	0
0.09	0	0	0	0	0	0	0	0	0	0	0
0.1	0	0	0	0	0	0	0	0	0	0	0

表 8-27　具有随机成本的供应链 1-1-2-1 调度策略

（单位：套）

风险系数 方差	0	0.1	0.2	0.3	0.4	0.5	0.6	0.7	0.8	0.9	1
0	170682	168377	166465	164823	163413	162191	161122	160036	158843	157759	156784
0.01	170598	168208	166264	164629	163232	162022	160963	159838	158639	157566	156600
0.02	170124	167931	166044	164437	163054	161856	160807	159626	158439	157377	156420
0.03	170076	167749	165850	164249	162879	161693	160631	159419	158243	157191	156244
0.04	169928	167513	165643	164065	162708	161533	160444	159215	158051	157009	156071
0.05	169540	167303	165454	163883	162540	161376	160230	159016	157862	156830	155901
0.06	169291	167096	165257	163707	162376	161223	160080	158820	157677	156655	155735
0.07	169078	166880	165071	163532	162214	161072	159901	158628	157496	156483	155571
0.08	168813	166692	164884	163361	162055	160924	159701	158439	157318	156314	155411
0.09	168677	166482	164703	163194	161900	160778	159504	158254	157143	156148	155254
0.1	168377	166300	164526	163029	161747	160607	159311	158072	156971	155986	155099

表 8 - 28　具有随机成本的供应链 1 - 2 - 2 - 1 调度策略

（单位：套）

风险系数 方差	0	0.1	0.2	0.3	0.4	0.5	0.6	0.7	0.8	0.9	1
0	50764	49587	48571	47711	46975	46335	45776	45058	43709	42439	41295
0.01	80780	49472	48464	47611	46880	46247	45693	44876	43470	42212	41080
0.02	50418	49331	48352	47510	46786	46160	45611	44628	43236	41990	40869
0.03	50496	49251	48246	47411	46695	46075	45494	44385	43006	41772	40662
0.04	50253	49116	48142	47315	46606	45991	45357	44146	42781	41559	40459
0.05	50216	49010	48042	47220	46518	45909	45222	43912	42560	41349	40260
0.06	50011	48903	47938	47128	46432	45829	45090	43682	42343	41144	40065
0.07	49939	48781	47842	47237	46347	45750	44950	43457	42130	40942	39874
0.08	49814	48691	47743	46947	46264	45672	44715	43236	41921	40744	39686
0.09	49714	48581	47648	46859	46183	45596	44484	43019	41716	40550	39501
0.1	49587	48483	47557	46773	46103	45477	44258	42805	41514	40359	39320

表8-29　具有随机成本的供应链1-3-2-1调度策略

（单位：套）

风险系数 方差	0	0.1	0.2	0.3	0.4	0.5	0.6	0.7	0.8	0.9	1
0	48303	47235	46314	45535	44869	44290	43784	42837	41549	40380	39327
0.01	48321	47130	46218	45445	44783	44210	43709	42624	41329	40171	39129
0.02	48174	47000	46116	45354	44699	44131	43635	42395	41113	39967	38935
0.03	48067	46931	46020	45264	44616	44054	43479	42171	40902	39766	38744
0.04	47831	46806	45926	45177	44535	43979	43277	41951	40694	39570	38558
0.05	47810	46512	45835	45091	44456	43904	43079	41736	40491	39377	38374
0.06	47612	46615	45741	45008	44378	43832	42885	41525	40291	39188	38195
0.07	47556	46504	45654	44925	44301	43760	42692	41317	40095	39002	38018
0.08	47440	46424	45565	44844	44226	43690	42475	41113	39903	38820	37845
0.09	47348	46323	45479	44765	44152	43621	42263	40914	39714	38641	37675
0.1	47235	46235	45396	44673	44103	43454	42054	40717	39529	38466	37509

表 8－30　具有随机成本的供应链 2－1－1－1 调度策略

（单位：台）

方差＼风险系数	0	0.1	0.2	0.3	0.4	0.5	0.6	0.7	0.8	0.9	1
0	0	0	0	0	0	0	0	0	0	0	1
0.01	0	0	0	0	0	0	0	0	0	0	0
0.02	0	0	0	0	0	0	0	0	0	0	0
0.03	0	0	0	0	0	0	0	0	0	0	0
0.04	0	0	0	0	0	0	0	0	0	0	0
0.05	0	0	0	0	0	0	0	0	0	0	0
0.06	0	0	0	0	0	0	0	0	0	0	0
0.07	0	0	0	0	0	0	0	0	0	0	0
0.08	0	0	0	0	0	0	0	0	0	0	0
0.09	0	0	0	0	0	0	0	0	0	0	0
0.1	0	0	0	0	0	0	0	0	0	0	0

表 8-31　具有随机成本的供应链 2-2-1-1 调度策略

（单位：台）

风险系数 方差	0	0.1	0.2	0.3	0.4	0.5	0.6	0.7	0.8	0.9	1
0	0	0	0	0	0	0	0	0	0	0	0
0.01	0	0	0	0	0	0	0	0	0	0	0
0.02	0	0	0	0	0	0	0	0	0	0	0
0.03	0	0	0	0	0	0	0	0	0	0	0
0.04	0	0	0	0	0	0	0	0	0	0	0
0.05	0	0	0	0	0	0	0	0	0	0	0
0.06	0	0	0	0	0	0	0	0	0	0	0
0.07	0	0	0	0	0	0	0	0	0	0	0
0.08	0	0	0	0	0	0	0	0	0	0	0
0.09	0	0	0	0	0	0	0	0	0	0	0
0.1	0	0	0	0	0	0	0	0	0	0	0

表8-32 具有随机成本的供应链2-3-1-1调度策略

（单位：台）

方差＼风险系数	0	0.1	0.2	0.3	0.4	0.5	0.6	0.7	0.8	0.9	1
0	0	0	0	0	0	0	0	0	0	0	0
0.01	0	0	0	0	0	0	0	0	0	0	0
0.02	0	0	0	0	0	0	0	0	0	0	0
0.03	0	0	0	0	0	0	0	0	0	0	0
0.04	0	0	0	0	0	0	0	0	0	0	0
0.05	0	0	0	0	0	0	0	0	0	0	0
0.06	0	0	0	0	0	0	0	0	0	0	0
0.07	0	0	0	0	0	0	0	0	0	0	0
0.08	0	0	0	0	0	0	0	0	0	0	0
0.09	0	0	0	0	0	0	0	0	0	0	0
0.1	0	0	0	0	0	0	0	0	0	0	0

表 8-33　具有随机成本的供应链 2-1-2-1 调度策略

（单位：套）

风险系数 方差	0	0.1	0.2	0.3	0.4	0.5	0.6	0.7	0.8	0.9	1
0	130038	134724	138628	141926	144743	147183	149319	151025	152257	153339	154313
0.01	130713	135246	139071	142318	145106	147522	149636	151263	152461	153532	154496
0.02	130986	135648	139474	142700	145461	147853	149947	151475	152660	153721	154676
0.03	131669	136131	139890	143076	145809	148178	150222	151582	152856	153906	154852
0.04	132039	136549	140281	143444	146151	148497	150475	151885	153048	154088	155025
0.05	132558	136979	140679	143804	146486	148810	150722	152084	153236	154267	155194
0.06	132997	137400	141058	144159	146815	149117	150965	152280	153421	154442	155360
0.07	133464	137801	141437	144506	147138	149418	151200	152472	153602	154613	155524
0.08	133863	138217	141805	144848	147455	149714	151401	152360	153780	154782	155684
0.09	134382	138601	142168	145182	147766	150004	151597	152845	153955	154947	155841
0.1	134724	139003	142525	145511	148071	150254	151790	153027	154126	155110	155995

表8－34　具有随机成本的供应链2－2－2－1调度策略

（单位：套）

方差＼风险系数	0	0.1	0.2	0.3	0.4	0.5	0.6	0.7	0.8	0.9	1
0	0	0	0	0	0	0	0	0	1266	2538	3683
0.01	0	0	0	0	0	0	0	98	1506	2765	3899
0.02	0	0	0	0	0	0	0	346	1740	2987	4110
0.03	0	0	0	0	0	0	0	590	1970	3205	4317
0.04	0	0	0	0	0	0	0	829	2196	3419	4520
0.05	0	0	0	0	0	0	0	1063	2417	3629	4719
0.06	0	0	0	0	0	0	0	1293	2634	3835	4915
0.07	0	0	0	0	0	0	24	1519	2848	4037	5107
0.08	0	0	0	0	0	0	259	1740	3057	4235	5295
0.09	0	0	0	0	0	0	490	1958	3262	4429	5480
0.1	0	0	0	0	0	0	717	2171	3464	4620	5661

表8-35　具有随机成本的供应链2-3-2-1调度策略

（单位：套）

风险系数\方差	0	0.1	0.2	0.3	0.4	0.5	0.6	0.7	0.8	0.9	1
0	0	0	0	0	0	0	0	1044	2376	3545	4598
0.01	0	0	0	0	0	0	0	1302	2596	3754	4796
0.02	0	0	0	0	0	0	0	1530	2811	3958	4990
0.03	0	0	0	0	0	0	174	1754	3023	4158	5180
0.04	0	0	0	0	0	0	447	1974	3230	4355	5367
0.05	0	0	0	0	0	0	716	2189	3434	4548	5550
0.06	0	0	0	0	0	0	979	2400	3634	4737	5730
0.07	0	0	0	0	0	0	1234	2608	3829	4922	5906
0.08	0	0	0	0	0	0	1450	2811	4022	5105	6079
0.09	0	0	0	0	0	0	1662	3011	4210	5283	6249
0.1	0	0	0	0	0	208	1871	3208	4396	5459	6416

表 8－36　具有随机成本的供应链 1－1－1－2 调度策略

（单位：台）

风险系数 方差	0	0.1	0.2	0.3	0.4	0.5	0.6	0.7	0.8	0.9	1
0	3292	3292	3292	3292	3292	3292	3292	3292	3292	3292	3292
0.01	3292	3292	3292	3292	3292	3292	3292	3292	3292	3292	3292
0.02	3292	3292	3292	3292	3292	3292	3292	3292	3292	3292	3292
0.03	3292	3292	3292	3292	3292	3292	3292	3292	3292	3292	3292
0.04	3292	3292	3292	3292	3292	3292	3292	3292	3292	3292	3292
0.05	3292	3292	3292	3292	3292	3292	3292	3292	3292	3292	3292
0.06	3292	3292	3292	3292	3292	3292	3292	3292	3292	3292	3292
0.07	3292	3292	3292	3292	3292	3292	3292	3292	3292	3292	3292
0.08	3292	3292	3292	3292	3292	3292	3292	3292	3292	3292	3292
0.09	3292	3292	3292	3292	3292	3292	3292	3292	3292	3292	3292
0.1	3292	3292	3292	3292	3292	3292	3292	3292	3292	3292	3292

表8-37　具有随机成本的供应链1-2-1-2调度策略

（单位：台）

方差＼风险系数	0	0.1	0.2	0.3	0.4	0.5	0.6	0.7	0.8	0.9	1
0	345	345	345	345	345	342	339	336	334	331	327
0.01	345	345	345	345	344	341	338	335	332	330	327
0.02	345	345	345	345	343	341	338	334	332	330	326
0.03	345	345	345	345	343	343	338	334	331	329	327
0.04	345	345	345	345	343	340	337	334	331	328	325
0.05	345	345	345	345	342	340	337	334	331	329	325
0.06	345	345	345	345	342	339	336	334	330	328	325
0.07	345	345	345	344	342	339	336	332	329	327	324
0.08	345	345	345	344	341	338	335	332	329	327	323
0.09	345	345	345	344	341	338	334	332	329	327	323
0.1	345	345	345	343	340	338	334	332	329	326	322

表 8-38 具有随机成本的供应链 1-3-1-2 调度策略

（单位：台）

方差 \ 风险系数	0	0.1	0.2	0.3	0.4	0.5	0.6	0.7	0.8	0.9	1
0	364	364	364	364	364	364	364	364	364	364	364
0.01	364	364	364	364	364	364	364	364	364	364	364
0.02	364	364	364	364	364	364	364	364	364	364	364
0.03	364	364	364	364	364	364	364	364	364	364	364
0.04	364	364	364	364	364	364	364	364	364	364	364
0.05	364	364	364	364	364	364	364	364	364	364	364
0.06	364	364	364	364	364	364	364	364	364	364	364
0.07	364	364	364	364	364	364	364	364	364	364	364
0.08	364	364	364	364	364	364	364	364	364	364	364
0.09	364	364	364	364	364	364	364	364	364	364	364
0.1	364	364	364	364	364	364	364	364	364	364	364

表 8 - 39　具有随机成本的供应链 1 - 1 - 2 - 2 调度策略

（单位：套）

风险系数 方差	0	0.1	0.2	0.3	0.4	0.5	0.6	0.7	0.8	0.9	1
0	228054	223272	219254	215837	212904	210361	208137	206320	204941	203723	202628
0.01	227684	222853	218822	215431	212526	210009	207807	206059	204712	203506	202422
0.02	227090	222345	218384	215031	212156	209664	207483	205822	204487	203294	202219
0.03	226651	221896	217969	214641	211793	209325	207189	205588	204267	203085	202021
0.04	226057	221430	217546	214258	211437	208993	206916	205360	204051	202881	201827
0.05	225610	220990	217142	213882	211088	208667	206648	205135	203839	202680	201636
0.06	225166	220561	216740	213513	210745	208347	206385	204915	203632	202483	201449
0.07	224684	220130	216350	213150	210409	208033	206130	204699	203428	202290	201266
0.08	224168	219713	215965	212795	210079	207725	205905	204487	203227	202100	201085
0.09	223771	219290	215586	212446	209755	207423	205684	204279	203031	201914	200909
0.1	223272	218896	215215	212104	209437	207155	205467	204075	202838	201731	200735

表8-40　具有随机成本的供应链1-2-2-2调度策略

（单位：套）

风险系数 方差	0	0.1	0.2	0.3	0.4	0.5	0.6	0.7	0.8	0.9	1
0	96764	92856	89522	86707	84292	82199	80367	78852	77255	75793	74476
0.01	96468	92468	89162	86373	83981	81909	80095	78599	76980	75532	74229
0.02	95959	92069	88809	86044	83677	81624	79829	78313	76711	75276	73986
0.03	95622	91699	88459	85722	83378	81345	79584	78033	76446	75026	73748
0.04	95105	91309	88117	85407	83085	81072	79354	77759	76187	74780	73514
0.05	94781	90951	87781	85097	82797	80803	79128	77489	75932	74539	73285
0.06	94358	90599	87451	84794	82515	80540	78907	77225	75682	74302	73060
0.07	93993	90239	87130	84495	82238	80282	78684	76965	75437	74070	72840
0.08	93592	89899	86812	84203	81966	80028	78413	76711	75197	73842	72623
0.09	93207	89553	86501	83916	81700	79779	78148	76461	74961	73619	72411
0.1	92856	89221	86196	83633	81438	79556	77887	76215	74729	73399	72202

表 8 - 41　具有随机成本的供应链 1 - 3 - 2 - 2 调度策略

（单位：套）

风险系数 方差	0	0.1	0.2	0.3	0.4	0.5	0.6	0.7	0.8	0.9	1
0	90055	86507	83476	80920	78726	76725	75161	73445	71940	70611	69415
0.01	89790	86153	83150	80616	78444	76561	74914	73161	71690	70374	69190
0.02	89320	85790	82829	80318	78167	76303	74671	72901	71445	70142	68969
0.03	89024	85455	82511	80025	77895	76049	74393	72647	71205	69914	68753
0.04	88540	85098	82200	79739	77629	75801	74095	72397	70969	69691	68541
0.05	88259	84774	81895	79457	77368	75557	73803	72152	70738	69472	68333
0.06	87867	84456	81595	79181	77112	75318	73516	71912	70511	69257	68129
0.07	87541	84128	81304	78911	76860	75083	73238	71676	70288	69046	67928
0.08	87174	83819	81015	78645	76613	74853	72992	71445	70070	68839	67732
0.09	86821	83504	80732	78384	76371	74627	72751	71218	69855	68636	67538
0.1	86507	83203	80455	78128	76133	74355	72514	70995	69645	68436	67349

表 8 - 42　具有随机成本的供应链 2 - 1 - 1 - 2 调度策略

（单位：台）

风险系数 方差	0	0.1	0.2	0.3	0.4	0.5	0.6	0.7	0.8	0.9	1
0	0	0	0	0	0	0	0	0	0	0	0
0.01	0	0	0	0	0	0	0	0	0	0	0
0.02	0	0	0	0	0	0	0	0	0	0	0
0.03	0	0	0	0	0	0	0	0	0	0	0
0.04	0	0	0	0	0	0	0	0	0	0	0
0.05	0	0	0	0	0	0	0	0	0	0	0
0.06	0	0	0	0	0	0	0	0	0	0	0
0.07	0	0	0	0	0	0	0	0	0	0	0
0.08	0	0	0	0	0	0	0	0	0	0	0
0.09	0	0	0	0	0	0	0	0	0	0	0
0.1	0	0	0	0	0	0	0	0	0	0	0

表 8 - 43   具有随机成本的供应链 2 - 2 - 1 - 2 调度策略

（单位：台）

风险系数 方差	0	0.1	0.2	0.3	0.4	0.5	0.6	0.7	0.8	0.9	1
0	0	0	0	0	0	0	0	0	0	0	1
0.01	0	0	0	0	0	0	0	0	0	0	0
0.02	0	0	0	0	0	0	0	0	0	0	0
0.03	0	0	0	0	0	0	0	0	0	0	0
0.04	0	0	0	0	0	0	0	0	0	0	0
0.05	0	0	0	0	0	0	0	0	0	0	0
0.06	0	0	0	0	0	0	0	0	0	0	0
0.07	0	0	0	0	0	0	0	0	0	0	0
0.08	0	0	0	0	0	0	0	0	0	0	0
0.09	0	0	0	0	0	0	0	0	0	0	0
0.1	0	0	0	0	0	0	0	0	0	0	0

表 8 - 44　具有随机成本的供应链 2 - 3 - 1 - 2 调度策略

（单位：台）

方差＼风险系数	0	0.1	0.2	0.3	0.4	0.5	0.6	0.7	0.8	0.9	1
0	0	0	0	0	0	0	0	0	0	0	0
0.01	0	0	0	0	0	0	0	0	0	0	0
0.02	0	0	0	0	0	0	0	0	0	0	0
0.03	0	0	0	0	0	0	0	0	0	0	0
0.04	0	0	0	0	0	0	0	0	0	0	0
0.05	0	0	0	0	0	0	0	0	0	0	0
0.06	0	0	0	0	0	0	0	0	0	0	0
0.07	0	0	0	0	0	0	0	0	0	0	0
0.08	0	0	0	0	0	0	0	0	0	0	0
0.09	0	0	0	0	0	0	0	0	0	0	0
0.1	0	0	0	0	0	0	0	0	0	0	0

表8-45　具有随机成本的供应链2-1-2-2调度策略

（单位：套）

方差＼风险系数	0	0.1	0.2	0.3	0.4	0.5	0.6	0.7	0.8	0.9	1
0	178631	181228	183361	185150	186780	188003	189162	190357	191698	192917	194015
0.01	179060	181540	183600	185363	186875	188187	189334	190578	191927	193155	194221
0.02	179257	181749	183819	185569	187068	188366	189503	190816	192152	193348	194423
0.03	179592	182002	184048	185773	187257	188543	189697	191050	192373	193556	194622
0.04	179754	182225	184256	185973	187443	188716	189904	191279	192589	193761	194816
0.05	180051	182461	184472	186169	187625	188886	190108	191503	192801	193962	195007
0.06	180335	182696	184678	186362	187803	189052	190308	191724	193009	194159	195195
0.07	180572	182916	184885	186550	187978	189216	190507	191940	193213	194353	195378
0.08	180757	183137	185085	186735	188150	189376	190733	192152	193414	194543	195559
0.09	181051	183341	185281	186917	188319	189534	190954	192361	193611	194729	195736
0.1	181228	183563	185475	187095	188484	189723	191172	192565	193804	194912	195910

表 8-46　具有随机成本的供应链 2-2-2-2 调度策略

（单位：套）

方差 \ 风险系数	0	0.1	0.2	0.3	0.4	0.5	0.6	0.7	0.8	0.9	1
0	7180	12481	16824	20501	23659	26391	28782	31016	32695	34156	35471
0.01	7886	130046	17300	20943	24065	26770	29137	31353	32970	34416	35718
0.02	8360	13501	17767	21371	24462	27141	29486	31638	33239	34672	35961
0.03	8988	14007	18221	21791	24852	27506	29848	31918	33503	34922	36199
0.04	9415	14477	19667	22204	25236	27863	30215	32193	33763	35167	36432
0.05	10019	14962	19104	22608	25611	28213	30575	32462	34017	35408	36661
0.06	10507	15439	19533	23004	25979	28557	30928	32726	34266	35645	36885
0.07	11035	15891	19957	23394	26340	28894	31268	32985	34511	35876	37105
0.08	11512	16348	20370	23776	26695	29225	31538	33239	34751	36104	37322
0.09	11986	16785	20776	24150	27043	29550	31804	33489	34987	36327	37534
0.1	12481	17221	21175	24519	27385	29894	32064	33734	35219	36547	37742

表8-47 具有随机成本的供应链2-3-2-2调度策略

（单位：套）

方差＼风险系数	0	0.1	0.2	0.3	0.4	0.5	0.6	0.7	0.8	0.9	1
0	8083	12898	16839	20181	23043	25523	27693	29311	30773	32102	33298
0.01	8728	13373	17272	20578	23412	25867	28015	29552	31022	32339	33523
0.02	9152	13822	17695	20966	23772	26204	28331	29811	31268	32571	33744
0.03	9733	14283	18107	21347	24126	26534	28592	30066	31508	32799	33960
0.04	10106	14708	18512	21722	24474	26858	28818	30315	31744	33022	34172
0.05	10668	15149	18909	22089	24814	27176	29040	30560	31975	33241	34380
0.06	11102	15582	19298	22449	25148	27488	29257	30801	32202	33456	34584
0.07	11588	15992	19683	22802	25476	27794	29474	31036	32425	33667	34785
0.08	12017	16407	20057	23149	25798	28095	29720	31268	32643	33874	34982
0.09	12446	16803	20426	23490	26114	28390	29962	31495	32858	34077	35175
0.1	12898	17200	20788	23823	26425	28620	30199	31718	33068	34277	35364

为更直观地表现风险态度和方差对应急物资调度决策的影响，绘制了图 8-11 至图 8-34，其中 x 轴表示风险态度系数，y 轴表示随机成本的方差，z 轴表示应急物资的数量。

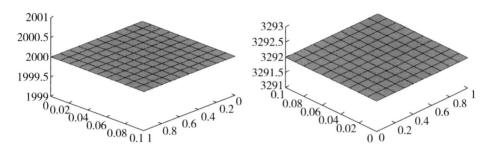

图 8-11　供应链 1-1-1-1 调度策略　图 8-12　供应链 1-1-1-2 调度策略

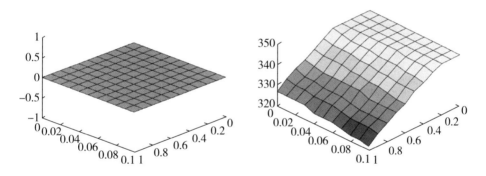

图 8-13　供应链 1-2-1-1 调度策略　图 8-14　供应链 1-2-1-2 调度策略

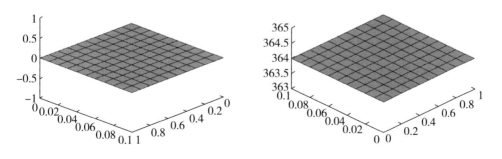

图 8-15　供应链 1-3-1-1 调度策略　图 8-16　供应链 1-3-1-2 调度策略

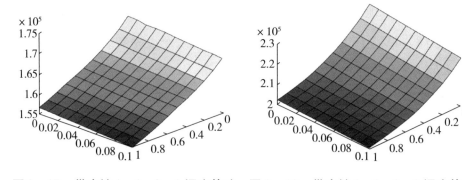

图 8 - 17　供应链 1 - 1 - 2 - 1 调度策略　图 8 - 18　供应链 1 - 1 - 2 - 2 调度策略

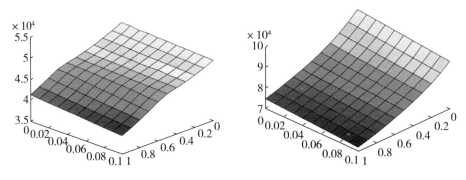

图 8 - 19　供应链 1 - 2 - 2 - 1 调度策略　图 8 - 20　供应链 1 - 2 - 2 - 2 调度策略

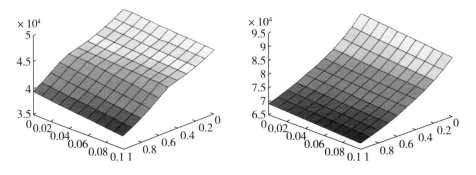

图 8 - 21　供应链 1 - 3 - 2 - 1 调度策略　图 8 - 22　供应链 1 - 3 - 2 - 2 调度策略

结论 1：将图 8 - 11、图 8 - 12、图 8 - 14、图 8 - 16 与图 8 - 29、图 8 - 30、图 8 - 32、图 8 - 34 对比，决策者的风险态度和随机成本的方差对呼吸机的调度决策影响比较小，其原因是随机成本相比于呼吸机的购买价格很低，对总成本的影响很小。

结论2：将图8－17、图8－18、图8－19、图8－20、图8－21、图8－22与图8－23、图8－24、图8－25、图8－26、图8－27、图8－28

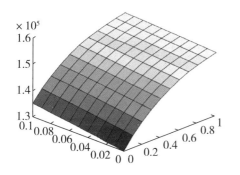

图8－23　供应链2－1－2－1
调度策略

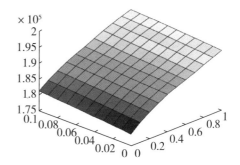

图8－24　供应链2－1－2－2
调度策略

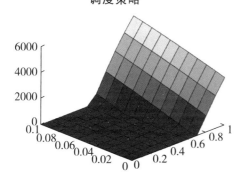

图8－25　供应链2－2－2－1
调度策略

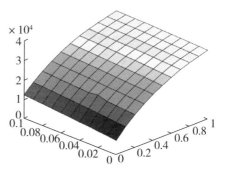

图8－26　供应链2－2－2－2
调度策略

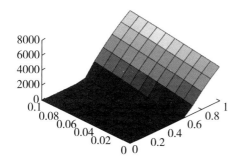

图8－27　供应链2－3－2－1
调度策略

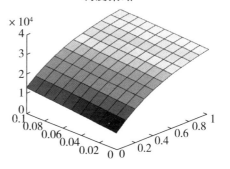

图8－28　供应链2－3－2－2
调度策略

对比，决策者的风险态度和随机成本的方差对防护服的调度决策影响比较显著。同时可以发现随着风险态度和方差的不断增加，决策者在价格低、运费高的地区（A市）购买的物资数量在不断减少，从价格高、运费低的地区（B市）购买的物资在不断增加。

结论 3：将图 8 - 11、图 8 - 12、图 8 - 13、图 8 - 14、图 8 - 15、

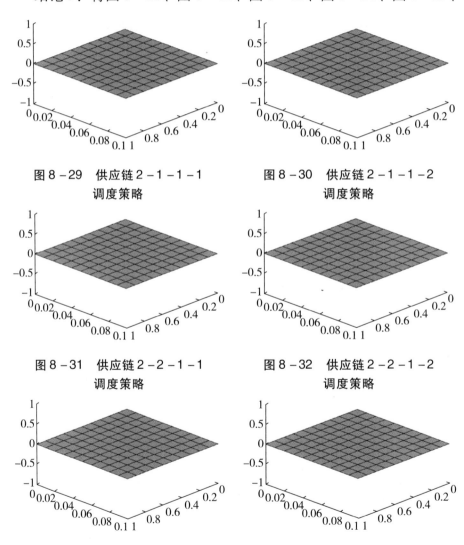

图 8 - 29　供应链 2 - 1 - 1 - 1　　　图 8 - 30　供应链 2 - 1 - 1 - 2
调度策略　　　　　　　　　调度策略

图 8 - 31　供应链 2 - 2 - 1 - 1　　　图 8 - 32　供应链 2 - 2 - 1 - 2
调度策略　　　　　　　　　调度策略

图 8 - 33　供应链 2 - 3 - 1 - 1　　　图 8 - 34　供应链 2 - 3 - 1 - 2
调度策略　　　　　　　　　调度策略

图 8-16 与图 8-29、图 8-30、图 8-31、图 8-32、图 8-33、图 8-34 对比，决策者仅从 A 市购买呼吸机，尽管从 B 市购买应急物资的运费较低，但是在运费上节省的费用不足以弥补在 B 市购买物资所花费的更高昂的成本。

结论 4：通过图 8-11、图 8-12、图 8-14、图 8-16 可以发现，随着风险态度和方差的增加，应急物资的总援助数量在减少。

结论 5：分别对比图 8-17 与图 8-18、图 8-19 与图 8-20、图 8-21 与图 8-22，可以发现运量较高的供应链受到风险态度和方差的影响更大，且是负相关的关系，其原因是转移随机成本带来的风险，将部分物资转向运量低的供应链。

结论 6：分别对比图 8-23 与图 8-24、图 8-25 与图 8-26、图 8-27 与图 8-28，可以发现随着在 B 市购买物资的数量不断增加，导致从 B 市运往需求地的物资数量也在不断增加，且与风险态度和方差有正相关的关系。图 8-25 与图 8-27 可以明显看出，在方差和风险态度增加到一定程度时，原本不分担应急物资的供应链开始分担应急物资，并且增长速度相对较高。

本节基于应急救援过程中运输环节的不确定性问题，采用随机变量的方法来表示不确定因素对成本的影响，并采用均值—方差法来评估决策者的风险态度对应急物资调度决策的影响，根据突发公共卫生事件下应急物资供应链网络基准模型建立了具有随机成本的应急物资供应链网络模型。通过大量的数值算例对该模型进行验证，探讨了决策者风险态度以及随机成本的方差对应急物资调度决策的影响，并得出相关结论。该模型能够更好地应对类似突发公共卫生事件这种带有运输不确定性的决策问题，更好地为决策者提供应急方案。

参考文献

［1］王旭坪，傅克俊，胡祥培．应急物流系统及其快速反应机制研究［J］．中国软科学，2005（6）：127-131.

［2］张敏．基于演化博弈的冷链物流疫情防控分析及对策研究［D］．天津：天津理工大学，2022.

［3］高淑萍，刘三阳．应急系统调度问题的最优决策［J］．系统工程与电子技术，2003（10）：1222-1224.

［4］姜玉宏，邱清和，欧忠文．应急物流中心的构建思路［J］．综合运输，2004（9）：34-37.

［5］朱炜，胡安辉．层次分析法在应急物流方案选择中的应用［J］．物流技术，2005（3）：45-47.

［6］韩景俩，覃正，徐颖凯．应急物流体可靠性指标仿真［J］．计算机应用研究，2006（11）：134-136.

［7］朱庆林．基于双重指向的区域应急资源配置模式研究［J］．军事经济研究，2007（9）：12-16.

［8］张婧，申世飞，杨锐．基于偏好序的多事故应急资源调配博弈模型［J］．清华大学学报（自然科学版），2007（12）：2172-2175.

［9］何寿奎．时间限定条件下突发事故资源调度方案［J］．安全与环境学报，2007（5）：117-119.

［10］孙颖，池宏，贾传亮．多路径下应急资源调度的非线性混合整数规划模型［J］．运筹与管理，2007（5）：5－8．

［11］潘郁，余佳，达庆利．基于粒子群算法的连续性消耗应急资源调度［J］．系统工程学报，2007（5）：556－560．

［12］傅志妍，陈坚．灾害应急物资需求预测模型研究［J］．物流科技，2009，32（10）：11－13．

［13］王绍仁，马祖军．航空紧急配送中的随机 LRP 模型及算法［J］．计算机应用，2010，30（12）：3207－3210．

［14］王凤娟．面向自然灾害的应急物流管理研究——以地震灾害为例［D］．武汉：武汉理工大学，2012．

［15］安李璐．灾后首批应急物资优化分配策略研究——以地震应急物流系统为例［D］．广州：华南理工大学，2011．

［16］林毓铭．应急联运系统建设与应急保障体系［J］．北京航空航天大学学报（社会科学版），2010，23（3）：20－26．

［17］曾敏刚，崔增收，余高辉．基于应急物流的减灾系统 LRP研究［J］．中国管理科学，2010，18（2）：75－80．

［18］韦琦．面向自然灾害的应急物流信息系统构建［J］．中南财经政法大学学报，2010（4）：60－64．

［19］王新平，王海燕．多疫区多周期应急物资协同优化调度［J］．系统工程理论与实践，2012，32（2）：283－291．

［20］詹沙磊，刘南．基于灾情信息更新的应急物资配送多目标随机规划模型［J］．系统工程理论与实践，2013，33（1）：159－166．

［21］王兰英，郭子雪，张玉芬，等．基于直觉模糊案例推理的应急物资需求预测模型［J］．中国矿业大学学报，2015，44（4）：

775 – 780.

［22］郑斌，马祖军，周愉峰．震后应急物流动态选址—联运问题的双层规划模型［J］．系统管理学报，2017，26（2）：326 – 337.

［23］胡丽丽，刘爱琴．基于 DEMATEL – ANP 的应急物流系统评价［J］．物流技术，2022，41（8）：36 – 40.

［24］赵一霖，何建佳，陈鑫．基于区块链技术的第三方参与应急物流系统建设研究——基于新冠肺炎疫情常态化防控的背景［J］．改革与开放，2022（9）：25 – 31.

［25］李南．日本应急物流体系建设及对我国的启示［J］．中国流通经济，2023，37（6）：27 – 39.

［26］孟参，王长琼．应急物流系统运作流程分析及其管理［J］．物流技术，2006（9）：15 – 17.

［27］章竟，刘宗熹．从汶川地震看我国地震灾害应急物流系统的建设［J］．物流技术，2008（10）：33 – 36.

［28］朱莉，郭豆，顾珺，等．面向重大传染病疫情的应急物资跨区域协同调配动力学研究——以长三角联防联控抗甲型 H1N1 流感疫情为例［J］．系统工程，2017，35（6）：105 – 112.

［29］朱佳翔，蔡建飞，江涛涛，等．基于 CI – TOPSIS 模糊多准则群策略的应急物流网络级联失效抗毁性评估研究［J］．管理评论，2018，30（9）：229 – 238.

［30］王泽敏，张校宾．基于双层规划的应急医疗物资物流网络优化及其算法研究［J］．中国储运，2022（2）：76 – 77.

［31］柴干，杨晓光．高速公路紧急救援系统的体系框架与实施方案研究［J］．交通与计算机，2007（4）：78 – 81.

［32］陈刚，付江月．兼顾公平与效率的多目标应急物资分配问题研究［J］．管理学报，2018，15（3）：459－466.

［33］张杏雯，倪静．公平约束下的应急物资配送模型及算法［J］．统计与决策，2020，36（7）：179－182.

［34］文仁强，陈建国，袁宏永，等．基于蚁群优化算法的多级应急响应下灾后应急资源空间优化配置［J］．清华大学学报（自然科学版），2012，52（11）：1591－1596.

［35］张力丹，李超，陈飙松，等．多级多受灾点连续消耗应急物资调度优化策略［J］．大连理工大学学报，2017，57（5）：501－510.

［36］杜雪灵，孟学雷，杨贝，等．考虑公平性的面向多灾点需求应急资源调度［J］．计算机应用，2018，38（7）：2089－2094.

［37］冯春，廖海燕，田小强，等．多情景模式下应急资源精益配置模型与算法［J］．中国安全科学学报，2018，28（6）：185－191.

［38］赵星，吉康，林灏，等．基于多目标路径规划的应急资源配置模型［J］．华南理工大学学报（自然科学版），2019，47（4）：76－82.

［39］宋英华，宋迎辉，李潮欣，等．考虑物资损毁对心理影响的应急物流配送模型［J］．中国安全科学学报，2020，30（7）：173－179.

［40］李志锦．基于协同理论的医院应急资源配置体系建设探讨［J］．中国医院，2022，26（12）：39－41.

［41］王光崭，孙立新，曹立炜，等．应急资源配置效率指标体系的设计与实现［J］．电子技术，2023，52（2）：94－95.

［42］单提伟．面向突发性自然灾害类的应急供应链优化分析［D］．北京：首都经济贸易大学，2015.

［43］马士华．供应链管理 第三讲 供应链管理与现代物流［J］.
物流技术，2003（6）：45－46.

［44］吕贤睿，单汩源．供应链管理信息集成与共享的技术实现
［J］.长春理工大学学报（综合版），2006（2）：164－167，173.

［45］蓝伯雄，郑燕．基于供应链结构的企业资源计划系统［J］.
计算机集成制造系统，2005（11）：1580－1586，1643.

［46］徐东．应急物流与军地物流一体化建设［J］.中国物流与
采购，2003（23）：28－29.

［47］许振宇，任世科，郭雪松，等．不确定条件下应急供应链
可靠性评价模型［J］.运筹与管理，2015，24（3）：35－44.

［48］孙学军，王灵晨，孟媛．需求推动的应急物资供应链效率
评价研究［J］.安全与环境学报，2023，23（10）：3682－3688.

［49］姜旭，郭祺昌，姜西雅，等．基于政府主导下BCM应急供
应链体系研究——以我国新冠肺炎疫情下应急供应链为例［J］.中国软
科学，2020（11）：1－12.

［50］李姚娜，胡志华．城市综合防灾智慧应急供应链构建研
究——以河南省洪涝灾害为例［J］.物流研究，2021（3）：27－35.

［51］董海，高秀秀，魏铭琦．基于优化布谷鸟搜索算法的两阶
段应急供应链网络建模与求解［J］.统计与决策，2022，38（7）：
184－188.

［52］黄冬宏，吴双胜，刘浪．价格随机条件下看涨期权折扣契约
的应急供应链协调研究［J］.工业工程，2020，23（2）：133－141.

［53］卢梦飞，陈伟炯，梁承姬．缓解中断风险的应急供应链网
络鲁棒优化［J］.合肥工业大学学报（自然科学版），2015，38

（10）：1417 – 1423.

［54］章正新. 突发公共事件背景下企业供求突变应急策略及预警方法研究——基于供应链中断视角［D］. 南昌：南昌大学，2023.

［55］高梓舰. 考虑灾害预测偏差的应急供应链鲁棒优化［D］. 上海：东华大学，2023.

［56］陈伟炯，董雯玉，李咪静，等. 基于马尔科夫链—多目标模型的应急供应链决策优化研究［J］. 中国安全生产科学技术，2022，18（7）：19 – 25.

［57］李宁. 新型冠状病毒肺炎疫情应急供应链协同管理研究［J］. 卫生经济研究，2020，37（4）：7 – 9.

［58］陈可可. 生鲜产品双渠道供应链决策与扰动管理研究［D］. 南京：南京大学，2021.

［59］吴海侠. 川藏铁路建设过程中应急物资供应链网络决策研究［D］. 石家庄：石家庄铁道大学，2021.

［60］王肖红. 重大公共卫生事件下应急物资精准供应研究——基于备选子集及 GM 理论［D］. 石家庄：石家庄铁道大学，2023.

［61］孟刚，万福来，夏佐铎，等. 基于产业组织视角的应急供应链运作研究［J］. 物流技术，2013，32（9）：393 – 396.

［62］王心炜. 山西省应急物流系统韧性评估及子系统耦合协调度分析［D］. 太原：山西财经大学，2023.

［63］顾旻灏，霍宝锋. 供应链弹性研究综述：概念、维度与研究方法［J］. 供应链管理，2020，1（1）：58 – 69.

［64］徐文平，刘辰夏. 突发事件下应急供应链弹性影响因素分析［J］. 物流工程与管理，2023，45（6）：43 – 47.

［65］葛雪，杨家其，王海燕，等．基于质量功能配置的应急供应链弹性构建［J］．武汉理工大学学报（交通科学与工程版），2018，42（6）：942－946.

［66］冯杰．突发公共卫生事件背景下的供应链分析与防控［J］．中国储运，2022（2）：133－134.

［67］郭咏梅．应急物流系统可靠性研究［D］．西安：长安大学，2019.

［68］赵正国．科学的不确定性与我国公共政策决策机制的改进［J］．山东科技大学学报（社会科学版），2011，13（3）：32－41.

［69］缪昌武．完善突发公共卫生事件预警制度之思考［J］．学海，2020（5）：67－72.

［70］周浩，韩冰，刘保华，等．突发公共卫生事件监测预警系统现状分析与法律思考［J］．中国卫生工程学，2015，14（3）：217－219.

［71］李真．供应链风险预警管理系统研究［D］．兰州：兰州大学，2009.

［72］刘永胜，杜红平．供应链风险预警机制的构建［J］．中国流通经济，2006（8）：15－18.

［73］邓天静．供应链突发风险预警及应急预案启动研究［D］．北京：北京化工大学，2013.

［74］邓仪凡．突发公共卫生事件预警机制的建构研究［D］．青岛：青岛大学，2023.

［75］慕静，李婧．考虑疫情风险与双重时效性的生鲜品供应中断库存控制策略研究［J］．运筹与管理，2023，32（1）：108－115.

［76］王晓梅，何微，杨小薇，等．新型冠状病毒肺炎疫情下粮

食保障应对策略分析与建议［J］.中国农业科技导报，2021，23（5）：1－7.

［77］田志宏.疫情冲击全球粮食安全　中国粮食安全的底气从何而来［J］.人民论坛，2020（17）：80－83.

［78］秦阿玲.疫情背景下应急医疗资源配置优化研究［D］.成都：西南财经大学，2023.

［79］栗乾腾.突发公共卫生事件下应急物流信息平台架构设计［D］.太原：山西财经大学，2024.

［80］柳祥伟.自然灾害救助的应急物流平台规划研究［D］.南京：南京大学，2012.

［81］冯良清，陈倩，郭畅.应对突发公共卫生事件的"智慧塔"应急物流模式研究［J］.北京交通大学学报（社会科学版），2021，20（3）：123－130.

［82］张茜.基于云平台的供应保障及应急系统研究［D］.天津：天津大学，2015.

［83］李茂平.重大突发事件时域下应急物流整合平台研究［J］.绥化学院学报，2021，41（9）：27－30.

［84］庞海云.突发性灾害事件下应急物资分配决策优化过程研究［D］.杭州：浙江大学，2013.

［85］杨斌，文洪蕊，李峰，等.突发情景下应急物资分配决策研究［J］.安全与环境工程，2015，22（5）：7－12.

［86］詹沙磊，傅培华，李修琳，等.基于马尔可夫决策的应急物资动态分配模型［J］.控制与决策，2018，33（7）：1312－1318.

［87］王旭坪，马超，阮俊虎.考虑公众心理风险感知的应急物资

优化调度［J］. 系统工程理论与实践，2013，33（7）：1735 – 1742.

［88］李志，焦琴琴，周愉峰. 震后应急物资供应点的多目标动态定位—分配模型［J］. 计算机工程，2017，43（6）：281 – 288.

［89］王永奇，张国富，苏兆品，等. 基于二维免疫的应急救援物资并行分配算法［J］. 计算机工程与应用，2017，53（10）：230 – 240.

［90］苏兆品，张国富，蒋建国，等. 基于非支配排序差异演化的应急资源多目标分配算法［J］. 自动化学报，2017，43（2）：195 – 214.

［91］张毅. 考虑需求缺口的应急物资二次分配问题研究［D］. 北京：北京交通大学，2019.

［92］李双琳，马祖军. 震后交通管制下多出救点应急物资调运问题［J］. 管理科学学报，2014，17（5）：1 – 13.

［93］郑斌，马祖军，李双琳. 基于双层规划的震后初期应急物流系统优化［J］. 系统工程学报，2014，29（1）：113 – 125.

［94］赵彤. 我国突发自然灾害应急救灾物资配送系统优化研究［D］. 大连：大连海事大学，2011.

［95］宋晓宇，王建国，常春光. 基于需求紧迫度的非线性连续消耗应急调度模型与算法［J］. 信息与控制，2014，43（6）：735 – 743.

［96］宫华，张彪，许可，等. 基于粒子群算法的带有运输衔接的应急物资运输路径优化问题［J］. 重庆师范大学学报（自然科学版），2015，32（3）：23 – 29.

［97］曲冲冲，王晶，黄钧，等. 考虑时效与公平性的震后应急物资动态配送优化研究［J］. 中国管理科学，2018，26（6）：178 – 187.

［98］刘文博. 基于两层架构协调的应急物资分配与车辆调度集成优化方法［J］. 物流技术，2014，33（21）：279 – 283.

［99］李战，顾新燚，孙昕．疫情防控下徐州市应急物流系统建设策略探究［J］.物流科技，2022，45（11）：64－66，70.

［100］方嘉奇．震后医药应急物流供需动态适配决策问题研究［D］.北京：北京交通大学，2022.

［101］陆成云．强化统筹兼容与系统发展，完善我国应急物流体系［J］.中国物流与采购，2022（19）：55－56.

［102］许宁茹．基于多主体参与的智慧应急物流协调演化机理研究［D］.太原：山西财经大学，2023.

［103］施晓岚．应急物流网络规划方法研究［D］.西安：长安大学，2010.

［104］郭咏梅．应急物流系统可靠性研究［D］.西安：长安大学，2019.

［105］张旭梅，李国强，张翼．供应链中供应商订单分配的不完全信息动态博弈研究［J］.管理学报，2006（5）：519－523.

［106］雷学荣．智慧物流在构建应急物资保障体系中的应用研究［J］.中国储运，2022（11）：139－140.

［107］王心炜．山西省应急物流系统韧性评估及子系统耦合协调度分析［D］.太原：山西财经大学，2023.

［108］蔡琳琳．峰值目标下长三角绿色创新多主体利益博弈与策略研究［D］.天津：天津科技大学，2021.

［109］伦鹏．考虑供需匹配的应急资源调配网络均衡模型与应用研究［D］.沈阳：东北大学，2022.

［110］贾芳菊．突发公共卫生事件多主体防控的博弈模型构建及策略研究［D］.南京：南京信息工程大学，2023.

［111］周晓阳，赵凡，刘莹，等．政府补贴和成本共担如何影响平台和企业策略选择——基于三方演化博弈［J］．控制与决策，2022，37（2）：293－302．

［112］龚英，何彦婷，曹策俊．面向重大公共卫生风险治理的应急物流协同演化仿真［J］．计算机应用，2021，41（9）：2754－2760．

［113］马晓东．政府、市场与社会合作视角下的灾害协同治理研究［J］．经济问题，2021（1）：18－22．

［114］张建慧．突发公共卫生事件应急管理问题研究［J］．大陆桥视野，2023（8）：96－98．

［115］陈乾科．重大公共卫生事件城市社区应急管理体系研究——以 H 社区新冠疫情应急管理为例［D］．郑州：郑州大学，2022．

［116］宋欢迎，刘聪，张旭阳．重大突发公共卫生事件政府回应效果影响因素研究——基于 2011—2020 年我国 36 起重大突发公共卫生事件的实证分析［J］．情报理论与实践，2022，45（1）：152－158，176．

［117］单珊．党的十八大以来我国突发公共卫生事件应急管理体系建设的重大成就和重要经验［J］．管理世界，2022，38（10）：70－78．

［118］张迪，尹耀杰．应急物流管理问题及优化方案——以上海市新冠疫情为例［J］．物流科技，2023，46（1）：77－80．

［119］李敬，唐昌敏，方鹏骞．法治视野下的突发公共卫生事件社区联防联控机制研究［J］．中国卫生事业管理，2023，40（5）：340－342，385．

［120］苟淑涵．兰州市城市社区突发公共卫生事件应急处置能力

研究——以 D 社区为例［D］．兰州：兰州大学，2023．

［121］刘雅姝．多维视角的重大突发事件演变机理及应对策略研究［D］．长春：吉林大学，2022．

［122］张爱军．重大突发公共卫生事件信息的传播特点与治理策略［J］．探索，2020（4）：169－181．

［123］陆相林，赵佳娜，陈景昭．拥挤约束型城市应急物资储备库网络功能优化模型——以河北省石家庄市为例［J］．灾害学，2024，39（1）：75－79．

［124］陈航，吴卫东．中国智慧城市灾害应急管理能力成熟度评价研究［J］．灾害学，2024，39（1）：188－194．

［125］赵秋红．重特大突发事件分形应急物流管理体系建设及其保障机制［J］．江淮论坛，2020（4）：13－20，27．

［126］毛杰．乌鲁木齐市应急管理组织体系建设研究［D］．乌鲁木齐：新疆农业大学，2023．

［127］王忠信，赵要军，蒋帅，等．县域重大突发公共卫生事件应急组织体系建设探讨［J］．中国医院管理，2021，41（10）：65－67．

［128］林家俊．农村突发公共卫生事件应急管理能力评价研究——以福建省为例［D］．福州：福建农林大学，2023．

［129］王梦爽，曹燕，李菲，等．湖北某农村应对突发公共卫生事件的措施分析及改进建议［J］．中国医学伦理学，2022，35（10）：1113－1117．

［130］孙世豪．农村突发公共卫生事件应急管理体制机制研究——以浙江农村地区新冠疫情防控为例［D］．舟山：浙江海洋大学，2022．

［131］高银宝，谭少华，曾献君，等．突发公共卫生事件下的乡村社区治理与空间管控——基于 PPRR 模型的案例解析［J］．规划师，2020，36（6）：80－85．

［132］王文浩．农村社区防控突发公共卫生事件长效机制探索——基于新冠肺炎疫情的审视与思考［J］．北京农业职业学院学报，2021，35（3）：68－73．

［133］王琳瑛，张经伟．网格化管理与运动式治理在农村突发公共卫生事件中的协同运作——以 Z 县新冠肺炎疫情防控为例［J］．山西农业大学学报（社会科学版），2021，20（2）：10－19．

［134］武春燕，赵李洋，胡善菊，等．基于疫情防控的农村突发公共卫生事件应急系统脆弱性分析［J］．卫生经济研究，2021，38（3）：3－5．

［135］梅冬丽．农村社区突发公共卫生事件"约束自主型"应急管理模式研究——以 M 市 JG 社区新冠肺炎疫情防控为例［D］．上海：上海师范大学，2022．

［136］张波．农村突发公共卫生事件应急管理中的问题与对策研究——基于 P 县新冠肺炎疫情防控分析［D］．绵阳：西南科技大学，2023．

［137］朱洪利，周泓，孔继利，等．需求干扰下的两阶段应急资源调度问题［J］．中国安全生产科学技术，2018，14（5）：67－74．

［138］王军，陈金晶，陆永样．基于贪婪算法的水上应急物资协同调度优化方法［J］．安全与环境学报，2013，13（5）：254－258．

［139］余华茂．基于 Windows DEA 模型的我国自然灾害应急公共投入绩效研究［J］．中国安全生产科学技术，2019，15（7）：39－45．

［140］王致维，张培林．长江危险品船舶交通事故应急资源优化配置研究［J］．水运工程，2011（10）：54－57.

［141］方磊．基于偏好 DEA 模型的应急资源优化配置［J］．系统工程理论与实践，2008（5）：98－104.

［142］李昂，刘晨昊．基于 AHP－DEA 模型的火灾突发事件应急资源配置［J］．消防科学与技术，2019，38（1）：53－56.

［143］朱兴林，叶拉森，温喜梅，等．公路突发交通事件应急资源配置效率研究［J］．中国安全生产科学技术，2020，16（9）：166－172.

［144］江福才，彭奇，马全党，等．基于 CV－DEA 模型的水上应急资源配置效率评价［J］．安全与环境学报，2022，22（1）：323－330.

［145］郭国平，周超林，吴兵，等．基于 DEA－TOPSIS 模型的水上应急资源配置效率评价［J］．安全与环境学报，2019，19（1）：134－139.

［146］陈钢铁，帅斌．需求不确定条件下应急物资调度优化研究［J］．交通运输工程与信息学报，2015，13（3）：22－26.

［147］宋晓宇，王建国，常春光．非线性连续消耗应急物资调度问题研究［J］．系统工程学报，2017，32（2）：163－176.

［148］田晓勇，冯延超，陈亮，等．考虑震后道路抢修的多目标应急调度模型［J］．防灾减灾工程学报，2020，40（4）：664－672.

［149］曲冲冲，田歆，刘淑芹，等．考虑灾民恐慌心理影响的应急资源配置优化研究［J］．系统工程学报，2021，36（6）：721－730.

［150］王亮亮．高速公路交通事故紧急救助系统与救助资源配置辅助决策研究［D］．重庆：重庆交通大学，2009.

［151］高建平，吕勇衡，张人文，等．高速公路建设期突发事件路

网协同救援模型研究 [J]. 安全与环境学报, 2016, 16 (3): 202 - 206.

[152] 赵星, 吉康, 林灏, 等. 基于多目标路径规划的应急资源配置模型 [J]. 华南理工大学学报 (自然科学版), 2019, 47 (4): 76 - 82.

[153] 柴干, 赵倩, 黄琪, 等. 高速公路交通应急救援资源的配置 [J]. 中国安全科学学报, 2010, 20 (1): 165 - 170.

[154] 班亚. 时变语义下应急物资布局与调度方法研究 [D]. 武汉: 武汉大学, 2018.

[155] 王苏生, 王岩. 基于公平优先原则的多受灾点应急资源配置算法 [J]. 运筹与管理, 2008, (3): 16 - 21.

[156] 宋晓宇, 刘春会, 常春光. 基于改进 GM (1, 1) 模型的应急物资需求量预测 [J]. 沈阳建筑大学学报 (自然科学版), 2010, 26 (6): 1214 - 1218.

[157] 王正新, 刘思峰. 基于 Fourier - GM (1, 1) 模型的灾害应急物资需求量预测 [J]. 系统工程, 2013, 31 (8): 60 - 64.

[158] 柴志君, 欧阳中辉, 岳炯. 一种改进的灰色 BP 神经网络预测模型 [J]. 兵工自动化, 2020, 39 (10): 84 - 88, 96.

[159] 刘芳, 冯丹, 宫雪然. 基于 IACO - BP 算法的洪涝灾害应急物资需求预测 [J]. 沈阳工业大学学报, 2019, 41 (3): 332 - 338.

[160] 郭继东, 杨月巧. 地震应急物资需求预测的模糊案例推理技术 [J]. 中国安全生产科学技术, 2017, 13 (2): 176 - 180.

[161] 郭子雪, 韩瑞, 齐美然. 基于多元模糊回归的应急物资需求预测模型 [J]. 河北大学学报 (自然科学版), 2017, 37 (4): 337 - 342.

[162] 王庆荣, 马辰坤. 面向案例消耗推理的应急物资预测 [J].

计算机工程与应用，2021，57（22）：281 - 287.

[163] 王妍妍，孙佰清.大数据环境下突发灾害应急物资配置模式研究［J］.科技管理研究，2019，39（7）：226 - 233.

[164] 曾波，孟伟，刘思峰，等.面向灾害应急物资需求的灰色异构数据预测建模方法［J］.中国管理科学，2015，23（8）：84 - 91.

[165] 吴涵，张立，刘岱，等.港口物流需求趋势预测方法研究——基于组合预测模型对重庆港口物流需求趋势分析［J］.价格理论与实践，2019（9）：75 - 78.

[166] 石群，杨镇铭，赵千川.考虑替换和搭配的救灾物资配车问题［J］.清华大学学报（自然科学版），2018，58（3）：305 - 310.

[167] 刘长石，瞿艳平，罗亮，等.震后应急物流设施不确定失效情景下的 LRP 研究［J］.模糊系统与数学，2019，33（5）：107 - 115.

[168] 孙华丽，曹文倩，薛耀锋，等.考虑路径风险的需求不确定应急物流定位—路径问题［J］.运筹与管理，2018，27（7）：37 - 42.

[169] 盛虎宜，刘长石，鲁若愚.震后初期应急物资短缺情景下的定位—路径问题研究［J］.运筹与管理，2019，28（6）：41 - 47.

[170] 杨曼.基于灾害发展阶段的政企合作微分博弈研究［D］.大连：东北财经大学，2022.

[171] 卢建锋，牟瑞芳，赵佳虹，等.危化品事故连续消耗型应急物资调度模型［J］.工业工程，2020，23（5）：103 - 108，117.

[172] 李双琳，马祖军，郑斌，等.震后初期应急物资配送的模糊多目标选址—多式联运问题［J］.中国管理科学，2013，21（2）：144 - 151.

[173] 阮俊虎，王旭坪，杨挺.大规模灾害中基于 FCMwNC 的

医疗物资联合运送优化［J］．系统工程理论与实践，2015，35（10）：2675 - 2686.

［174］周愉峰，陈娜，李志，等．考虑设施中断情景的震后救援初期应急物流网络优化设计［J］．运筹与管理，2020，29（6）：107 - 112.

［175］刘明，李颖祖，曹杰，等．突发疫情环境下基于服务水平的应急物流网络优化设计［J］．中国管理科学，2020，28（3）：11 - 20.

［176］王熹徽，李峰，梁樑．救灾物资供应网络解构及结构优化模型［J］．中国管理科学，2017，25（1）：139 - 150.

［177］胡梦婷．基于灰色理论的中国—东盟渔业产量预测研究［D］．厦门：厦门大学，2020.

［178］白雪．面向重大疫情的区域应急物资需求预测与调度［J］．物流科技，2020，43（8）：87 - 90.

［179］张庆红．随机成本下横向并购供应链网络整合策略研究［D］．天津：河北工业大学，2016.

［180］王楠楠．产出不确定环境下考虑决策者风险态度的生产投入决策［D］．杭州：浙江工业大学，2020.

［181］毛杰．乌鲁木齐市应急管理组织体系建设研究［D］．乌鲁木齐：新疆农业大学，2021.

［182］张有志，曾华锋，聂影．城市应急物流系统可靠性评价研究［J］．物流科技，2014，37（4）：28 - 31.

［183］ZHOU Y, LIU J, ZHANG Y, et al. A multi - objective evolutionary algorithm for multi - period dynamic emergency resource scheduling problems［J］. Transportation Research Part E - logistics and Transportation Review, 2017, 99：77 - 95.

［184］CHEN D, DING F, HUANG Y, et al. Multi – objective optimisation model of emergency material allocation in emergency logistics: a view of utility, priority and economic principles ［J］. International Journal of Emergency Management, 2018, 14: 233.

［185］DENG JU – LONG. Control problems of grey systems ［J］. Systems & Control Letters, 1982, 1 (5): 288 – 294.

［186］ŞAHIN U, ŞAHIN T. Forecasting the cumulative number of confirmed cases of COVID – 19 in Italy, UK and USA using fractional nonlinear grey Bernoulli model ［J］. Chaos Solitons Fractals. 2020.

［187］EFTEKHAR M, MASINI A, ROBOTIS A, et al. Vehicle Procurement Policy for Humanitarian Development Programs ［J］. Production and Operations Management, 2014, 23 (6): 951 – 964.

［188］WEX F, SCHRYEN G, FEUERRIEGEL S, et al. Emergency response in natural disaster management: Allocation and scheduling of rescue units ［J］. European Journal of Operational Research, 2014, 235 (3): 697 – 708.

［189］ÖZDAMAR L, DEMIR O. A hierarchical clustering and routing procedure for large scale disaster relief logistics planning ［J］. Transportation Research Part E: Logistics and Transportation Review, 2012, 48 (3): 591 – 602.

［190］BALCIK B, BEAMON B M, KREJCI C, et al. Coordination in humanitarian relief chains: Practices, challenges and opportunities ［J］. International Journal of Production Economics, 2009, 126 (1): 22 – 34.

［191］BALCIK B, AK D. Supplier Selection for Framework Agreements in Humanitarian Relief [J]. Production and Operations Management, 2014, 23 (6): 1028 – 1041.

[192] SHEU J, PAN C. A method for designing centralized emergency supply network to respond to large – scale natural disasters [J]. Transportation Research Part B: methodological, 2014, 67: 284 – 305.

[193] NAGURNEY A, FLORES E A, SOYLU C. A Generalized Nash Equilibrium network model for post – disaster humanitarian relief [J]. Transportation Research Part E: logistics and Transportation Review, 2016, 95: 1 – 18.

[194] NAGURNEY A, SALARPOUR M, DANIELE P. An integrated financial and logistical game theory model for humanitarian organizations with purchasing costs, multiple freight service providers, and budget, capacity, and demand constraints [J]. International Journal of Production Economics, 2019, 212: 212 – 226.

[195] NAGURNEY A, LOO J, DONG J, et al. Supply Chain Networks and Electronic Commerce: A Theoretical Perspective [J]. Netnomics, 2002, 4: 187 – 220.

[196] LIU ZUGANG, NAGURNEY A. Multiperiod competitive supply chain networks with inventorying and a transportation network equilibrium reformulation [J]. Optimization and Engineering, 2012, 13 (3): 471 – 503.

[197] IIDA Y, KURAUCHI F, SHIMADA H. Traffic Management System Against Major Earthquakes [J]. Iatss Research, 2000, 24: 6 – 17.

[198] SHEU J. An emergency logistics distribution approach for quick response to urgent relief demand in disasters [J]. Transportation Research

Part E: logistics and Transportation Review, 2007, 43: 687 – 709.

[199] CHANG M, TSENG Y, CHEN J. A scenario planning approach for the flood emergency logistics preparation problem under uncertainty [J]. Transportation Research Part E: logistics and Transportation Review, 2007, 43: 737 – 754.

[200] DING Z, XU X, JIANG S, et al. Emergency logistics scheduling with multiple supply – demand points based on grey interval [J]. Journal of Safety Science and Resilience, 2022, 3 (2): 179 – 188.

[201] TIMPERIO G, KUNDU T, KLUMPP M, et al. Beneficiary – centric decision support framework for enhanced resource coordination in humanitarian logistics: A case study from ASEAN [J]. Transportation Research Part E: Logistics and Transportation Review, 2022, 167.

[202] FIEDRICH F, GEHBAUER F, RICKERS U. Optimized resource allocation for emergency response after earthquake disasters [J]. Safety Science, 2000, 35: 41 – 57.

[203] DOU LIANGTAN, SUN YING, SHE LIAN. Research on Efficiency of Collaborative Allocation System of Emergency Material Based on Synergetic Theory [J]. Systems Engineering Procedia, 2012, 5: 240 – 247.

[204] SUNG I, LEE T. Optimal allocation of emergency medical resources in a mass casualty incident: Patient prioritization by column generation [J]. European Journal of Operational Research, 2016, 252: 623 – 634.

[205] SHEN L, TAO F, SHI Y, et al. Optimization of Location – Routing Problem in Emergency Logistics Considering Carbon Emissions [J]. International Journal of Environmental Research and Public Health,

2019, 16.

[206] QIAO R, ZHAO L. Highlight risk management in supply chain finance: effects of supply chain risk management capabilities on financing performance of small – medium enterprises [J]. Supply Chain Management: An International Journal, 2023, 28 (5): 939 – 953.

[207] TUKAMUHABWA B R, STEVENSON M, BUSBY J S, et al. Supply chain resilience: definition, review and theoretical foundations for further study [J]. International Journal of Production Research, 2015, 53: 5592 – 5623.

[208] TORDECILLA R D, JUAN A A, MONTOYA – TORRES J R, et al. Simulation – optimization methods for designing and assessing resilient supply chain networks under uncertainty scenarios: A review [J]. Simul Model Pract Theory, 2021, 106.

[209] SHEKARIAN M, NOORAIE S V, PARAST M M. An examination of the impact of flexibility and agility on mitigating supply chain disruptions [J]. International Journal of Production Economics, 2020, 220.

[210] IVANOV D A, DOLGUI A. OR – methods for coping with the ripple effect in supply chains during COVID – 19 pandemic: Managerial insights and research implications [J]. International Journal of Production Economics, 2020, 232.

[211] BEHZADI G, O' SULLIVAN J M, OLSEN L T, et al. Agribusiness supply chain risk management: A review of quantitative decision models [J]. Omega, 2018, 79: 21 – 42.

[212] BOZORGI – AMIRI A, JABALAMELI M S, AL – E –

HASHEM S M J M. A multi – objective robust stochastic programming model for disaster relief logistics under uncertainty [J]. OR Spectrum, 2013, 35: 905 – 933.

［213］ SHEU J. Post – disaster relief – service centralized logistics distribution with survivor resilience maximization [J]. Transportation Research Part B – methodological, 2014, 68: 288 – 314.

［214］ NOYAN N. Risk – averse two – stage stochastic programming with an application to disaster management [J]. Computers & Operations Research, 2012, 39: 541 – 559.

［215］ PRADHANANGA R, MUTLU F, POKHAREL S, et al. An integrated resource allocation and distribution model for pre – disaster planning [J]. Computers & industrial engineering, 2016, 91: 229 – 238.

［216］ SABOUHI F, HEYDARI M, BOZORGI – AMIRI A. Multi – objective routing and scheduling for relief distribution with split delivery in post – disaster response [J]. Journal of Industrial and Systems Engineering, 2016, 9: 17 – 27.

［217］ RUAN J, SHI P, LIM C, et al. Relief supplies allocation and optimization by interval and fuzzy number approaches [J]. Information Sciences, 2015, 303: 15 – 32.

［218］ DUHAMEL C, SANTOS A C, BRASIL D, et al. Connecting a population dynamic model with a multi – period location – allocation problem for post – disaster relief operations [J]. Annals of Operations Research, 2016, 247: 693 – 713.

［219］ CAUNHYE A M, ZHANG Y, LI M, et al. A location – routing model for prepositioning and distributing emergency supplies [J]. Transportation Research Part E – logistics and Transportation Review, 2016, 90: 161 – 176.

[220] YIN Y M. Characteristics of Social Governing Organizations and Governance of Emergent Public Security Events from the Perspective of Public Safety [J]. Revista De Cercetare Si Interventie Sociala, 2020, 69: 241 – 260.

[221] CHEN D, DING F, HUANG Y, et al. Multi – objective optimisation model of emergency material allocation in emergency logistics: a view of utility, priority and economic principles [J]. International Journal of Emergency Management, 2018, 14: 233.